中国出版蓝皮书

CHINA PUBLISHING BLUE BOOK

2014～2015

中国出版业发展报告

ANNUAL REPORT OF PUBLISHING INDUSTRY IN CHINA

中国新闻出版研究院

主编／范　军　副主编／冯建辉

中国书籍出版社
China Book Press

图书在版编目（CIP）数据

2014~2015中国出版业发展报告/范军主编．—北京：中国书籍出版社，2015.9
ISBN 978-7-5068-5164-0

Ⅰ.①2… Ⅱ.①范… Ⅲ.①出版工作–研究报告–中国–2014~2015 Ⅳ.①G239.2

中国版本图书馆CIP数据核字（2015）第224822号

2014~2015中国出版业发展报告

范　军　主编

责任编辑	庞　元
责任印制	孙马飞　马　芝
封面设计	楠竹文化
出版发行	中国书籍出版社
地　　址	北京市丰台区三路居路97号（邮编：100073）
电　　话	（010）52257143（总编室）　　（010）52257153（发行部）
电子邮箱	chinabp@vip.sina.com
经　　销	全国新华书店
印　　刷	三河市顺兴印务有限公司
开　　本	787毫米×1092毫米　1/16
印　　张	20
字　　数	328千字
版　　次	2015年9月第1版　2015年9月第1次印刷
书　　号	ISBN 978-7-5068-5164-0
定　　价	80.00元

版权所有　翻印必究

《2014~2015中国出版业发展报告》课题组、撰稿人和统稿人名单

组　　长：范　军

副组长：冯建辉

撰稿人（按文章顺序排列）：

杨　伟	杨春兰	段艳文	秦洁雯	郭全中	王　飚
毛文思	李广宇	李　熙	刘玉柱	孟晓明	郝园园
杨　涛	宋迪莹	徐　瑶	刘成芳	张羽玲	谭　汶
童　健	宋吉述	范　军	庞沁文	甄云霞	闫　鑫
屈明颖	田　菲	张　姝	刘颖丽	刘莹晨	冯建辉
李家驹	刘美儿	梁伟基	潘浩霖	王国强	黄昱凯
息慧娇	谢力清				

统　　稿：范　军　冯建辉　孙鲁燕

目　录

第一章　主报告

融合发展中的中国出版业

——2014~2015中国出版业发展报告……………………………………（3）
一、2014年中国出版业发展概况 …………………………………（4）
二、2015年中国出版业发展趋势分析 ……………………………（17）
三、关于推进中国出版业改革发展的建议 ………………………（24）

第二章　分类报告

第一节　**2014~2015图书出版业发展报告** …………………………（37）
一、2014年图书市场基本状况 ……………………………………（37）
二、2014年图书出版业的重要事件 ………………………………（42）
三、2015年及未来一个时期图书出版业发展趋势 ………………（45）
第二节　**2014~2015期刊出版业发展报告** …………………………（48）
一、2014年期刊出版的基本状况 …………………………………（48）
二、期刊业发展面临的问题与对策 ………………………………（55）
三、2015年及未来一个时期期刊出版业发展趋势 ………………（56）
第三节　**2014~2015报纸出版业发展报告** …………………………（59）

一、报业发展面临巨大挑战 ……………………………………（59）
二、媒体融合取得新进展 ………………………………………（60）
三、上市公司整体向好但出现严重分化 ………………………（62）
四、互联网转型现实效 …………………………………………（63）
五、微信战略有亮点 ……………………………………………（65）
六、多元化探索有成效 …………………………………………（66）

第四节　2014～2015数字出版产业发展报告 ………………………（67）
一、2014年数字出版产业发展基本情况 ………………………（67）
二、数字出版产业发展的对策与建议 …………………………（72）
三、2015年及未来一个时期数字出版产业发展趋势 …………（76）

第五节　2014～2015印刷业发展报告 ………………………………（81）
一、2014年印刷业发展基本情况 ………………………………（81）
二、印刷业发展面临的挑战 ……………………………………（83）
三、关于我国印刷业发展的建议 ………………………………（84）

第六节　2014～2015出版物发行业发展报告 ………………………（87）
一、2014年出版物发行业的基本情况 …………………………（87）
二、2015年及未来一个时期出版物发行业发展趋势 …………（90）

第三章　专题研究报告

第一节　建设数字移动多媒体出版企业的探索与实践 ……………（95）
一、牢牢把握出版融合发展的新趋势 …………………………（95）
二、积极探索转型升级之路 ……………………………………（97）
三、加快建设数字移动多媒体出版企业 ………………………（99）

第二节　"数字凤凰"的打造与思考 ………………………………（102）
一、借力网络，为书籍插上飞翔的翅膀 ………………………（102）
二、超越静态内容，向全方位媒体融合转变 …………………（104）
三、做强产业实力，夯实转型根基 ……………………………（106）
四、推进媒体融合的思考 ………………………………………（108）

第三节　新闻出版上市公司的现状与发展……………………(111)
　　一、新闻出版上市公司构成……………………………………(111)
　　二、新闻出版企业上市历程……………………………………(112)
　　三、新闻出版上市公司的表现…………………………………(118)
　　四、关于新闻出版企业上市的几点思考………………………(119)
第四节　出版传媒企业试点特殊管理股制度的设计与建议……(123)
　　一、特殊管理股的实质…………………………………………(123)
　　二、关于出版传媒企业试点特殊管理股制度的模式选择……(125)
　　三、开展出版传媒企业试点特殊管理股制度的建议…………(127)
第五节　民营书业发展的改革与创新……………………………(131)
　　一、民营书业发展的新趋势……………………………………(131)
　　二、民营书业迎来发展的新机遇………………………………(133)
第六节　"第十二次全国国民阅读调查"的成果与发现…………(136)
　　一、图书阅读率、各媒介综合阅读率…………………………(136)
　　二、网络在线阅读、手机阅读和光盘阅读接触率……………(138)
　　三、期刊和电子书的阅读量……………………………………(139)
　　四、每天接触传统纸质媒介和新兴媒介的时长………………(140)
　　五、成年国民上网率……………………………………………(141)
　　六、对图书、期刊、电子书的价格承受能力…………………(141)
　　七、有数字化阅读行为的成年人………………………………(142)
　　八、认为自己的阅读数量较少…………………………………(143)
　　九、未成年人图书阅读率和阅读量……………………………(144)
　　十、亲子陪读比例………………………………………………(145)
第七节　出版物市场治理的重点与成效…………………………(146)
　　一、2014 年出版物市场治理成效………………………………(146)
　　二、2014 年出版物市场治理特点………………………………(148)
　　三、2014 年出版物市场治理存在的问题………………………(150)
　　四、2015 年出版物市场治理重点………………………………(151)
第八节　出版标准的完善与实施…………………………………(153)
　　一、国家和行业标准制定和修订………………………………(153)

二、关于国际标准化……(157)
　　三、工程项目的有关标准……(159)
　　四、各项标准的实施……(160)
　　五、标准化科研工作……(161)
　　六、标准化机构建设……(163)
　　七、标准化工作的主要亮点……(164)
　　八、存在的问题及对策建议……(165)
第九节　出版走出去的亮点与突破……(167)
　　一、2014年中国出版走出去基本情况……(167)
　　二、关于出版走出去面临的困难……(170)
　　三、关于出版走出去对策与建议……(172)
第十节　出版科研热点议题的分析与评介……(175)
　　一、"出版质量"成热点议题……(175)
　　二、"互联网思维"呈现新亮点……(177)
　　三、"数字出版产业"研究逐步深入……(179)
　　四、"自出版"研究有新的突破……(181)
　　五、"众筹出版"研究方兴未艾……(183)
　　六、"大数据"研究取得新进展……(185)
　　七、"学术期刊"广受关注……(187)
　　八、"编辑素养"研究开拓新视角……(189)
　　九、"出版走出去"研究更具全球视野……(191)

第四章　港澳台地区出版业发展报告

第一节　2014年香港特别行政区出版业发展报告……(197)
　　一、图书阅读趋势……(197)
　　二、出版及零售情况……(199)
　　三、教育出版……(202)

第二节　2014年澳门特别行政区出版业发展报告 …………………（204）
　　一、澳门特别行政区出版业发展概况 ………………………………（204）
　　二、澳门特别行政区出版业发展的优势与面临的挑战 ……………（216）
　　三、关于澳门特别行政区出版业发展的建议 ………………………（220）
第三节　2014年台湾地区出版业发展报告 …………………………（224）
　　一、台湾地区出版产业概况 …………………………………………（224）
　　二、台湾地区图书出版与销售轮廓 …………………………………（226）
　　三、便利商店的角色日趋多元 ………………………………………（230）

第五章　出版业大事记

第一节　2014年中国出版业大事记 ……………………………………（239）
第二节　2014年中国香港特别行政区出版业大事记 …………………（281）
第三节　2014年中国台湾地区出版业大事记 …………………………（296）

第一章 主报告

融合发展中的中国出版业
——2014~2015中国出版业发展报告

2014年,中国出版界以习近平总书记系列讲话精神,特别是总书记在全国宣传思想工作会议、文艺工作座谈会上的重要讲话以及关于做好宣传文化工作的一系列重要指示为指导,坚持正确导向、主题精品大量涌现,深化出版改革、市场主体不断壮大,推进融合发展、产业转型升级提速,推动全面阅读、公共服务提质增效,扶植民营书业、多元发展取得成效,强化监督管理、市场环境不断净化,讲好中国故事、国际传播能力增强。

认识新常态,适应新常态,引领新常态是2014年中国经济发展的大逻辑。这一年来的实践表明,服务业增长快于工业,服务业占GDP比重提高,带来了中国产业结构的深刻变化。而文化产业为提高服务业比重作出贡献,正在成为中国经济的新动力。[①]据2015年7月15日国家新闻出版广电总局发布的《2014年新闻出版产业分析报告》显示,2014年,全国[②]出版、印刷和发行服务实现营业收入、利润总额、资产总额和所有者权益(净资产)较2013年全面增长。其中,营业收入为19 967.1亿元,增长9.4%;利润总额为1 563.7亿元,增长8.6%;不包括数字出版的资产总额为18 726.7亿元,增长8.8%;所有者权益(净资产)为9 543.6亿元,增长5.8%。毫无疑问,出版业在中国经济发展中贡献着自己的力量。

总体上看,2014年中国出版业无论在规模数量上,还是在发展质量上,都迈上一个新台阶,攀上一个新高峰。

[①] 张玉玲.让文化创造活力激情迸发——2014文化产业发展述评[N].光明日报,2015-5-14(10).

[②] 不包括香港特区、澳门特区及台湾地区,下同。

一、2014年中国出版业发展概况

(一) 坚持正确导向,精品力作大量涌现

2014年10月15日,习近平总书记在文艺工作座谈会上指出,改革开放以来,我国文艺创作迎来了新的春天,产生了大量脍炙人口的优秀作品。同时,也不能否认,在文艺创作方面,也存在着有数量缺质量、有"高原"缺"高峰"的现象,存在着抄袭模仿、千篇一律的问题,存在着机械化生产、快餐式消费的问题。文艺不能在市场经济大潮中迷失方向,不能在为什么人的问题上发生偏差,否则文艺就没有生命力。一部好的作品,应该是把社会效益放在首位,同时也应该是社会效益和经济效益相统一的作品。习近平总书记这一重要讲话,为中国出版业发展指明了方向。中国出版业按照习近平总书记重要讲话的要求,坚持正确的出版方向和导向,坚持把主题出版作为自己的文化使命和文化担当,不断策划和生产出思想精深、艺术精湛、制作精良的"叫好又叫座"的精品,唱响了时代的主旋律、传播了社会的正能量,为我国经济社会发展营造了良好的舆论环境。

各出版单位围绕中心、服务大局,着力推动习近平总书记系列重要讲话精神的宣传阐释。2014年6月,由中共中央宣传部组织编写的《习近平总书记系列重要讲话读本》(以下简称《读本》)由学习出版社与人民出版社联合出版。该书分12个专题,全面准确地阐述了习近平总书记系列重要讲话的重大意义、科学内涵、精神实质和实践要求,阐述了讲话提出的一系列重大战略思想和重大理论观点,观点鲜明、文风清新、可读性强,为学习领会讲话精神提供了重要指导。截至2014年12月18日,《读本》总发行量达到1511.4万册(含少数民族文字版9.5万册),创改革开放以来同类图书发行的新纪录。[1]《习近平谈治国理政》一书由国务院新闻办公室会同中央文献研究室、中国外文局编辑出版,2014年9月8日由中国外文出版社以中、英、法、俄、阿、西、葡、德、日等多语种出版发行。该书收录了习近平总书记从2012年11月15日到

---

[1] 《习近平总书记系列重要讲话读本》发行突破1 500万册[N]. 人民日报,2014-12-18(1).

2014年6月13日的讲话、谈话、演讲、答问、批示、贺信等79篇。为帮助各国读者了解中国社会制度和历史文化,该书还专门作了必要注释,并收入了习近平总书记各个时期的照片45幅,以帮助读者了解他的工作和生活,集中展示了中央领导集体的治国理念和执政方略,"是国际社会了解当代中国的重要窗口、寻找中国问题答案的一把钥匙"①,发行超过220万册,稳居畅销书排行榜前列,成为图书市场一道亮丽风景,反映了党心民心所向。

围绕培育和践行社会主义核心价值观、纪念邓小平同志诞辰110周年、庆祝新中国成立65周年、依法治国等重大主题和重要时间节点,中国出版界陆续推出了一批重点主题出版物。《爱国四章》《国家的儿子》《邓小平传(1904—1974)》《邓小平文集》《改革开放元勋画传丛书》《大美昆曲》等重点图书和《家风·家教·家训》《国旗的故事》《圆梦中国 德耀中华》等音像电子出版物,引起社会的强烈反响。党的十八届四中全会文件及辅导读物出版的发行工作也成效显著,截至11月底,《会议公报》《决定》及有关辅导读物发行超过800万册,相关民族文字版本发行超过20万册。

规划导引助推精品图书的生产,形成了"一个主体(《'十二五'国家重点图书、音像和电子出版物出版规划》)、三个分规划(《国家'十二五'少数民族语言文字出版规划》《2011—2020年国家古籍整理出版规划》《2013—2025年国家辞书编纂出版规划》)相互配合"的格局,"十二五"规划完成程度达65%,推出了一大批精品力作,有效带动了出版行业整体水平的提升,取得了良好的社会效益。② 2014年,不少"十二五"重点图书都对当下各领域最受关注的基础性、前沿性和现实性重大问题进行了追踪,为读者提供了诸多崭新的研究视角和成果。例如,中央编译出版社2014年3月出版《国际共产主义运动历史文献》(第22卷),用最新的文献史料更加客观地反映历史原貌;中国人民大学出版社2014年9月出版《中国政治思想通史》(9卷本),特别强调深度挖掘;中华书局2014年12月出版《中国地域文化通览(34卷)》,

---

① 蔡名照.全面客观认识当代中国的重要文献——《习近平谈治国理政》[N].人民日报,2014-09-29(8).
② 2014年新闻出版工作总结[EB/OL].[2015-06-26]. http://www.gapp.gov.cn/govpublic/79/933.shtml.

更加注重展示民族文化传统。① 2014年1月，安徽文艺出版社出版发行了"新生代作家小说精选大系"第一辑，集中推出了"不愿做市场奴隶"坚持严肃文学写作的，包括80后文坛"老将"蒋峰在内的9位作家的中短篇小说集和长篇小说单行本。"新生代"书系一经上市，就引起出版界和文学界的关注，市场反馈良好，这些作品长期占据当当网、京东等畅销书前100名，短短一个月就销售4万余册。

（二）深化出版改革，市场主体不断壮大

2014年，被称为中国全面深化改革的"元年"，在李克强总理所作的政府工作报告中，"改革"一词出现了77次。到了2015年政府工作报告中，"改革"一词出现多达86次！从77次增加到86次，既表明"改革"是政府工作的主旋律，又凸显"深化改革"的重要性和紧迫性。

出版行政管理部门进一步强化出版改革顶层设计，印发了《深化新闻出版体制改革实施方案》，制订了《贯彻实施党的十八届三中全会〈决定〉重要举措分工方案》（以下简称《方案》），明确5个重点方面23项重点改革任务的时间表和路线图。特别是在增强新闻出版单位发展活力方面，《方案》提出，在坚持党管媒体、党管干部、确保正确舆论导向前提下，可将公益性新闻出版单位中经营性部分转制为企业进行公司制、股份制运作。推动已转制的新华书店、图书出版社、电子音像出版社、非时政类报刊社等进行公司制、股份制改造。所有出版单位必须设立总编辑岗位，上市出版企业要探索建立编辑委员会制度。经批准允许有条件的国有控股上市出版企业开展股权激励试点。通过开展传统新闻出版单位数字化转型示范，引导图书、报刊、电子音像等传统出版形态向数字出版转型升级。支持传统新闻出版单位与新媒体企业、渠道运营企业、适用技术企业开展合作。鼓励和支持国有骨干出版企业以资本为纽带，打破区域限制和行业壁垒，实施跨地区、跨行业、跨所有制兼并重组。支持国有出版企业兼并重组非公有制文化企业。②

继续推动兼并重组，不断壮大市场主体，2014年6月，辽宁北方期刊出版

---

① 涂桂林. 2014年度全国图书选题分析报告出炉 [EB/OL]. [2014-03-14]. http://www.chinaxwcb.com/2014-03/14/content_288606.htm.
② 章红雨.《深化新闻出版体制改革实施方案》出台 [N]. 中国新闻出版报，2014-10-13(1).

集团正式成立。集团是由原辽宁北方报刊出版中心经"转企改制"而注册成立的国有法人独资的出版企业集团，现已形成了以出版发行《数学周报》《教育周报》《中国数学教育》《数学小灵通》为主的教辅报刊群和《车时代》《垂钓》等时尚休闲类期刊共同发展的新格局。截至 2014 年 6 月，集团已经形成了 800 万人的固定终端订户，年经营额超过 2 亿元，在同类教辅材料出版发行市场排名列全国前 5 名。① 从 2014 年 4 月陕西省委、省政府作出出版传媒集团、新华发行集团融合的决定，到 10 月 28 日在陕西省工商局完成法人注册登记，短短 6 个月，陕西省出版业完成了具有决定性意义的整合重组，陕西新华出版传媒集团作为一个全新的市场主体挂牌成立。10 月下旬，集团启动了股份制改造。预计用 1 年时间完成股改。② 2014 年 6 月 11 日，中国教育出版传媒集团有限公司、中国教育出版传媒股份有限公司与黑龙江出版集团等 7 家企业举行引进战略投资者签约仪式。此次引进的 7 家战略投资者与中教集团、中教股份战略协同效应明显，已达成广泛和明确的战略合作意向，并取得了相关主管部门的批准。中教股份此次引进 7 家战略投资者总计融资近 20 亿元，公司总股本增加至 56.82 亿股，进一步增强了公司资本实力，为公司实现跨越式发展奠定了良好的资金、资源和制度基础。

　　应对出版环境和出版业态的变化，谋划着实现由单纯的出版商向服务商的转型。2014 年出版传媒集团在资本和金融层面的战略布局和调整上备受瞩目。2014 年，以色列 CDI Systems 公司与化学工业出版社共同成立合资公司——海枣数字科技公司，其主要业务聚焦在数字出版的创作和传播上，采用以色列 CDI 公司的数字出版及版权保护技术，发布了全新电子书平台 Book ebook。一些出版集团在实业投资与资本运作有机结合上，也频繁开展金融层面的战略合作。继 2013 年年底，中国出版集团与中国工商银行等金融机构签署战略合作协议之后，2014 年 7 月，安徽出版集团、安徽省投资集团在合肥也签署了战略合作协议。根据战略合作框架协议，安徽出版集团和安徽省投资集团在股份制改造和拟投资项目在引进战略投资者等方面，优先考虑双方及所属成员企业参

---

① 辽宁北方期刊出版集团正式成立［N］.辽宁日报，2014-06-30（1）.
② 杨小玲.以改革实效加速实现"出版梦"——访陕西新华出版传媒集团党委书记、董事长陈建国［N］.陕西日报，2014-12-09（6）.

股投资，充分发挥股权纽带作用，实现相互利益最大化。①

2014年5月，第六届中国"文化企业30强"评选在深圳揭晓。包括凤凰出版传媒集团有限公司在内的10家出版发行企业更为令人瞩目，它们的主营收入达1 112亿元、净资产为894亿元，几乎占据了"30强"的半壁江山。② 2014年，15家出版发行内地上市企业整体规模继续壮大，第三季度市值2 284.23亿元，营业收入、资产总额同比增长8.78%和20.42%，跑赢沪深两市大盘。88家上报有效财务数据的新闻出版传媒集团实现主营业务收入2 315.3亿元，较2013年增长6.6%；拥有资产总额4 501亿元，增长14.3%；所有者权益2 212.9亿元，增长9.8%；利润总额186亿元，增长3.5%。③

（三）推动融合发展，产业转型升级提速

2014年10月10日至11日，国家新闻出版广电总局在京召开出版传媒集团主要负责人座谈会，总局党组书记、副局长蒋建国出席会议并讲话。蒋建国指出，推动传统出版和新兴出版融合发展，其本质是要立足出版、发挥优势、运用先进技术、走向网络空间，做到一个内容多个创意、一个创意多次开发、一次开发多个产品、一个产品多个形态、一次销售多个渠道、一次投入多次产出、一次产出多次增值。④ 出版传媒集团主要负责人座谈会的召开，在出版融合发展"是什么"、"怎么看"、"怎么干"、"怎么管"等基本问题上理清了思想、形成了共识。

2014年4月24日，国家新闻出版广电总局、财政部以新广出发〔2014〕52号印发《关于推动新闻出版业数字化转型升级的指导意见》（以下简称《意见》）。该《意见》分总体要求、主要任务、保障措施3个部分。主要任务是：开展数字化转型升级标准化工作，提升数字化转型升级技术装备水平，加强数字出版人才队伍建设，探索数字化转型升级新模式。国家不仅进行政策引导，而且在资金上也给予了大力扶持。2014年，中央财政下达文化产业发展专项资金50亿元，

---

① 刘志伟. 2014出版产业资本运作6趋势［N］. 中国出版传媒商报，2014-12-23（2）.
② 涂桂林. 份额与实力：10家企业营收占半壁江山——"文化企业30强"出版发行类系列述评（上）［EB/OL］.［2014-07-18］. http：//www.chinaxwcb.com/2014-07/18/content_298272.htm.
③ 2014年新闻出版工作总结［EB/OL］.［2015-06-26］. http：//www.gapp.gov.cn/govpublic/79/933.shtml.
④ 晋雅芬. 用互联网思维来谋划和推进工作［EB/OL］.［2014-10-13］. http：//www.chinaxwcb.com/2014-10/13/content_303912.htm.

比2013年增加4.2%，共支持项目800个，2014年新闻出版项目获中央文化产业发展专项资金支持21亿元，获得财政部文资办支持的数字出版转型升级方向项目达77个，获拨文化产业发展专项资金6.27亿元，累计支持资金超过10亿元。

可以看到，国家多项重要战略部署，对于中国出版业的融合发展空前利好，提供了有力的支持和抓手。由此，各出版单位加快了融合发展的步伐。知识产权出版社推出"来出书"自助出版平台，借助互联网手段，实现纸质书、电子书同步出版。中国轻工业出版社、广州动周数码科技发展有限公司将增强现实技术（AR）运用于少儿读物，把平面的图书打造成集视、听、触、动等功能于一体的全媒体互动读物。清华大学出版社"财经实务仿真教学平台"项目将实务教学融入平台建设，提供个性化的全过程学习支持。人民卫生出版社重点推介西医图书数据库、医学百科数据库，提供全方位、多层次、立体化医学数字出版解决方案。传统出版单位依托新技术，拓展产业空间，立足优势内容，探索一个内容多种创意、多方开发、多次增值的生产经营方面。[①]

2014年，我国出版业转型升级与前几年相比，路径更加清晰，步伐更加稳健，无论是主动性，还是深入程度都有了显著提升。全国各家传统出版单位积极开展了设公司、打基础、建平台、抓项目、招人才等方式的改革行动。在单位内部，主动探索组织结构的重构和出版流程再造，着手建立适应市场竞争和数字出版一体化发展的内部运行机制，内容资源数字化、结构化的工作已取得成效；以更加积极的心态面对新媒体，积极借助新媒体带来的新技术、新渠道，内容生产与服务的模式不断创新，着力搭建集选题策划、协同编辑、结构化加工、全媒体资源管理等一体化内容生产平台；特色资源数据库、在线教育等数字传产品与服务都实现了较大突破；大型出版传媒集团通过并购、上市等资本运作模式，推进融合发展步伐，拓展业务布局，增强总体实力。

同时，互联网企业也通过并购收购等方式积极向出版内容靠拢。以BAT为代表的互联网巨头对数字内容产业的布局更加深入，逐步构建起以网络文学为入口的数字内容全产业链布局。2014年11月百度文学成立，腾讯的阅文集团和阿里巴巴的阿里文学也相继于2015年3月和4月成立。通过并购、联盟网络

---

① 孙海悦. 数字技术风劲吹 出版业探索融合发展运营［EB/OL］.［2015-01-12］. http://www.chinaxwcb.com/2015-01/12/content_309675.htm.

文学企业等方式，并通过招揽名家名作资源和并购影视公司、游戏公司，打通了从出版的上游内容提供方到下游影视改编、游戏创作、动漫创作等多种传播渠道的文化传播产业链，开拓多元的融合发展路径。①

2014年中国数字出版业营业收入约为3 168.4亿元人民币，与2013年相比，增长24.7%，占到我国出版全行业总营业收入的16.2%。总体而言，数字出版在经历了多年超高速增长后，近几年逐渐进入了年均30%左右的高速增长阶段。虽然增速有所放缓，但是数字出版的整体规模仍在继续扩大，对我国出版业的贡献率在不断提升，仍然是我国出版业增长最快和潜力最大板块。②

2014年，数字出版领域应用标准建设得以积极推进。多媒体印刷读物（MPR）、中国出版物在线信息交换（CNONIX）国内标准应用取得实质性进展。由中国专家任召集人的国际标准关联标识符（ISLI）标准获国际标准化组织高票通过，这有利于打破发达国家信息资源标识管理垄断地位，在争夺互联网时代国际话语权方面取得实质性进展。

（四）推动全民阅读，公共服务提质增效

2014年，国家新闻出版广电总局相关司局参与制订《关于加快构建现代公共文化服务体系的意见》和《国家基本公共文化服务指导标准（2015—2020年）》等重大政策措施，将公益性出版、全民阅读和出版物采购、配送等环节纳入公共文化服务政府采购和资助目录，将农家书屋、阅报栏（屏）等相关指标纳入《国家基本公共文化服务保障标准》。国家新闻出版广电总局还开展新闻出版"十三五"公共文化服务体系规划预研工作，按保障标准测算，2015—2020年新闻出版基本公共文化服务项目投入财政资金将有望达130多亿元。这些扶持政策起到"四两拨千斤"的作用，将强有力地推动出版领域的公共服务建设。

全民阅读活动正成为全民关注的热点，各地活动高潮迭起。2014年3月5日，在十二届全国人大二次会议上，李克强总理代表国务院所作的政府工作报

---

① 2014~2015年数字出版产业发展报告［R］.北京：中国新闻出版研究院，2015.
② 阮煜琳. 去年中国出版印刷发行服务营业收入1.95万亿元［EB/OL］.［2015-05-28］. http://www.chinanews.com/cj/2015/05-28/7307406.shtml.

告中，首次提到"倡导全民阅读"。湖北、江苏、深圳等地颁布了专门法规，越来越多的地区将全民阅读纳入到经济社会发展规划，全国 400 多个城市常设读书节、读书月活动有 8 亿多人深入参与，来自全国 31 个省区市的 996 个家庭，被授予"书香之家"称号，20 个以弘扬社会主义核心价值观为主题的专题数字阅读活动反响强烈，100 家出版单位与分布在全国各地特别是老少边穷地区的 1 000 所小学共同开展"百社千校书香童年"阅读活动，城乡阅报栏（屏）工程建设城乡阅报栏（屏）建设范围进一步扩大。2014 年世界读书日前夕，李克强总理给北京三联韬奋书店全体员工回信，肯定创建 24 小时不打烊书店这一创意，指出这是对"全民阅读"活动的生动践行，希望三联韬奋书店把 24 小时不打烊书店打造成为城市的精神地标，让不眠灯光引领手不释卷蔚然成风。夜间售书成为城市文化新景，全国 11 家书店加入 24 小时书店联盟，深圳中心书城温馨阅读夜分享活动夜间 8 小时售出 227 万元图书。

农家书屋覆盖面扩大，建设提档升级。规范农家书屋补充资金使用、书目执行、采购配送管理，指导重点出版单位针对农村农民需求加强选题策划，完善以基层管理部门和农民为主体的选书机制。卫星数字农家书屋建设扎实推进，已建成数字农家书屋 2.6 万家，其中卫星数字农家书屋 1.6 万家，有效解决了边远地区、网络未通达地区报刊投送难、信息获取难问题。西藏和四省藏区寺庙书屋每家每年 2 000 元补充资金得以落实，精选推荐适合僧尼阅读的图书 300 种，四省非藏区寺庙书屋建设进展顺利，已累计建成寺庙书屋 3 287 家。西藏数字内容综合服务平台得到政策支持，安排 30 万专项资金开展数字阅读试点工作。

少数民族扶持力度进一步加大，出版工作扎实推进。为贯彻落实中央民族工作会议、第二次中央新疆工作座谈会和对口支援西藏工作 20 周年电视电话会议精神，2014 年，国家新闻出版广电总局还制定并印发了《关于进一步加强少数民族新闻出版事业的工作方案》。"东风工程"中央预算内投资 268 个项目已完成近 200 个，民族地区 155 个新建和改建县级新华书店已竣工 118 个、正在施工 26 个。中央财政投入民族文字出版专项资金 1.1 亿元，支持 13 个省区民族文字出版译制项目 69 个，补贴民文和双语出版物 1 326 种、9 856 万元，补贴新疆、西藏、云南、内蒙古民文出版人才培养项目 537 万元，额度创历史新高。新疆民族文字出版及数字新媒体基地建设、西藏民族文字出版基地建设项目完成前期工作。2014年，国家新闻出版广电总局新批准成立《喀什晚报》《阿里报》《克孜勒苏文学》等少数民族文字版报刊。为满足正规宗教读物阅读需求，重印5万册维文版《古兰经》和4万余册民文版伊斯兰教读物。

（五）扶植民营书业，多元发展取得成效

各个民营企业的出书品种均有不同程度的压缩，改变以往盲目扩张图书品种的粗放模式，提出"新、优、特"的产品策略。一些大的民营公司，如磨铁、新经典、世纪天鸿、曲一线、时代光华等，已经在大众或者教辅图书的某一领域占据了绝对的市场优势，将更多精力集中于畅销书的维护和打造。而更多的中小民营企业则需要依托自身的产品优势，走出"小而美"的路线。如北京启发世纪图书有限公司，专注精品绘本和童书出版，开辟出一片独特的生存空间。

2014年上半年，天舟文化股份有限公司成功并购重组知名手机游戏企业——北京神奇时代网络有限公司，把传统出版和移动互联网相融合，推动公司原有的传统出版物，如教材、教辅等向新媒体延伸。经纶集团推出"数字出版1.5时代"模式，即数字加纸媒，通过二维码将纸书和数字内容融合起来，借助移动终端，通过移动互联网及时更新内容，锁定用户和提供个性化推送服务。江苏春雨教育集团有限公司推出了以数据库服务为主的数字出版产品"教考通"。

北京曲一线图书策划有限公司的芬吉茶叶完善了编号体系，进一步明确定位，并在北京国贸地区建立了茶生活馆，吸引更多年轻消费者。上海童石网络科技有限公司2014年主抓动漫品牌"星纪元"，目前，"星纪元"已是我国动漫产业首个全媒体落地产品，同名游戏在多个客户端大放异彩，同名小说、杂志、漫画陆续推出。此外，磨铁图书、新华先锋、凤凰联动等积极拓展影视业务，催生新老业态融合，无不是对产业链拓展的大力动作。

沈阳庠序文化有限公司利用码上淘、手机淘宝、微信等移动客户端，制定系统的网络推广方案，拍摄《备考笔记》版"小苹果"视频，初步勾勒出线上线下相结合的教育模式。北京曲一线图书策划有限公司继续探索和尝试线上线下互动、纸质图书和网络应用相结合的教育出版模式，推出了"曲一线网络错题本""曲一线教辅助手""5·3家教版"等多种产品,获取了大量用户数据,取得了不错的反响和口碑。

《狼图腾》十周年庆典在北京举行,该书版权输出到西方许多国家,中文版再版150多次,正版发行近500万册,占据畅销书榜前30名达479周。凤凰联动文化传媒有限公司、中南博集天卷有限公司等混合所有制企业在2014年也推出了不少既有市场又有口碑的优秀出版物。在兼并重组这方面,中文天地出版传媒股份有限公司与天成公司合作组成新的公司,前者占51%的股份,天成书业公司占49%的股份。由内蒙古新华发行集团与山东金榜苑文化传媒公司共同出资创建的内蒙古新华文化传媒有限公司在呼和浩特揭牌成立,为混合经济增添了有生力量。沈阳庠序文化有限公司与沈阳市新华书店签署战略合作协议,双方将以共同投资项目的形式来开展深度合作。①

(六)强化监督管理,市场环境不断净化

出版业作为意识形态安全的重要阵地,维护国家安全责无旁贷。据了解,2014年各级新闻出版行政管理机关持续出台相关管理措施,净化市场环境。

坚决查处群众反映强烈的教辅读物质量差和出版物低俗、跟风等问题,曝光15家出版单位的17种不合格少儿出版物,查处11种少儿报刊违法违规案件,给予7种报刊警告处罚,处理120余家违规经营单位,收缴盗版或非法出版物101 221余册(盘),没收盗版或非法出版教辅材料191 959余册,取缔出版物市场和店档摊点845多个,对18家印刷企业和12家发行企业作出行政处罚。

持续开展打击新闻敲诈和假新闻行动,查办经济日报驻河南记者站等4批、27家报刊单位违法违规典型案件,督办假媒体、假记者站、假记者重点案件17起,吊销《中国特产报》、《商务时报》出版许可证,对《西部时报》、《电子世界》杂志等9种报刊予以停业整顿,缓验195种报刊、210家记者站,注销75家记者站,规范期刊出版秩序,查办期刊刊发质量低劣论文案件112起。

---

① 新常态下的中国民营书业——2014中国民营书业发展报告[R].北京:中国新闻出版研究院,2015.

加强图书出版在线审读，严格重大选题备案，全年暂停核发问题选题书号955个。严格学术期刊出版资质，首次组织学术期刊认定，公布第一批认定的学术期刊名单共5 756种，为实施期刊分类管理和开展学术期刊质量评估奠定了基础。对全国30余万名新闻采编人员进行全员轮训和统一考核，印发《新闻从业人员职务行为信息管理办法》，20余万名采编人员与单位签订职务行为信息保密协议及保密承诺书，通过契约形式实现了对记者违规"发声"的有效约束，实现了新闻领域意识形态管理制度的重大创新。严格执行《新闻采编人员不良从业记录登记办法》，40多名新闻从业人员因违规被列入不良数据库。首次将互联网出版专业技术人员纳入出版专业技术人员职业资格考试范围。

深入开展"清源2014"、"净网2014"、"秋风2014"、"固边2014"4大专项行动，积极推进"护城河"、"南岭"、"天山"、"珠峰"、"长白山"5大工程建设。全国共收缴各类非法出版物1 600余万件，查处各类"扫黄打非"案件8 300余起，其中收缴淫秽色情出版物55万件、非法报刊180余万份、侵权盗版出版物1 200余万件，查办淫秽色情出版物案件800余起、侵权盗版出版物案件2 600多起，关闭近万个传播淫秽色情信息网站栏目，删除300余万条涉黄信息，对快播、新浪、腾讯、百度等网络企业传播淫秽色情信息行为予以严厉查处。

（七）讲好中国故事，国际传播能力增强

对外出版交流亮点纷呈。2014年9月，国家主席习近平亲自为第16届科伦坡国际书展中国主宾国活动揭幕，并向斯里兰卡政府赠送《大中华文库》。这是国家最高领导第一次为国际书展主宾国活动揭幕。2014年9月18日，国家主席习近平同印度总理莫迪会谈时亲自宣布：中国将作为主宾国参加2016年德里书展。2014年6月3日，在国务院总理李克强和科威特首相贾比尔的共同见证下，中国国家新闻出版广电总局与科威特文化艺术文学国家委员会在京签署了《中科经典和当代文学作品互译出版项目合作议定书》。2014年6月17日，在李克强与英国首相戴维·卡梅伦举行年度会晤时，"促进文化创意产业、新闻出版和广播影视领域的交流与合作和促进中英当代经典作品互译"又被写入《中华人民共和国政府和大不列颠及北爱尔兰联合王国政府联合声明》。

重要书展进一步发挥了外宣平台功能。2014年8月31日，第21届北京国

际图书博览会取得圆满成功。刘云山、刘奇葆同志亲临参观，刘延东同志会见第八届中华图书特殊贡献奖外国专家。博览会达成版权协议4346项，同比增长18.5%；输出版权2594项，同比增长24%，版权输出与引进比为1.48∶1。北京国际图书博览会国际影响力进一步提升，在国际书展同业下滑的大背景下，逆势上扬、一枝独秀，跻身世界第二大国际书展。利用贝尔格莱德国际书展中国主宾国活动、巴黎图书沙龙上海主宾城市活动、东京国际书展、法兰克福书展、伦敦书展等平台，我国出版界推出了一批"中国梦"主题图书，《习近平谈治国理政》海外发行超过28万册，引起国际社会广泛关注。

出版走出去重点工程建设顺利推进。为贯彻落实习近平总书记"一带一路"重要战略构想，2014年，"丝路书香工程"正式启动实施，并纳入国家战略规划重点工程立项，规划设计到2020年。"图书版权输出普遍奖励计划"已正式通过中央文资办的立项评审，拨付专项资金2 000万元，充分调动了民营企业和社会个体走出去的积极性。经典中国国际出版工程资助范围得以扩大，目前共有2 827种外向型图书获得资助，累计资助1.45亿元。国际营销渠道拓展工程全面展开，拉加代尔全球门店销售外文版中国图书达20万余册，全球百家华文书店中国图书联展活动销售45万多册图书，亚马逊"中国书店"上线图书达31.44万种、累计发货17.7万册，云南昆明新知集团等民营走出去取得积极进展。[①] 中国图书对外推广计划顺利开展，中国当代作品翻译工程有序推进，新疆、西藏、云南等边疆地区企业走出去扶持计划稳步实施，中外互译项目加快步伐。版权输出区域、品种等结构不断优化，越来越多的中国出版物进入欧美主流市场。

2014年7月，凤凰出版传媒集团以旗下教育出版社为主体，用8 500万美元（含授权转让费）收购美国PIL公司童书业务资产，以及其在澳大利亚、英国、法国、德国、墨西哥的5个子公司。这是中国出版史上迄今为止最大规模的收购案，不仅使凤凰传媒成功收获了包括迪斯尼在内的世界一流卡通形象的童书出版形象许可、较为发达的全球销售渠道，而且使凤凰获得较为成熟的国际拓展平台。8月1日，凤凰出版传媒集团出品的大型中国原创音乐剧《锦绣

---

① 2014年新闻出版工作总结 [EB/OL]. [2015－06－26]. http://www.gapp.gov.cn/govpublic/79/933.shtml.

过云楼》精彩亮相英国爱丁堡国际艺术节,受到外国观众的热烈欢迎。同时,为响应习近平总书记提出共建"丝绸之路经济带"和"21世纪海上丝绸之路"的战略构想,凤凰出版传媒集团先后与长期合作伙伴在哈萨克斯坦首都阿斯塔纳成立合资公司并举行了厂区奠基仪式;与土耳其合作伙伴启动在伊斯坦布尔设立分支机构;与韩国22家出版社、版权代理机构和教育培训机构就资本合作、业务合作和版权贸易合作等达成近30种合作意向;与越南国家政治出版社、教育出版社、胡志明市综合出版社等10家在越南具有重要地位和代表性的出版社和机构开展业务合作,签订版权输出合同30种。[1] 2014年8月,广西师范大学出版社集团有限公司成功收购澳大利亚视觉出版集团（Images公司）。2014年11月,中文传媒力促融合发展和业态创新。中文传媒成功并购智明星通,有效注入互联网基因,推动中文传媒接入互联网领域和构筑国际化互联网平台。人民卫生出版社在推动中国医学文化走出去方面,进行了积极的探索和实践,取得了卓有成效的成果。从与小型出版公司合作发展到与大型出版集团合作输出中国经典医学文化;从国内公司外向型输出发展到国内公司、美国子公司联合输出;从单纯出版产品输出发展到企业、产品、人员、版权、项目全面走出去的格局。2014年6月6日,人民卫生出版社与爱思唯尔集团在北京世界医药图书大厦签署合作出版协议,合作完成《健康中国2020战略研究报告》英文版的编辑、出版及推广工作。[2]

在数字出版成全球出版业热点的情况下,跨媒介的版权走出去受人关注。安徽少年儿童出版社打造的"优乐互动"少儿主题阅读平台2013年投入运营,在此基础上,他们与黎巴嫩数字未来公司达成了共同建设"全球儿童汉语互动阅读推广运营平台"的战略合作协议。围绕国家"丝绸之路文化产业带"的战略构想,其正不断整合资源,企图开辟文化"走出去E丝路"。而与国外大型数字出版运营平台对接成为学术类产品数字版权输出的主流选择。上海交通大学出版社向圣智盖尔数字图书馆输出"中国服务外包报告系列"、"东京审判研究系列"等多种图书中文电子版权。江苏人民出版社同样将《南京大屠杀史料

---

[1] 周斌. 凤凰志四海 万里任翱翔——凤凰出版传媒集团走出去工作再谱新华章［N］. 中国新闻出版报, 2014 - 12 - 15（4）.
[2] 人民卫生出版社与爱思唯尔合作推进 中国医学文化走向世界［EB/OL］.［2014 - 06 - 09］. http：//fashion.ifeng.com/a/20140609/40016453_0.shtml.

集》78 卷和《中国近代通史》10 卷的电子出版权输到圣智盖尔数字图书馆。借此，这些出版社有效延伸了"走出去"产业链，加强了他们在海外出版商、数字信息集成商及图书馆中的认知度。中国图书进出口（集团）总公司打造的国际数字资源交易与服务平台——"易阅通"则以专业平台推动数字产品"走出去"。"易阅通"自运营以来，逐步与国内出版机构展开合作，已上线近 10 万种中文电子书，为国内数字产品"走出去"提供了便捷渠道。同方知网（北京）技术有限公司等也与多家国外出版机构和图书馆，就数字资源的输出达成合作。[1]

为打破中国文化"走出去"的语言壁垒，2014 年 8 月，中国出版集团与青岛市政府、LID 公司签署战略协议，与北京语言大学、英国尹泰乐联合有限公司分别就联合培养翻译人才、版权代理等业务签署战略合作协议，并与哈佛大学、斯坦福大学、杜克大学和纽约大学等名校牵手，联合推进"中国近现代文化经典"翻译出版工作。[2]

二、2015 年中国出版业发展趋势分析

2015 年是全面深化改革的关键之年，也是全面完成"十二五"规划的收官之年。纵观国际国内政治经济文化发展的形势，结合中国出版业"十二五"规划及具体实践，我们认为，2015 年中国出版业发展将呈现出如下几大趋势。

（一）宣传阐释习近平总书记系列重要讲话精神将进一步深化，主题出版和精品出版继续引领时代潮流

党的十八大以来，习近平总书记站在党和国家事业发展全局的高度，以坚持和发展中国特色社会主义为主线，以实现中华民族伟大复兴的中国梦为目标，以进行具有许多新的历史特点的伟大斗争为着眼点，围绕改革发展稳定、内政外交国防、治党治国治军发表的一系列重要讲话，高屋建瓴、博大精深，

---

[1] 张攀. 2014 版权产业全媒热 重保护 走出去 [N]. 中国出版传媒商报，2014-12-30（15）.
[2] 刘志伟. 出版机构国际化转型三路径 [N]. 中国出版传媒商报，2014-10-24（1）.

内涵丰富，特色鲜明，具有很强的思想性、前瞻性和指导性，为在新的历史起点上开创工作新局面提供了基本遵循、指明了前进方向。作为我国宣传思想文化战线的重要组成部分，出版界在推动总书记系列重要讲话精神的学习贯彻落实上责无旁贷。2015年，将继续推出一批深入宣传阐释总书记系列重要讲话精神的重点出版物，引导报刊、网络出版单位深入宣传阐释系列重要讲话精神。将围绕经济发展新常态，服务党和国家大局，深入学习认识新常态，抓好中央精神的宣传解读，推出一批深入宣传阐释经济发展新常态的重点出版物，唱响主旋律，传播正能量，为改革发展稳定大局提供思想保证、精神动力、舆论支持、文化条件。将认真贯彻落实文艺工作座谈会精神，坚持以多出优秀作品作为文艺出版工作的中心环节，坚持创作引导和阅读推广两手抓，推出一批图书、音像电子、报刊、网络文艺出版精品。

2015年是纪念世界反法西斯战争胜利暨中国人民抗日战争胜利70周年、庆祝新疆维吾尔自治区成立60周年、庆祝西藏自治区成立50周年，相关主题将成为各出版社关注的重点。同时，出版社的核心选题将继续围绕坚持和发展中国特色社会主义、实现中国梦、全面深化改革、全面推进依法治国、培养和践行社会主义核心价值观等重大主题深入挖掘、阐释内涵，推出一批质量上乘的主题出版物，从而巩固壮大主流思想阵地。可以相信，未来主题出版物将继续成为出版主流，出版亮点将不断涌现。

此外，2015年，《马克思恩格斯选集（第3版）》《马克思主义经典文库》《中国大百科全书》（第三版）《大辞海》《辞源》（第三版）、点校本"二十四史"及《清史稿》修订工程等重大出版工程、《中国共产党思想理论资源数据库》二期工程建设将继续深入推进。

（二）深化出版改革永远在路上，上市融资将是不少出版集团追求的热点

党的十八届三中全会提出，继续推进国有经营性文化单位转企改制，加快公司制、股份制改造。推动文化企业跨地区、跨行业、跨所有制兼并重组，提高文化产业规模化、集约化、专业化水平。这就要求出版业必须继续深化改革。

为此，国有出版传媒集团转企改制必将深入，已转制的出版传媒集团将在完善法人治理结构、建立现代企业制度、体现文化企业特点的资产组织形式和经营管理模式方面迈出新步伐。国有出版传媒企业产权制度改革，上市融资，吸引社会资本参与股份制改造将进一步加快。出版传媒企业跨地区、跨行业、跨所有制兼并重组将会加剧，文化资源和要素将向优质文化企业、优势文化产业集聚。①

2015年，上市融资将成为许多出版集团公司追求的热点。中国出版传媒股份有限公司、中国教育出版传媒股份有限公司、中国科技出版股份有限公司等三家"国字号"集团企业都在跃跃欲试，积极准备上市。由于目前中国证券监督管理委员会暂停IPO上市，读者出版传媒股份公司虽然通过预披露，进行了路演，但仍被关在股市的门外。无疑，2015年，读者出版传媒股份公司工作最重要的一件事就是准备实现上市。此外，山东出版传媒股份有限公司、湖北长江出版传媒股份有限公司、河北出版传媒股份有限公司、吉林出版集团股份有限公司等一批地方出版企业都在积极筹备IPO上市。

（三）媒体融合程度将更加紧密，产业转型升级进程加快

传统出版和新兴出版的融合发展，需要政策支持。据了解，2015年国家新闻出版广电总局将出台传统出版和新兴出版融合发展的指导意见，发挥财政引导示范和带动作用，着力改善传统出版和新兴出版融合发展环境。发挥全民阅读、"丝路书香"、国家数字复合出版、数字版权保护技术研发等项目的带动作用，支持提升出版融合发展的质量和水平。

2015年，全国数字出版转型示范单位评估将继续开展，对业界出版行为、出版技术的转型、出版产品、出版业态的升级，进行调查、统计和评估，以深入推进传统图书、报刊、音像出版单位数字化转型升级。受益于政策引导，出版界在科技、医药卫生、教育等方面内容资源数据库建设，数字音像资源库和数字音像内容投送、监管平台的建设方面，手机音乐第三方监管平台方面也有望得到更加具体的支持。②

---

① 蒋建国. 建立健全现代文化市场体系［J］. 求是，2013（24）.
② 2015年新闻出版（版权）工作要点［EB/OL］.［2015-06-30］. http://www.gapp.gov.cn/govpublic/79/935.shtml.

由于手机、平板电脑等移动终端的日益普及，移动阅读应用和内容日益丰富，用户的阅读时间也越来越向移动阅读端倾斜。当前，我国国民数字阅读方式的接触率已超过了传统纸质书报刊阅读类，移动通讯技术的发展极大地推动了移动端阅读的几何式增长。在这种情况下，移动阅读市场将不断成熟，也必将对移动阅读的内容提出更高要求，深度碎片化阅读将构成移动阅读的新方向。那种千字左右的精细化数字阅读内容，既可以满足人们对深度内容信息的获取，也比较符合移动阅读碎片化的阅读习惯，这将成为未来数字内容形式的重要趋势。

定制化的内容和产品将会更加受到用户的欢迎。那种针对用户需求进行深度挖掘，强化大数据在出版流程当中的应用，将成为出版企业推动内容与产品创新的重要思路。为适应数字出版形态演变，未来将有更多的商业模式得以涌现。此外，当前绝大多数客户端产品往往都嵌入了一定的社交功能，未来媒介将致力于延伸"信息＋服务＋社区"产品的生态链，往往以内容为入口，通过社群来聚拢用户，通过服务实现产品价值。①

（四）优惠政策将不断释放，出版公共服务体系建设会更趋完备

2015 年，随着贯彻落实《关于加快构建现代公共文化服务体系的意见》和国家基本公共文化服务保障标准的具体办法的制定出台，人民群众读书看报等基本文化权益将有望得到更加有效的满足；全面阅读活动将深入推进；农家书屋建设和管理将更加规范；更多更好的精品图书内容生产将得到强化；公益出版和老少边穷地区的出版事业将得到更有针对性的扶持。

《全民阅读中长期规划》即将制定，国家全民阅读促进委员会的筹建，以及"书香中国"全民阅读系列活动，4 月 23 日"世界读书日"阅读活动，全国"书香之家"和"书香之乡"推荐活动等都将在 2015 年相继开展。还包括表彰"书香中国"先进单位和先进个人，开展全民数字阅读和全民阅读报刊行"阅读人生"年度主题活动，继续开展向全国青少年推荐 100 种优秀图书和 50 种优秀音像电子出版物活动、2015 年度大众喜爱的 50 种图书、向全国推荐优秀民族图书活动、优秀老年读物推荐活动，启动"书香·童年"学龄前儿童基

---

① 2014～2015 年数字出版产业发展报告［R］. 北京：中国新闻出版研究院，2015.

础阅读工程试点，等等。

按计划农家书屋将纳入公共文化服务标准化体系，按照标准推进书屋建设、管理和使用，做好年度出版物补充更新工作。尤其是将重点加强少儿类、卫生健康类图书的配备，推进寺庙书屋后续建设，推动有条件的地方建设卫星数字农家书屋。

民族文字出版事业发展将会有专项资金扶持，以支持出版一批民汉"双语"出版物和民文译制出版工程。盲文出版工程、"盲人听书工程"、"中国无障碍电影"音像出版二期工程将会继续实施。

（五）对民营书业的支持力度将进一步加大，民营实体书店直接享受政策优惠

2013年12月31日，财政部、国家税务总局发布了《关于延续宣传文化增值税和营业税优惠政策的通知》。该政策直至2017年12月31日。文件对发行领域所有的企业给予了增值税的减免，政策把原先只适用于县及县级以下新华书店减免增值税的优惠，普及到了所有民营企业。另外，2014年国务院出台了《关于加快发展对外文化贸易的意见》《关于推进文化创意和设计服务相关产业融合发展的若干意见》《进一步支持文化企业发展的规定》。从2013年到2014年国务院取消了一批行政审批事项，包括总发单位的审批，出版物的连锁经营的审批等，为民营企业参与出版物的发行提供了政策上的制度保障。同时，国家新闻出版广电总局在推动民营文化资本参与转型升级、对外出版方面，已经出台了一些政策，将会有一批民营文化企业申请对外出版权，参与融合发展，参与转型升级等。在2015年，这些文件将在民营文化企业发展支持和鼓励中显现出来。

作为民营书业的重要组成部分，2015年实体书店的生存环境将进一步得到改善。特别是免税补贴政策的实施，将助推实体书店的发展。从2013年开始，财政部和国家新闻出版广电总局对实体书店给予减税和资金的支持。从2014年开始，把过去的12个城市支持试点，扩大到了12个省市。2015年，将会继续扩大对实体书店支持的范围。同时，很多地方政府出台支持实体书店的政策，如武汉市政府通过了对实体书店扶持的办法，提出今后每年安排专项资金扶持实体书店，并在全市的旧城改造、新区建设当中，布局标志性的书城和大型实体书店。2014年12月成都市人民政府出台《实体书店扶持奖励办法》，从

新店开办补助、贴息贷款、活动补助、参加书展补助、版权贸易补助、外地品牌书店落户奖励等八个方面给予扶持，每年支出的资金700多万元。上海从2012年开始对实体书店进行扶持，三年提供了2 300多万元资金补助实体书店，并且出台两个办法，即《出版物发行网点建设的扶持资金管理办法》和《出版物发行网点建设引导目录》。这些政策，将不仅使原先倒闭的一些书店出现了复业的情况，同时吸引了很多书店开办分店,。

《深化新闻出版体制改革实施方案》提出，开展实行特殊管理股制度试点，以有资质的国有出版单位拥有特殊管理股为前提，允许符合条件的非公有制企业参与网络原创出版业务，给予非公有制文化企业对外专项出版权。2015年，在网络原创出版业务与对外专项出版业务领域实行特殊管理股可能有所突破。事实上，已经有不少国有出版单位和民营公司都跃跃欲试，进行这一试点的申请，积极争取对外专项出版权。

（六）出版治理体系将逐步形成，治理能力进一步提高

据了解，2015年有关部门将修订《印刷业管理条例》《公共文化服务保障法》《文化产业促进法》《互联网信息服务管理办法》，推动出台《全民阅读促进条例》，完善《网络出版服务管理规定》《内部资料性出版物管理办法》《出版物市场管理规定》《出版物进口备案管理办法》《新闻出版统计管理办法》等规章制度。

同时，继续加强日常监管工作。包括不断完善网上书号实名申领平台建设，实施音像电子出版物专用书号网络实名申领，抽查少儿、教辅和文学类图书的编校质量，建立检查结果信息定期发布机制。新闻报刊秩序治理力度也将会加大，包括开展中央新闻单位驻地方分支机构清理整顿，治理新闻领域基层和群众反映强烈的突出问题；保持打击新闻敲诈和假新闻的高压态势，依法退出一批违法违规报刊、驻地方机构，清退违法违规人员；继续开展学术期刊审核认定工作，向社会公布所有学术期刊名单；将新闻网站采编人员纳入新闻记者证制度统一管理，向中央及省级新闻单位所办的具有一类资质的新闻网站采编人员稳妥有序核发新闻记者证等。还将起草网络文学、网络游戏等细分领域的具体管理制度和规则，扩大国产网络游戏属地内容审核试点范围。将加强对内部资料性出版物监管等。

打击网上淫秽色情信息和有害及非法少儿出版物及信息将是净化出版物市场的重点。查办大案要案，查处顶风作案、制作传播淫秽色情信息问题严重的互联网企业；集中整治微博、微信、微视、微电影等"微领域"传播淫秽色情信息行为，集中整治利用弹窗、搜索引擎、移动智能终端应用以及利用云存储等新技术、电视盒子等新载体传播淫秽色情信息行为，集中整治"色情营销"、"打擦边球"传播色情低俗信息行为。在中小学校深入开展"扫黄打非"、正版生活、绿色阅读系列宣传教育活动，引导少年儿童自觉远离和抵制有害出版物及信息。集中整治中小学校园周边出版物市场，坚决查缴含有淫秽色情、暴力、恐怖、残酷、迷信等内容以及非法出版、侵权盗版少儿出版物。

（七）加强周边国家和"一带一路"的战略布局，走出去将更具针对性

实施"一带一路"战略和加强周边国家外交，是党和国家根据世界形势深刻变化，统筹国际国内两个大局作出的重大战略决策，对于出版业走出去，增强出版业总体实力和国际竞争力，具有十分重要的意义。面对十分难得机遇，出版走出去必将会有新的发展。

出版企业应发挥比较优势，明确主攻方向，提出重点国家、重点地区，加强走出去的针对性和有效性。可考虑对周边国家实行"一国一策"，选取地缘政治地位突出、具有区域带动性的国家，作为周边国家布局的重点，加快充分利用自由贸易区协议框架内的各种投资和贸易措施，形成与周边国家合作密切、互利共赢的区域性出版市场，以合作出版、分支机构建设等为突破口，先期进入。边疆省区出版单位可就近布局，发挥口岸和通道优势。

丝路书香工程是出版唯一纳入国家"一带一路"战略规划的重大工程。2015年，将是丝路书香工程重点翻译资助项目征集工作全面展开之年。经典中国国际出版工程、中外互译计划、中国图书对外推广计划、中国当代作品翻译工程和中国出版物国际营销渠道工程都将会向"一带一路"沿线国家和周边国家倾斜，加大资助力度。出版企业应多出版介绍当代中国发展变化、反映当代中国精神风貌、传播优秀中华文化的精品出版物，多出版立足于配合国家重大外交活动，推动体现政府意志的出版物，进一步推动海外传播。

同时，国际书展作为国际文化交流的重要舞台，将以精品出版物为主体，

开展丰富相关文化活动,积极对外宣传我政策主张、传播中华文化、展示当代发展变化、传播当代中国价值观念,展示我国良好形象。这包括2015年俄罗斯书展和美国书展中国主宾国活动,法兰克福书展等各大国际书展,以及北京国际图书博览会。

三、关于推进中国出版业改革发展的建议

(一)提高认识,开拓创新,策划生产推广主题出版物

近年来,不少主题出版物的市场表现不俗。根据开卷信息技术有限公司发布的畅销书销售数据显示,《之江新语》《中国梦:后美国时代的大国思维》《正道沧桑:社会主义500年》等主题出版物跻身2014年第一季度政治类畅销书排行榜前列。[①] 但作为冰山的基座,有更多的主题出版物仍然没有摆脱传统的那种简单说教、空洞无物、高高在上的文风,究其原因,主要有两个方面:从思想认识的角度看,虽然一些出版社已经充分认识到了主题出版给出版社带来的发展机遇,但与此同时还有很多出版社仍然没有对主题出版形成科学合理的认识,有的出版社甚至还停留在完成政治任务的低层次认识上。认识不到位,必然带来实践上的偏颇,或多或少也催生了一些质量低劣的"应景"图书。从实践运作的角度看,主题出版往往主题相对集中,各个出版单位针对同一主题进行策划,难免造成大量产品选题雷同,低层次重复出版。主题出版对作者权威性要求比较高,而一般出版社,尤其是地方出版社,能够掌握到权威的作者资源和作品资源毕竟有限,这也在一定程度上影响了一些主题出版图书质量及社会认可度。主题出版对时效性要求也比较高,一旦错过特定的时间节点,往往会严重影响到主题图书的销售,造成大量库存积压。

为此,出版单位必须根据自身实际,对主题出版工作有更高更科学的认识,多措并举,打造更有个性、更接地气的主题出版物。一是在选题策划上要

---

① 范燕莹,涂桂林. 主题出版:"接地气"赢市场[N]. 中国新闻出版报,2014-05-12(5).

有创新意识。知名出版社固然比较容易获得权威的作者资源,但这并不意味着地方出版社在主题出版物的策划就无路可走。出版单位尤其是策划编辑人员要勇于创新,善于挖掘和培养那些语言生动、文风活泼的作者资源,用普通民众能够接受的大众化方式,"转译"执政党的新表述、新论断、新思想。二是在形式表达上要有创新意识。表达创新,至少包括三个方面:讲故事的形式,如金一南的《苦难辉煌》《走向辉煌》;专题的形式,如谢春涛《共产党为什么能》,是分成一个又一个专题来讲的,每个专题都比较透彻和细致;PPT的形式,如"理论热点面对面"中的《辩证看 务实办》,就像一张又一张的扑克卡片,可以按照不同的逻辑和思路进行组织与阅读。① 三是在营销策划上要有务实举措。要提前规划按时出版。出版社要及时关注当前和未来一段时间党和国家的工作重点,地方党委、政府的重大决策部署,要预测和关注今后一段时间社会普遍关注的热点话题,根据本社实际,提前形成选题计划。主题出版的选题一旦形成,就要严格控制各环节完成时间,确保主题出版物按时进入市场。推广上要借力营销重点销售。每逢主题活动的高峰期,社会上都会有相应的密集报道和一系列的宣传活动,出版社要善于借"势",组织策划一些新书发布、主题讲座等活动,来对自己的主题出版物进行营销和推广。②

(二) 积极探索、大胆实践,着力建立出版传媒集团科学发展的新模式

1. 积极推动国有出版传媒企业把社会效益放在首位、实现"双效"统一

国有出版传媒企业是建设社会主义先进文化的重要力量,自然需要发挥示范引领和表率带动作用,在推动实现社会效益和经济效益相统一中走在前列。近年来,我国国有出版传媒企业作为出版产品和服务的生产者、提供者,较好地做到了把社会效益放在首位,两个效益相统一。但随着改革开放的日渐深入,市场形势发生了深刻变化:文化领域日益成为投资热点,资本驱动下创作规律的表现形式发生了重大改变;文化消费市场价值取向多样,分众化趋势下出版产品的效益预期难以判断;传统媒体与新兴媒体融合发展,新业态中监管

---

① 庄庸. 重大选题也畅销:不是宣传,是讲述[N]. 中华读书报,2013-03-27 (6).
② 梁宝印. 主题出版物的策划与营销[N]. 中国新闻出版报,2014-09-29 (6).

所面临的挑战不断涌现。新形势、新市场改变了国有出版传媒企业的生态环境。在这种形势下，更有必要积极推动国有出版传媒企业把社会效益放在首位，实现"双效"统一。为此，要着力推动国有出版传媒企业树立社会效益第一、社会价值优先的经营理念，完善治理结构，加强绩效考核，推动企业做强做优做大。要结合不同地区不同企业的实际情况，探索建立健全两个效益相统一的评价考核机制，形成对社会效益的可量化、可核查要求。各地应不断落实和完善文化经济政策，加强文化市场监管，不断优化国有出版传媒企业健康发展的环境条件。

2. 进一步建立健全国有出版传媒企业内部运行机制

企业内部运行机制是指企业"投入—转化—产出"内部运行过程中的各种机能与方式，包括决策机制、执行机制、用人机制、考核机制、激励机制、约束监督机制、责任机制等。当前，不少出版传媒集团在建立健全内部运行机制和确保"双效"统一上取得了明显成效，但在企业内部责任机制、薪酬机制、激励约束机制和人才使用机制之间的互动关系和具体实施细则方面还需要进一步明确，同一集团旗下不同企业之间协同发展还有待进一步推动，需要建立沟通协调机制、合作协同机制。为此，要进一步推动建立有文化特色的现代企业制度，建立健全科学高效的法人治理结构，创新激励模式，探索中长期激励，开辟适合国有文化企业股权激励的新途径；完善约束机制，避免内部人控制问题；改进薪酬管理制度，可以考虑探索分步骤分阶段在控股子公司层面试行股权激励，不断深化企业体制机制改革，进一步推动战略性改组，加快推进产业转型升级，从而实现集团的稳步发展。

3. 理性看待、区别对待出版集团上市，引导做大做强主业

"上市"并不能解决出版传媒集团发展所面临的所有难题，出版行业应理性看待出版集团上市。就那些资产一般、没有独特的竞争优势的集团而言，盲目股改上市，很有可能会面临"钱可以圈来，却不知道该怎么花才好"的风险，反过来，会进一步影响和制约出版传媒集团的未来发展。诚然，出版传媒集团的募投项目在股市中可以募集到大量的社会资金，这是传统图书出版很难比拟的一个亮点，但如何把这些钱花好，生出效益来，却还是一个颇需要继续探讨的课题。希望有关出版传媒集团能够统筹考虑，尤其是从把自身发展置于国家经济发展的宏观背景下来考量，充分认识经济新常态下企业发展所面临的

挑战与机遇，从战略层面整体权衡利弊得失，合理把握上市的时间节点。政府部门应对出版传媒集团上市做出分类指导。股改上市不宜"一窝蜂"，对于那些主业竞争力弱、后劲乏力的集团企业，应严格审核，适当控制，科学引导把更多的精力放在壮大出版主业，提升核心竞争力上。①

（三）加强规划、提升质量，进一步推动媒体融合发展

1. 优化顶层设计，推动产业可持续发展

"十二五"即将收官，"十三五"即将开启。无论是政府管理部门，还是数字出版企业，都需要对"十二五"时期出版发展形势、工作经验进行全面总结，以清晰的思路着手启动"十三五"时期发展规划的编制。

政府管理部门应充分把握规划编制这一重要契机，优化数字出版产业顶层设计，引领产业实现新形势下的新突破。充分把握新常态下的出版产业发展形势，直面"十二五"时期产业中存在的问题和难点，找准当前产业中的薄弱环节，作为"十三五"时期主攻方向。出版"十三五"的专项规划要更加精准、到位，持续优化出版的政策体系，推进产业结构优化，为数字出版产业发展提供更加强大的内在动力。

企业同样要做好自身发展的顶层设计，制定科学有效的发展战略，以保持企业的持续竞争力。企业战略部署需以国家政策为指引，以市场寻求为依据，以自身特点为基准，减少工作中的盲目性，并根据产业形势变化，对企业战略部署进行及时调整。

2. 创新融合发展思维，着力实现融合发展目标

要不断提升对融合发展的认识，开拓融合发展的思维，形成一体化的发展格局。一方面，要进一步优化、创新传统渠道、模式，巩固原有特色优势；另一方面充分借助新技术、新媒介、构建新型内容传播体系，拓展新兴传播渠道；同时，开拓多维视角，以信息服务的职能定位，借助多渠道、多手段，积极发展跨地域、跨媒介、跨行业的业务延伸，拓展发展空间，开展品牌化运作、多元化经营，带动数字出版的模式创新、产品创新、服务创新，增强优势内容的辐射力、影响力、竞争力，构建多元化产业发展格局。

---

① 郝振省. 2011~2012年中国出版业发展报告［M］. 北京：中国书籍出版社，2012：26.

3. 提升内容质量，力求双效双赢

经过多年发展，出版业所占比重日益提升，已成为文化产业的重要组成部分。然而当前出版产业存在有效供给不足，有数量缺质量，有"高原"缺"高峰"的现象。为此，出版企业要提升对内容的把关能力，肩负起传播知识、传承文化、推进文明发展，满足人们高层次精神文化需求的责任与使命，向传统出版借鉴在内容编辑、质量保障方面的经验，生产文化底蕴丰厚的出版精品佳作。在提升内容质量的基础上，不断完善产品服务，优化用户体验，为用户提供内容服务和高层次的知识服务。针对不同的投送渠道、产品形态、用户对象，提升优质内容的聚集、整合、加工能力，建立特色内容资源数据库，实现内容的多元化、特色化、分众化生产，综合运用技术手段，丰富优质内容的呈现力，提升优质内容的竞争力。

4. 提升技术应用水平，推进科技与出版深度融合

为不断提升出版业的融合发展创新水平，企业需进一步加强对前沿技术、核心技术关键技术的关注与应用，加强技术与内容的适配度，坚持内容为本，技术为用，内容为体，技术为翼，二者共同构建数字出版产品的核心竞争力。要着力解决出版融合发展面临的技术短板，加强对云计算、大数据、物联网、语义分析、人工智能、3D打印等关键技术的研发与应用，改进业务流程、提高数据采集、存储、管理、分析和运用能力，有效利用实时化信息服务、数据链服务、智能化服务，推动产业变革和改造。要不断强化借力发展意识，加强与互联网技术企业的合作，借助成熟的技术、平台与渠道，提升自身的创新水平和融合发展实力。[①]

（四）创新思维、优化结构，完善出版公共服务体系

1. 贯彻落实中央有关精神，完善出版公共文化服务体系

党的十八届三中全会提出，构建现代公共文化服务体系，统筹服务设施网络建设，促进基本公共文化服务标准化、均等化。近年来，党中央、国务院高度重视公共文化服务体系建设，大力推进重点文化惠民工程，文化民生得到更好保障和改善。但同时也存在城乡公共文化发展水平差距仍然较大，总体上公

---

① 2014~2015年数字出版产业发展报告［R］.北京：中国新闻出版研究院，2015.

共文化基础设施落后，文化活动相对贫乏，文化数字鸿沟在扩大，公共文化服务资源分散、低水平重复和分布不均衡、区域差别较大等问题，因此必须加强跨部门统筹协调，建立健全公共文化服务指标体系和考核评价办法，推进公共服务标准化；必须重视解决城乡文化发展不平衡的问题，加快形成文化服务均等享受、文化发展同步推进的城乡文化一体化发展格局，推进公共服务均等化。在国家层面，党和国家已经对公共文化服务做出了战略部署，但具体到出版领域，仍然存在一个在贯彻落实过程中对重大工程、重大项目强化顶层设计的问题。未来，政府管理部门应结合《关于加快构建现代公共文化服务体系的意见》和国家基本公共文化服务保障标准的具体办法的基本精神，优化顶层设计，充分利用已有的设施、网点和渠道，加强不同渠道的整合，提高公共服务的覆盖面，满足人民群众的基本文化权益。

2. 优化产品结构，解决好出版公共产品的有效供给问题

在新的历史条件下，要加大出版公共产品的开发力度，提升公共出版产品的内容，增加公共出版产品的数量，特别是要优化出版公共产品的现有结构，加强精品建设，提高出版产品的有效供给。按照《2014年新闻出版产业分析报告》统计，2014年，全国共出版图书44.8万种，较2013年增加0.4万种，增长0.9%。但是，在44.8万种图书中，真正畅销、热销的品种并不多，这从一个侧面反映了受众对我国图书出版内容的接受程度还不够高，真正具有原创性、又能满足读者实际需求的好书还比较少。单纯数量的膨胀并不就意味着质量的提升和出版的繁荣，最重要的还是要加强对市场需求的分析研判，提升图书产品的原创程度，积极优化现有的产品结构。从资金上看，公共服务的提供方主要依赖于政府管理部门，公共服务的资金主要依赖于财经资金。因此，要发挥财政资金的引导作用，引导更多的公益性出版单位、经营性出版单位共同参与到公共服务中来，通过营造一种良性的竞争来提升新闻出版公共产品的数量和质量。"财政可以对承担公益性的出版项目的出版单位给予补贴；也可以发布指导性产品目录，通过招标方式选择承担的出版单位，适当引进竞争机制以提高出版单位的积极性；也可以给予优秀的出版产品或出版单位奖励。"①

---

① 李治堂. 公共财政视角下新闻出版公共服务体系建设［J］，中国出版，2013（22）.

3. 创新工作思路，引导社会力量参与公共文化服务

党的十八届三中全会提出，要完善文化管理体制，推动公共文化服务社会化发展。党的十八届四中全会提出，要深入推进依法行政，加快建设法治政府，依法加强和规范公共服务，规范和引导各类社会组织健康发展。显然，在政府、市场、社会组织三元社会结构中，公共文化服务的受众是人民大众，其服务的提供中可以但不必只拘泥于政府。在这个意义上，政府向社会力量购买公共文化服务，既有利于深入推进依法行政、转变政府职能、建设服务型政府，也有利于规范和引导社会组织健康发展、推动公共文化服务社会化发展，这对于进一步深化文化体制改革，丰富公共文化服务供给，提高公共文化服务效能，满足人民群众精神文化需求具有非常重要的意义。从出版公共服务的现有工程项目看，少数民族地区的出版"东风工程"和"农家书屋"工程中的免费赠阅出版物，主要依赖的是政府部门的财政资金。今后，应鼓励探索采取政府提供部分补贴，如实行低定价或者给予购买产品的单位或个人以补贴等形式，来引导社会力量积极参与出版公共服务。可以结合公共文化服务的具体内容、特点和地方实际，按照政府采购有关规定，"采用公开招标、邀请招标、竞争性谈判、竞争性磋商、单一来源等方式确定承接主体，采取购买、委托、租赁、特许经营、战略合作等多种形式"，[1] 来从社会力量那里购买公共文化服务。

（五）加强扶持、善于借势，推动民营书业繁荣发展

1. 对实体书店的发展建议有更为全面的政策支持

目前，政策对实体书店的支持方式单一，有很大的局限性，国家对实体书店的政策支持还应更为全面。实体书店作为市场主体存在规则劣势。同样是买书，网店因其成本优势，可以把价格压到尽量低。而且很多网站是综合经营，有时甚至亏损销售，以吸引更多顾客。实体书店则是专卖店，按照出版社的定价进行销售或适当优惠。如果是普通商品，没有什么不公平，但图书是特殊的精神商品，考虑到市场公平竞争，欧美国家对其定价或打折有严格规定，我国

---

[1] 黄维. 四部委解读"政府向社会购买公共文化服务"新政［EB/OL］.［2015-05-12］. http://culture.people.com.cn/n/2015/0512/c87423-26988819.html.

在这方面还有缺失，应进一步研究完善。

虽然扶持必不可少，但书店作为市场竞争主体有其运营的本质，书店要认识到自己存在的价值、义务和责任，努力降低成本，提高效益。这需要创新经营方式，提高服务水平。创新需要从实际出发，不要盲目跟风，要分析地域、经营范围和经营方式、经营特色，根据书店的专业化、个性化来决定自己的发展方式。

2. 民营书业应对发展混合所有制复杂性有足够的预判

发展混合所有制经济，是希望获得国有经济和非国有经济优势互补和劣势消减的效果。实践中，混合所有制经济发展高度依赖于制度设计、管理能力和运作技巧。一般来说，如果主要是在资本层面进行不同所有制性质的股权混合，问题相对简单；但如果深入到微观主体的制度构建和公司治理关系，即建立混合所有制企业的组织架构并实现机制磨合，问题就非常复杂，因为不同所有制有不同的制度逻辑、行为特征、企业文化和实质利益关系。实现有效的制度衔接、行为规范和文化融合是难度很大的系统工程，实质利益关系的规范是尤为复杂的问题。所以，发展混合所有制经济应注重积累实践经验，稳妥推进，切不可以为只要有一个理论构想就可以取得理想效果。

3. 应借力丝路书香工程，拓宽走出去渠道

2013年习近平总书记提出了"一带一路"发展战略，2014年3月，国务院发布的《关于加快发展对外文化贸易的意见》，为中国出版业走出去指明了方向，也带来发展机遇。国家新闻出版广电总局制定实施"丝路书香工程"，出版行业以提升中华文化软实力为自己的崇高使命，努力提升国际化运营能力，促进了国内市场与国际市场两个市场的融合。

从实践看，近两年，云南新知集团海外华文书局经营的有声有色，更受到了国家新闻出版广电总局的认可，按照总局的"丝路书香工程"工作方案，类似云南新知集团这种走出去的项目规划将是关注的重点。民营书业应抓住这一历史机遇，运用好政策红利，争取"丝路书香工程"的资金和项目支持，在走出去业务上有新的拓展。

（六）改革创新，多措并举，推动出版走出去

1. 结合周边国家和"一带一路"的战略规划，加强走出去的针对性、时

效性、艺术性

我国周边国家有20多个,"一带一路"沿线国家有60多个。这些国家国情不同,发展阶段不同,出版业发展水平差异化明显。因此,应依据不同国家、不同情况、不同需求,采取不同的策略和不同方式。对于经济发达、购买力强,对世界经济政治文化等有重大的影响国家和地区,应采取政府推动、企业主体、市场化运作的方式;对于经济相对落后,购买力低,市场分散的发展中国家以及周边的一些国家,应以政府为主,企业为媒介,侧重于非贸易方式。对于多数能够直接阅读中文出版物海外的华人华侨,多采取出版物直接出口的方式;对于其他在中文方面存在语言障碍海外读者,应以版权贸易方式为主。在进一步加强对泰国、缅甸、越南等周边国家影响的同时,加强对阿拉伯国家国产卡通及影视产品出口。在继续巩固传统出版物输出的同时,要高度重视对外汉语教材的走出去。

2. 集中力量做强做大重点企业,打造中国自己的国际出版传媒旗舰

当今,如若在国际上具有影响力,享有话语权,必须拥有以跨媒体跨区域发展为基本特征,融合报纸、出版、广播、电视、网络等多种出版业态,形成业务多元、实力雄厚的传媒集团。就目前来说,不管是独资或是合资或是合作到境外办报办刊建社建站开厂开店,还是通过上市、参股、控股等多种方式扩大境外投资,参与国际资本运营和国际企业管理的文化企业以及出版企业都显得乏善可陈,更谈不上在国际上实现跨媒体跨区域发展。尽管美国新闻集团目前因窃听事件声名狼藉,但其传媒大亨的地位毋庸置疑。新闻集团拥有400多家子公司,直接或间接控制泰晤士报、华尔街日报等170家平面媒体,拥有近40家卫星和有线电视频道,具有覆盖全球2/3人口的能力。相形之下,我国出版企业基本还处于报纸、出版社、印刷厂等单一媒体发展状态,且以国内发展为主,差距十分明显。国际出版传媒市场的大量事实表明,左右国际舆论的似乎都是具有强大实力和竞争力的大型传媒集团。因此,推动我国出版走出去,实现国际传播力质的飞跃,必须发挥社会主义集中力量办大事的优越性,集中力量做强做大重点企业,形成几个具有世界影响力的跨过的大型传媒集团。鉴于目前我国出版集团的规模小,参与国际出版传媒集团的兼并面临着资金等多方面的困难,应从国家层面把参与国际传媒领域的并购作为一种战略任务,推动石油、电信、电力、金融等国有或国有控股的大型企业集团,与出版企业联

手参与海外传媒出版企业的投资与收购，或者组建国有出版传媒国际投资公司，直接参与国际出版传媒市场的并购。

3. 积极推进本土化传播，实施本土化发展战略

在全球传播背景下，实施本土化发展战略是走出去的必然要求，也是国际大型出版传播机构通行的做法。通过实现本土化发展，能够准确了解当地受众需求，充分适应当地环境，有针对性地提供产品和服务，从而增强对本土受众的吸引力，打破东西方文化差异和意识形态差异所带来的阻隔，提高出版物影响力。要通过新设、并购、合作等方式培育境外实体，通过上市、参股、控股等形式扩大境外投资，鼓励有条件的出版传媒企业在境外收购知名品牌、营销网络和研发机构，大力拓展海外阵地，逐步实现机构本土化、人员本土化、内容本土化，根据境外不同读者的价值取向和接受心理要将出版物的选题组稿、编辑加工、印刷制作、推广营销等过程全方位地融入所在国的经济、政治、文化之中。要把本土发展与中国特色结合起来，树立世界眼光，体现中国视觉，传播中国理念，发出中国声音，切实增强中国新闻出版业的对外传播力。

4. 加快发展数字化读物的生产和传播，通过融合发展走出去

以互联网尤其是移动互联网为代表的新兴媒体的全球性传播，在国际话语权竞争中显示出特有的优势。可以预测，未来数字化的出版物是我国出版产品进入境外市场的主渠道，其意义重大。因此，要高度重视数字出版产品版权输出，以多种形式对出版内容进行全方位和深层次的开发，实现由传统出版向现代出版转变。出版企业要在整合内容资源、应用新技术、创新海外运营能力方面，充分利用数字出版产品便捷、快速、生动的传播优势，运用文字、图像、动漫、音视频等多种形式，生产、传播数字产品，与国外技术服务商合作，积极开拓海外市场，扩大传播覆盖面。

5. 加大财政经济政策扶持力度，优化出版资源配置

当前，国家出台了一系列支持文化企业发展的财政、金融、税收政策，设立了国家文化产业发展基金、国家出版基金、国家文化出口重点企业和项目扶持资金、民族文字出版专项资金等项目。出版企业要积极争取，将上述经费用好用足。特别要注意与银行合作，争取更多金融支持。国家有关部门也应注意对经典中国国际出版工程、中国图书对外推广计划、中国出版物国际营销渠道拓展工程、重点新闻出版企业海外发展工程、两岸出版交流合作工程、中国国

际图书销售中心建设项目的有关政策加强解读，充分优化出版资源配置。

6. 大力构建"外向型"的人才队伍，为走出去提供基础性支撑

提升我国出版产品国际竞争力的关键是人才。应构建"外向型"人才培养，引进选拔使用的工作机制。有意识地开展多层次、多领域的专业人才互用、互培，有计划地培养一批具有国际视野、通晓东西方文化、熟知国外读者思维方式、阅读习惯和语言特点的国际翻译人才。2014年7月国家外文局成立中国翻译研究院，组建了翻译国家队。这对于提升我国对外话语能力和翻译能力，提高出版走出去将具有十分重要的意义。

7. 加强统筹协调，为加快出版走出去营造良好的环境

加强出版走出去战略、对策、比较研究。以完善国际出版资讯库为重点，强化对国际文化市场、主要国家文化政策和国际重点出版企业以及对走出去投资风险和防范手段的研究；以信息共享、互联互通为重点，构建翻译人才库、版权交易信息库、重点项目库、中外作家库，搭建多语种的国家级走出去信息服务平台，为企业提供市场供求、版权贸易、政策咨询、法律服务、翻译服务等全方位信息服务。充分发挥现有行业协会的作用，鼓励和支持企业在自愿基础上成立新闻出版产品和服务出口促进组织，加强行业自律，扩大对外宣传，维护企业权益，提供政策咨询和信息服务，帮助企业开拓海外市场；充分发挥投资促进机构、版权代理机构、人才培训机构、法律咨询机构、会展服务机构等社会中介组织的作用。充分发挥民营企业在走出去方面的积极性。民营出版企业在出版"走出去"中扮演着一个特殊的角色，由于它没有官方色彩，更容易为受众国接受。建议对非国有企业走出去给予同国有出版企业同等的待遇，鼓励和支持非公有制文化企业参与走出去。

（2014—2015中国出版业发展报告课题组）

第二章 分类报告

第一节　2014~2015图书出版业发展报告

　　2014年，中国图书出版业政策指向更加明朗，数字化升级、媒体融合、更多资本手段的引入为图书出版业的发展创造了更为宽广的空间；而新闻出版业改革发展措施的进一步明确也成为了推动新闻出版企业不断创新、成长的直接支撑。在这一年里，无论是上游出版单位、还是下游发行企业都在不断推陈出新，在业务格局、资本运作、营销模式、经营思路以及跨业合作方面都产生了不少新的做法和尝试。所有这些，共同铸就了中国图书出版行业稳步求进、多角度创新的一年。

一、2014年图书市场基本状况

（一）新书品种数继续收缩，动销品种增幅放大

　　2014年，全国图书零售市场动销品种数达到132万种，当年新书19.8万种。全年新书品种规模延续了上一年度的下降态势，比2013年的新书规模进一步收缩。从动销品种数来看，2014年的整体动销品种数比2013年上升6万种，比2013年增幅有所放大，更加接近前几年的增幅水平。由此可见在这一年当中，上游出版单位控制品种数量的做法仍在持续，不过来自于下游卖场的在架品种控制力度稍有放松。

　　上世纪九十年代以来，我国图书市场一直保持着蓬勃的发展速度，新书品种数连年增长、动销品种数不断上升；而在多年发展之后，图书市场逐渐出现了供大于求的局面，而与此伴生的同类品种数量众多"、"品种质量良莠不齐"也在困扰着书业本身。新书品种数的下降，是上游出版单位主动降低出版规模、提升单品效率的结果，而前两年实体书店的经营压力加大而启动的卖场调

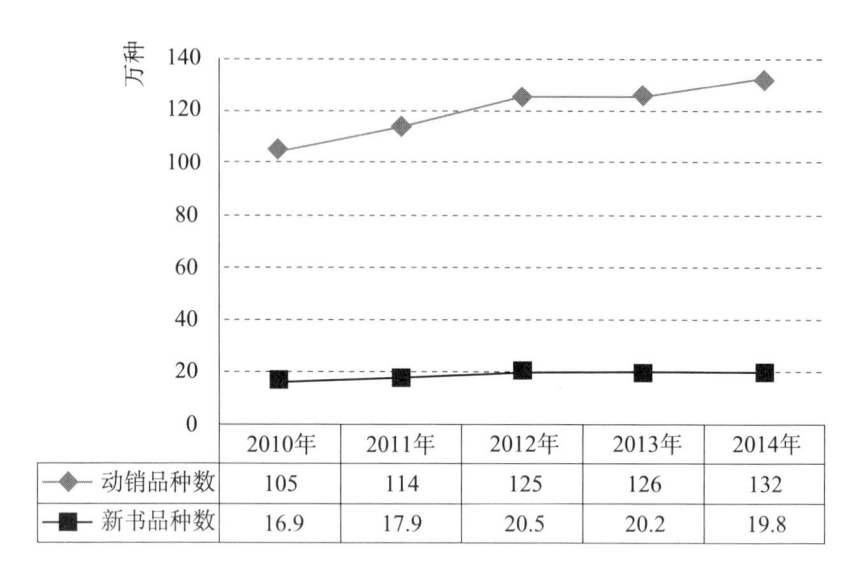

	2010年	2011年	2012年	2013年	2014年
动销品种数	105	114	125	126	132
新书品种数	16.9	17.9	20.5	20.2	19.8

附图 近5年图书零售市场品种规模回顾

整、品种控制也让新书品种压缩的必要性进一步加强。因此，我国图书行业的新品供应正在从关注"量的发展"到"质的保障"进行转变。

（二）实体书店渠道恢复增长，线上线下并举的零售格局趋于稳定

从市场销售情况来看，2014年是全行业值得欣喜的一年，实体书店渠道图书零售一改前两年负增长的态势，实现了3.26%的市场增长；网上书店渠道继续保持快速扩展，码洋规模突破200亿元。目前，结合线上与线下两个渠道的全国图书零售市场实现了整体增速10%左右的增长率，全年图书零售市场规模超过500亿元。

总体说来，近几年的实体书店渠道增速放缓甚至出现负增长、网上书店渠道快速扩张其实就是当下我国图书零售格局重构的表现。由于读者购买习惯和服务倾向的变化，有一部分图书消费被分流到了线上零售渠道当中，实体书店的销售因此受到影响——而经过这样的变化，线上与线下并举的整体图书零售格局已经形成，而网上书店增速开始回调、实体书店销售企稳也代表着零售渠道格局的重构接近完成，线上与线下的消费力分布已经趋于稳定。

从细分类表现来看，目前图书市场上表现最强的类别主要集中在少儿、文

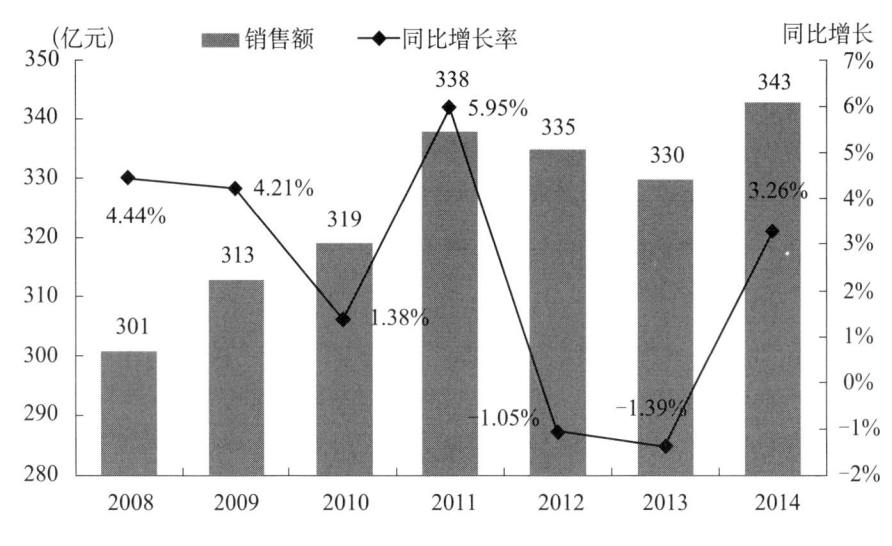

附图　实体书店渠道图书零售规模回顾（2008—2014，北京开卷）

学等大众需求类别，而社科、科技、语言等细分类由于需求相对稳定的原因增幅稍弱。尽管线上与线下图书零售在类别结构上存在普遍共性，但是从部分类别的畅销主题来看仍旧存在明显差别，由此可见不同零售渠道所对应的购买人群的差别。

（三）政策扶持提振书店信心，实体书店升级、创新普遍

2013 年，行业主管部门先后出台实体书店扶持资金试点和税收减免两大政策，为实体书店的经营发展提振信心。进入 2014 年，相关方面的举措得到了延续和扩展。4 月 10 日，国家新闻出版广电总局和财政部在上海联合召开实体书店发展推进会，体现了政府部门支持实体书店发展的意愿和决心。11 月，财政部下达 2014 年度文化产业发展专项资金 50 亿元，比 2013 年又有所增加。实体书店扶持发展仍旧作为专项资金使用的重要方向，2014 年扶持试点从此前的 12 个城市扩大至北京、上海、江苏、浙江、安徽等 12 个省市，并重点支持小微和民营文化企业发展。

在书业零售格局重构、实体书店经营模式升级的过程当中，来自于政策层面的信心鼓励以及切实的资金扶持将带动一批实体书店尽快完成转型升级，并且可以面向新的阅读发展趋势和读者需求开展服务。2014 年，各地基于书店业

务的文化 Mall 建设还在继续，不同类型的特色书店和特色服务也开始崭露头角。图书经营规模不再成为书店经营和建设的单一追求，有效的读者定位和特色化服务模式开始成为图书零售机构考量的目标——南京新街口书店、广州购书中心等知名大型书城在 2014 年启动重装升级，后以"城市文化中心"、"多元文化特色"的面貌重张开业，由此完成了升级再造的过程；西西弗书店立足特色定位，在重庆、深圳、南宁等地新开多家门店；方所书店走出广州，在成都开出第二家特色门店；北京三联韬奋图书中心在 2014 年 4 月开始 24 小时营业，后续全国各地又有多家 24 小时书店开业，"24 小时书店"现象一时之间获得社会各界广泛关注。

在市场和渠道环境变化的背景下，实体书店群体在奋力"自救"的过程中也在进行着自身的重新审视与涅槃重生，由此带动起业务模式的升级和经营水平的完善。

（四）电商巨头各有布局，"自营"、"平台"分别发力

在当下的图书行业当中，网上书店及其背后的电商群体已经成为一支不可忽视的力量。尽管图书作为单一品类在电子商务企业内部销售占比并不算高，但是其本身独有的文化属性、读者购买频繁的特点以及图书与其他品类商品的多重关联性让图书产品在电商的业务布局当中带有了更强的战略价值。先有京东、苏宁强势启动图书业务，后有多家电商试水图书销售，尽管目前已经基本形成三家大型 B2C 电商图书业务"诸侯割据"的局面，但是在电商与电商之间，在"自营业务"与"平台业务"之间，以及在纸质图书销售与电子书布局的未来前景之间，2014 年网络书店渠道仍在酝酿新的可能。2014 年中期，京东宣布图书业务销售规模超越亚马逊中国，成为国内第二大图书电商；2014 年底，天猫将"成为国内第一大图书电商"作为图书产品近 1—2 年的目标；而当当仍在不断加大与其重点品类供应商的深度合作；亚马逊中国则在不断丰富 Kindle 产品以及 Kindle 商店的上架品种，为电子书业务的发展进行储备。

在 2014 年，行业对网上书店的关注点已经并非前几年被广泛提及的"大幅打折促销"，而是更多集中于网络书店渠道在整体图书发行链条当中的作用和价值。出版商在与电商合作的过程中，也会不断权衡折扣与销量、网店销售

与网络营销的价值，甚至"电商合作"与"开设自有网店"的关系。目前，网上书店渠道已经成为出版单位进行产品销售、宣传、实现整体渠道策略的环节之一。而电商群体本身，也在更加宏观的背景之下思考图书品类的价值与定位：毛利低、SKU数量大、具备流量导入价值、与其他商品存在消费关联关系等等，在B2C综合电商经营品类不断扩展的今天，图书越来越成为一种具备多元价值的商品品类而成为大型综合电商必须争夺的一块市场。而且面临文化产业发展的整体机遇，电商本身也已经越来越深入地参与到图书内容的出版发行流程当中，通过其在消费市场获取的读者需求信息带动上游内容出版。除了当当以往在少儿等类别与出版社的深度合作以外，2014年京东启动"定制出版"，而亚马逊的Kindle商店当中也有越来越多的定制型电子书上架销售。2014年下半年，京东商城完成上市；至此国内图书品类的三家大型电商均已登陆资本市场，基于对财务指标的考量，未来电商的注意力必将更多关注于品类综合价值的提升。

（五）图书发行方式创新，众筹出版、微信售书开创多元渠道

互联网即时通讯、社交媒体的快速发展为各个领域的信息传播都带来了新的可能。出版机构利用微博、微信进行新书宣传、活动预热、扩大活动影响力的做法在近几年已经屡见不鲜；网络海报、宣传片、定制视频也成为众多出版机构进行图书宣传的组合工具。借助互联网渠道和网络传播的形式，加上地面活动的推广，图书营销渠道和营销方式快速跟进着传播渠道的发展——出版发行机构的"自媒体传播"已经渐成趋势。在2014年，该领域又有新的元素加入。"微信售书"、"众筹出版"的方式似乎在改变着图书的销售方式和供求关系，通过精准的目标人群锁定和市场意见反馈，出版方在图书印制之前就已经为图书找到了一定数量的读者和消费人群，出版风险和印量精准度得到很好的控制；而通过这种方式，一些在传统发行方式下可能无法付印的图书也可以各得其所。

尽管目前在这一领域还仅仅是部分出版商对于个别品种的尝试，其宣传意义甚至大于实际销售意义。但是，我们确实可以看到，互联网对于图书市场的影响已经越来越广泛和深入，或者，我们也可以将其视为一个开始。

二、2014年图书出版业的重要事件

（一）各省新闻出版广电局成立，新闻出版体制改革进一步深入

继2013年国家新闻出版广电总局成立后，2014年各省新闻出版广电局相继成立，为整个传媒行业的一体化发展奠定基础。国家新闻出版广电总局取消和下放一批审批职能，并在加强著作权保护管理、公共服务等领域新增和加强了职能，为出版产业的整体发展提供了更加宽松的环境。与此同时，在党的十八届三中全会决定明确指出要紧紧围绕建设社会主义核心价值体系、社会主义文化强国深化文化体制改革，加快完善文化管理体制和文化生产经营机制之后，与出版行业有关的政策不断出台：《关于印发文化体制改革中经营性文化事业单位转制为企业和进一步支持文化企业发展两个规定的通知》《深化文化体制改革方案》《深化新闻出版体制改革实施方案》等文件先后发布，关于经营体制改革的探讨不断深入，对出版业进一步改革前进方向做出了具体指导。随着改革的深入，出版企业的市场主体地位也在进一步增强，而且围绕着企业经营效率提升的经营体制改革将发挥更大的作用。

对于众多图书出版机构来说，经营体制改革的深入将进一步增强企业活力、创新经营方式，促进图书出版发行业务加快发展。"数字化转型升级"、"媒体融合"为图书出版企业的未来业务拓展指明了方向，而"混合所有制经济"、"股权激励试点"的提法也将为整个新闻出版行业的改革深入提供新的途径和可能。

（二）从内容提供商到延伸产业链，出版机构业务模式进一步拓宽

内容形式、传播渠道的不断丰富不仅昭示着市场层面的变化，也已经深度影响着上游出版机构本身。单一的产品形式、简单的发行渠道已经越来越不能满足出版机构的实际业务需要。可以看到，在2014年出版企业由内容提供商向内容服务提供商转型成为潮流，出版业已经沿相关内容产业链延伸至广阔的

实体经济领域，开始实现跨界发展。大众出版商正在进入大众服务产业、专业出版商正在进入专业服务产业、教育出版商正在进入教育服务产业。当然，这种现象并非始于2014年，但是在这一年当中整体趋势更加明确，也产生了一系列具备标志性意义的事件。

2013年12月长江少年儿童出版集团成立，2014年12月二十一世纪出版社集团成立——少儿出版集团的出现，代表着这些出版机构从传统的图书、音像、期刊出版模式向整个少儿文化创意产业链进行延伸的方向变化，而集团化之后的少儿产品出版机构也拥有了更多进行资源整合、资本运作、延伸发展的可能。同时，还有众多来自于教育、专业领域的出版机构也在搭建专门数据库以及内容服务平台，面向对口行业或机构提供基于内容的全方位服务。目前，在教育、医学、工程科技等多个领域都有出版机构在开展的内容资源整合和服务形式创新。比如人民卫生出版社联合全国高等医药教材建设研究会、百余家医学高校成立中国医学教育慕课联盟，宣布共同建设中国医学教育慕课平台。

除了内容整合模式以外，基于出版内容定位的跨界合作也开始出现，通过与非文化企业的合作，出版企业可以将自身的内容优势和文化内涵融入其他产业当中。这也符合2014年初国务院发布《关于推进文化创意和设计服务与相关产业融合发展的若干意见》的要求。2014年西西弗书店的新开门市多与万象城商业项目伴生，旨在通过与商业项目的合作寻求共同价值；同样在2014年，中信出版社与万科签订合作协议将中信书店及书店衍生服务融入万科商业项目，旨在将读书生活融入万科商业文化和社区文化。

（三）出版企业上市步伐再启动，金融手段或将成为新的发展支撑

截至目前我国出版企业上市机构仅有十来家，其中以图书为主营业务的出版上市企业数量更少。伴随着出版发行行业转企改制的深入，借力资本市场进行业务拓展的必要性也越来越强，多家图书出版相关企业启动上市进程。

2014年6月，广西师范大学出版社集团成员企业北京昊福文化传播股份有限公司在全国中小企业股权转让系统挂牌，成为"书业新三板第一家"；2014年11月，北京出版集团旗下的北教文化传媒股份有限公司，先后实现也在

"新三板"正式挂牌。2014年8月前后,有6家出版发行企业进入预披露的拟上市企业名单,包括:读者出版传媒股份有限公司、新华文轩出版传媒股份有限公司、江苏可一文化产业集团股份有限公司、南方出版传媒股份有限公司、北京中文在线数字出版股份有限公司、中国科技出版传媒股份有限公司。2014年12月,青岛碱业公布重大资产重组预案,青岛出版集团将借壳青岛碱业实现上市目标。

诚然,我国出版企业在投融资方面的运用能力已经有较快成长,在前几年上市通道相对封闭的时期,国内大家大型出版传媒集团已经通过企业债券的方式进行融资。待新一批出版传媒企业完成上市融资,国内出版企业上市总量即将大幅增长,图书出版行业借力资本市场的规模进一步扩大,资本运作能力、业务发展能力以及品牌影响力都将进一步增强。

(四)内容数字化基础强化,电子书业务模式进一步丰富

2014年2月,国务院发布《关于推进文化创意和设计服务与相关产业融合发展的若干意见》专门强调"加快数字内容产业发展";2014年4月,国家新闻出版广电总局、财政部联合印发《关于推动新闻出版业数字化转型升级的指导意见》。国家相关部门在政策层面的不断明确,无疑将推动新闻出版行业的数字化基础不断强化,经营模式和业务方式创新发展。事实上,在上述行业政策的指导下、在互联网趋势和信息传播特点的不断影响下,全行业对内容数字化的投入都在加大,内容产业数字化的时代已经来临。应该说,目前国内电子书业务发展的趋势已经非常明朗,技术上的障碍也在逐渐降低,只是在业务经营模式方面还需要进一步的探讨——而无论是传统的出版社,还是互联网机构以及建成规模的数字阅读平台都在进行着广泛的探索。

2014年1月,山东出版传媒股份有限公司与中文在线达成战略合作,明确双方互为优先业务战略合作伙伴;5月,中国出版集团公司与中国移动签订战略合作协议,意在手机阅读和数字出版领域开拓新的业务;7月,腾讯互动娱乐与上海世纪出版集团、华东大学出版社协会签署战略合作协议,将在版权开发、电子书引入及网络文学出版方面展开多元合作;8月,亚马逊中国与中信出版社宣布战略合作,将内容合作与渠道合作结合起来;2015年初,盛大文学与腾讯文学合资成立阅文集团,两家旗下原有原创文学资源全面整合。

可见，国内整体出版格局与目前电子书发展相对成熟的英美国家有所不同，属于"中国模式"的电子书业务还在成长阶段。亚马逊模式目前在国内仍处于发展探索阶段、原创文学网站与电信运营商的组合尽管规模庞大但是在细节方面还有很多有待完善之处、出版社在电子书业务方面开启投入但是规模仍旧相对不大……经过数字化转型推动和版权保护环境的不断完善，在各方努力和多元尝试之下，相信我国的电子书经营模式将会越来越清晰、业务规模也将迎来新的增长。

三、2015年及未来一个时期图书出版业发展趋势

回顾2014年，政策层面的规划指向不断明确，出版企业的探索也已经起步而且快速落地。未来一段时期，在深化文化体质体制改革的政策引领下，在文化产业、图书产品市场发展的业务驱动下，也在科学技术发展的支持之下，我国图书出版行业将逐渐完成体制创新和产业升级，并将形成具备持续发展能力和更大影响力的企业集群。

（一）政策推动新闻出版企业改革进一步深化

我国图书出版发行企业在政策指导下的深化改革已经取得了比较明显的成果，全国绝大多数出版发行企业先后完成转企改制，一大批企业在市场竞争中增强实力，国有大型出版传媒集团实力不断加强；中南博集天卷、北京长江新世纪等一批先期国有出版企业与民营机构合资的图书公司取得了优秀的市场表现；在2014年前后开始出现了从单一出版板块拓展而成的"少儿出版传媒集团"，这都是在深化改革持续努力之下的发展成果。

在党的十八届三中全会之后，2014年4月国务院印发《文化体制改革中经营性文化事业单位转制为企业的规定》和《进一步支持文化企业发展的规定》，10月国家新闻出版广电总局出台《深化新闻出版体制改革实施方案》，相关政策的不断推出为新闻出版企业深化改革进一步指明了方向。"特殊管理股试点"提法出现，"进一步发展混合所有制经济"也被再次明确，加上2014全年出版

发行企业与资本市场的互动进一步加强，未来图书出版发行行业的管理模式和经营机制都会在政策的支持和推动之下发生更快的发展变化，为企业的长期发展创造更有力的支撑。而2014—2015年，"全民阅读"连续两年被写入政府工作报告以及社会各界对全民阅读的广泛关注，也为图书阅读及出版业的整体发展创造更好的社会环境。

（二）媒体融合与新技术发展带动图书出版行业整体升级

伴随着互联网、移动互联网的兴起，新媒体取得了快速发展，不仅图书阅读形式有了纸质书和电子书的选择，图书出版发行单位与读者之间的信息传播和交流互动方式也在发生深刻的变化。近几年来，图书营销方式不断推陈出新，新媒体发展到哪里、读者走到哪里，图书营销就跟到哪里——充分体现了图书出版发行行业紧跟社会趋势变化的努力和创新。

时至今日，图书阅读已经不仅仅是"读文"还是"读图"的选择，各种可以通过网络进行发送和传播的内容展现形式都已经开始出现。作为图书内容的编辑者和提供者，出版单位本身更多承担着内容组织和编辑呈现的职能。由于媒体形式不断丰富和融合，读者借助新型科技手段获取信息的渠道和形式也更加多样，信息阅读与知识使用的功能性更加突出、使用场景也更加丰富，即时性阅读、碎片化阅读、检索式阅读等种种新的阅读形式都已经开始出现，按需印刷、3D打印也已经开始得到尝试。借助科学技术的发展和媒体形式的丰富与融合，图书出版行业将迎来新一轮的升级发展，而图书产业本身因其文化内容的特性也将与其他实体产业实现更多互动与融合，更多依托某个类别图书内容的新的综合服务机构乃至跨业服务集团可能出现。在此过程当中，各类型出版社及书店都将产生一些新的变化。

（三）图书发行零售格局进一步演化，O2O趋势为实体书店再迎新拓展

科技、媒体变化趋势深刻影响着消费者的购买习惯和购买行为，近期"电子商务"的概念已经被"移动电子商务"所改写，而结合了线上与线下的O2O消费趋势也让实体经济与电子商务从"竞争"走向"竞合"。实体经济拥有现

场体验的不可替代性，在打通了可网络传播的信息通道以后，实体零售店将会焕发出更大的生机和活力——这本身也是实体经济的一次重大升级。

反观书业，由于读者购买需求的个性化、购买行为的发生已经与购买场景结合起来，各地实体书店纷纷重新审视定位并启动卖场升级，一批或定位于"多元文化服务综合体"或专注于"个性化特色"的书店开始出现，而且在商品组合和服务设置方面更加细致并贴近读者需求。网络书店的扩张速度已经放缓，"以折扣争夺流量"的做法也逐渐为"服务制胜"所取代，网络渠道本身也已经成为电商平台、出版社、书店与读者之间整体供应链锻造的一种工具和选择方式，"线上购买"与"线下体验"之间也在寻求彼此的协同与合作。对于实体书店来说，这种趋势也将为其走出近几年的市场困境、实现整体服务模式和服务水平的升级带来新的机遇。

特别说明：本文所涉及零售市场数据均来源于北京开卷信息技术有限公司自1998年建立的"全国图书零售观测系统"。

（杨伟　北京开卷信息技术有限公司）

第二节 2014~2015 期刊出版业发展报告

2014年，中国期刊业取得了长足发展，期刊品种不断丰富，产业规模逐年增长，期刊质量稳步提升，体制改革逐步深入，形成了学科门类齐全、结构比较合理的期刊体系。新旧媒体融合发展、建设多元发展格局、壮大主流舆论、加强精品内容生产、深化体制改革、促进公共文化服务逐渐形成期刊业发展新常态。与此同时，期刊业新常态需要期刊人以更加清醒的姿态面对期刊业面临着从订户到用户、从传统思维到互联网思维、从线下到线上、从国内到国际等方面的机遇和挑战，牢牢把握期刊行业发展态势，坚持全局化视角，借助数字技术，抓好平台建设，扩大期刊在各终端的覆盖面、影响力，积极开展跨地域、跨领域、跨媒体、跨行业、跨产业合作，强化产业共赢意识。

一、2014年期刊出版的基本状况

（一）纸刊整体持续下滑不容忽视

继2013年纸刊整体平均销量呈下降态势之后，2014年继续下滑。根据北京世纪华文的监测数据显示，从期刊零售发行市场总量变化对比来看，2014年上半年与2013年下半年相比，环比下降了1.64%，比起2013年下半年下降幅度有所降低。该公司总经理田珂也表示，从2013年至2014年期刊零售总量变化来看，全国30余类期刊整体平均销量延续了2013年的下滑态势。但动漫类、体育类、育儿类等期刊平稳过渡主流媒体期刊表现出较强的竞争态势，市场集中度高。[1]

---

[1] 2014年期刊发行市场监测数据显示：期刊发行整体平均销量下降 [EB/OL]. [2015-01-29] http://www.mediacircle.cn/? p=18931.

根据《中国新闻出版统计资料汇编》显示：2014年全国共出版期刊9 966种，较2013年增长0.9%；总印数31.0亿册，降低5.4%；总印张183.6亿印张，降低5.7%；定价总金额249.4亿元，降低1.6%。期刊出版实现营业收入212.0亿元，降低4.5%；利润总额27.1亿元，降低5.4%。平均期印数超过100万册的期刊减少1种。面对纸刊整体平均销量持续下滑、总印数和平均期印数有所下降的现实，期刊业必须"融合发展"、顺势而为、不断创新，才能闯出一片自己的新天地。

（二）积极探索从内容商向服务商转型

新媒体时代，用户取代了读者，能否为用户提供精准、贴切的服务，能否满足用户需求，成为期刊是否具有核心竞争力的关键所在，这也是互联网思维的必然要求。《创业家》杂志史翔宇说："用户群在哪里，我们就出现在哪里。"

2014年，《精品购物指南》改版后，组织了大规模的接受度调查，把阅读方式、阅读环境等反馈给编辑部。"我们将目标受众划分成十几个不同的细分人群，然后针对其不同的特征提供适应性和针对性更强的产品建议。"《精品购物指南》还通过电商项目和微信平台，拥有了一批网络注册用户，通过分类和数据挖掘，为不同客户提供精准服务。《LOHAS》为了不断积累用户数据，与尼尔森等国际市场调研公司推出在线问卷调查，期望将针对乐活族群体的消费行为数据分析变得更有价值。[1]

（三）与科技、新媒体融合加剧

一直以来，作为出版业重要组成部分的期刊业，面对数字化的冲击，也在不断寻求融合之路，进行种种尝试，如利用博客、微博、微信等社交媒体和二维码等技术与读者进行互动交流。2014年，期刊在这条融合之路上继续前行，与科技、新媒体融合成为刊业发展新常态。1月，《瑞丽》上线了APP——瑞丽新娘，该客户端从婚礼概念、婚戒资讯和解决方案等多方面提供全方位的服务，致力于成为新人的首席婚礼顾问。经过一段时间的运营，已聚集了30万

---

[1] 中国期刊协会，传媒梦工厂.2014中国杂志媒体创新报告［M］.中国期刊年鉴杂志社，2014.

人次的用户。5月,时尚传媒在传统媒体业务之外再度发力,与小米科技合作,独家首发数字产品《时尚画报》。6月,《财经》在杂志上利用二维码,让视频在杂志上跳跃,为读者带来全新的阅读感受。8月,读者出版传媒股份有限公司与中国联通联合推出平板电脑——沃·读者,并与苏宁易购联合首发销售,该平板电脑内置读者30年杂志和读者云图书馆等内容。此外,《城市画报》利用"互联网+"的思维,根据用户群的差异化需求,推出了适合不同细分读者群的打包套餐,截至2014年6月6日,已有4.22万人成为该画报服务号的关注人群,完成支付订单1 000余起。

可以预见,伴随着技术的不断创新发展,期刊与科技、新媒体的融合将成为一个永恒的主题,也将成为期刊人致力于努力的一个方向。

(四)大数据助力刊业发展

互联网时代,大数据的话题正被广泛传播,一个大规模生产、分享和应用数据的时代也正在开启。正如《大数据时代》的作者维克托·迈尔-舍恩伯格教授所说,大数据的真实价值就像漂浮在海洋中的冰山,第一眼只看到冰山的一角,绝大部分都隐藏在表面之下。这个隐藏在表面之下的内容便是数据挖掘与分析,大数据的科学价值和社会价值也正体现在这里。

2014年,万方、同方这样的出版技术公司,也试图从大数据角度出发,为刊业融合发展助"一臂之力"。万方搭建了大数据仓储平台,可以实现对大数据进行抽取、转换、清洗、聚合和装载等功能,以便更好地满足期刊界对于分析和使用大数据的需求。通过数据挖掘和分析,期刊界可以更精准地掌握用户需求,从而为用户提供多元化、个性化的服务。[1] 此外,清华大学中国学术文献国际评价研究中心在研制学术期刊评价报告时,也使用了大数据的方法和技术。12月,该中心公布了最新我国出版的6 400多种人文社科和科技期刊的国际被引频次,报告采用了大数据分析方法,把统计范围扩展到国际上的14 000多种期刊,弥补了我国学术期刊国际影响力评价研究的空白。

---

[1] 尹琨. 大数据助力期刊融合发展[N]. 中国新闻出版报,2014-12-11.

（五）"线上+线下"的协同效应凸显

近些年来，"纸媒停刊"成为出现频率较高的词汇，尤其是2012年年末，全美第二大新闻杂志《新闻周刊》纸质版停刊，这些噩耗般的消息，一度造成了"纸媒将死"的恐慌。但是，2014年，作为媒体行业的新人，新媒体公司IBT传媒集团恢复了《新闻周刊》的印刷版，一则"《新闻周刊》恢复印刷版，再上报摊抬身价"的新闻也在网络上被多次转载。《今日美国》网站在3月10日的报道中称，虽然最近几年纸媒已死的声音很多，但密西西比大学杂志创新中心主任萨米尔认为现在正是新闻行业，特别是杂志行业的伟大时刻。目前，已经有《政客》这样的数字杂志开始进军印刷版。"市场发出了信号，印刷杂志是有价值的，它们能够带来效益。"[①]

2014年，我国期刊业的发展也呈现出纸媒价值回归的特点：一个是在"线上+线下"的协同模式中凸显价值。如，商界传媒集团旗下的《中华手工》杂志，在刚创刊的几年，市场销量很小。后来转变了思路，依托《中华手工》杂志所聚集的资源，推出了全国首个专注于传统手工艺品的垂直电商网站"漫淘网"、成立了"百工创意研究院"、打造"百工制器"品牌、成立实体连锁店等，通过这种"线上+线下"的互动协同，不仅开拓了多种经营业务，也体现了《中华手工》有效聚合资源的价值。2013—2014年，杂志发行量出现了15%的逆势增长。另一个是纸媒与新媒体的合并。如，2014年，《商业价值》和钛媒体正式合并并成立"BT传媒"，新公司创始人团队实施合伙制。纸媒和新媒体的合并，体现了媒介融合的需求，也体现了纸媒和新媒体同样的价值存在。

（六）以平台为基础打造期刊全产业链生态圈

数字化转型离不开互联网，搭建平台、聚集人气、打造品牌是互联网经济的通用法则，平台战略成为具有强大盈利能力的商业模式，期刊的融合发展也离不开数字化平台的搭建。2014年，中国期刊业依然在为此努力。

---

① 殷鹏.《新闻周刊》恢复印刷版，再上报摊抬身价［N］.中国新闻出版报，2014-04-01.

"学者在线"成为这方面的积极实践者。该平台是人大数媒科技有限公司整合人大书报资料中心原有的数据库资源和数字出版部门,按照市场化运作的方式打造的刊网融合平台。此平台2014年处于公测状态,拟在2015年上半年上线。此平台以满足人文社科领域的专家学者及在校硕博的多样化需求为核心,打造独特的会员服务体系;以服务为先导,矢志成为国内最权威的人文社科学术成果发布和按需出版平台。据人大书报资料中心主任武宝瑞介绍,"学者在线"最大的特点是在分析用户需求的基础上,将产品内容从单一的学术论文、动态信息扩充为包含学术论文、动态信息、相关期刊、图书、机构、研究项目、学术会议、学者信息等为一体的综合信息群。比如,我们可以为纸刊受众推送实时的学术会议信息,告知其会议时间、地点,收费还是免费;可以为受众推送学术项目申报信息,告知项目申报方式、路径等。这些信息都是纸刊难以提供的,但恰恰又是纸刊受众需要的。①

《浙商》杂志也是搭建平台生态圈的典型代表。一直以来,《浙商》杂志都致力于打造一个完善的、成长潜能强大的"生态圈"。通过"浙商圈"平台的搭建,杂志的枢纽地位日益突出,以"新闻+资讯+社交+服务"为核心功能的生态平台,为成员提供从资讯到交互和交易的增值服务。在这个平台之上,《浙商》设计了"游、学、购、通"四大新业务,为平台成员提供有针对性的定制化服务。②

(七) 跨界开展多元经营

2014年,在跨界合作方面,时尚类杂志尤其突出。8月,时尚集团与天猫战略合作,以时尚大片和时装秀的形式进行新品首发,并发布2015年潮流预测;《时尚芭莎》与京东达成深度合作,京东以"尚京东"为主题携手百余家知名时装品牌举办2014秋冬时尚秀,《时尚芭莎》落户京东旗舰店。10月,《瑞丽服饰美容》通过与国内外美容品牌、艺术界的跨界合作,推出美容业全

---

① 武宝瑞. 学术期刊在刊网融合中披沙沥金 [N]. 中国新闻出版报, 2014-08-26.
② 中国期刊协会,传媒梦工厂. 2014中国杂志媒体创新报告 [M]. 中国期刊年鉴杂志社, 2014.

媒体营销平台。①

知音传媒集团和家庭期刊集团在多元化经营方面继续发力，重点延展至妇婴幼教领域。知音传媒集团成立了知音展览公司，在会展方面有所拓展，举办了"2014 湖北妇儿博览会暨武汉孕婴童展"。家庭期刊集团进军早教行业，投资成立了广东粤幼教育科技有限公司，并推出了"粤幼课堂"的公共服务平台。

国内外期刊业发展的实践证明，只有"跳出期刊做期刊"，才能实现期刊业的可持续发展，也才能真正实现产业链的融合，搭建健康的产业生态圈。跨界合作、多元经营也将成为我国期刊业未来发展趋势之一。

（八）对非法和违规期刊重拳出击

一直以来，一些期刊冒充学术期刊滥收版面费，发表低劣论文，严重干扰了我国期刊业的健康有序发展。为解决这一问题，2014 年，国家新闻出版广电总局下发了相关文件，对学术期刊进行资质认定，规范学术期刊出版秩序。如，4 月份下发的《关于规范学术期刊出版秩序，促进学术期刊繁荣发展的通知》，明确提出开展学术期刊资质认定和清理工作；之后，又印发了《关于开展学术期刊认定及清理工作的通知》，组织专家开展学术期刊认定工作。提交审核的期刊共 6 060 种，其中，有 5 737 种期刊被认定为学术期刊，占送审期刊总数的 95%；有 146 种期刊需整改后再认定，有 177 种期刊不予认定为学术期刊，两者占送审期刊总数的 5%。国家新闻出版广电总局有关负责人表示，此项工作的开展为实施期刊分类管理和开展学术期刊质量评估奠定了基础，为规范期刊出版秩序创造了良好条件，有利于推动学术期刊发展长效机制的建立。②

2014 年，为加强期刊管理，规范期刊出版秩序，国家新闻出版广电总局还开展了专项行动，对非法和违规期刊进行整治。年初，全国"扫黄打非"办公室就组织开展了打击"三假"的专项活动，有 50 种非法报刊被曝光。年底，国家新闻出版广电总局组织开展了少儿报刊市场专项检查和清理工作，先后有

---

① 朱海燕. 2014 年杂志的创新与遗憾 [J]. 青年记者，2014（36）.
② 赵晓辉 高亢 晋雅芬. 盘点 2014 传媒业 [N]. 中国新闻出版报，2014 - 12 - 24.

11种少儿报刊受到行政处罚,其问题主要是传播不利于少年儿童健康成长的信息或出版质量低劣等。其中,3种期刊被处停业整顿,7种报刊被处警告,1种期刊被通报批评并年检缓验。

(九)"停刊"、"离职"成为刊业两大关键词

面对互联网的冲击,纸媒停刊似乎已不是什么新鲜话题,甚至有愈演愈烈之势。2014年,又有大批纸媒向我们告别,从年初一直延续到年末。2013年底,《钱经》执行主编张桔在微博上透露,杂志于2014年1月起停刊;2月19日,创刊即将4年的《天南》杂志,其主编欧宁通过微博宣布该刊正式停刊;5月28日,《动感驾驭》通过官方微博发布消息,将于6月1日起停止出刊;7月初,《数字通讯》官方微博也发布了停刊通告,相关负责人表示由于亏损,杂志已难以为继;9月16日,《Oggi今日风采》公众号发布消息称,发行10月号后将停刊;9月30日,《心理月刊》在新浪微博发表声明,由于某些因素,11月号起,杂志将暂时休刊。此外,还有一些刊物,进行了数字化的探索和尝试,积极寻求转型升级。如《yes!》于8月停发印刷版,随后推出了电子版杂志;12月5日,《电脑乐园游戏攻略》发布公告称,进入2015年他们将全面转入APP,实体版杂志全面停刊。

2014年,掌门人离职也成为刊界话题之一。封新城于12月13日卸任《新周刊》主编、改任顾问,是年,他任该刊主编已有18年;朱伟作为《三联生活周刊》的掌门人已有19年,12月21日,朱伟发出微博称于22日离职;还有,8月28日,因涉"裸官"问题,60岁的胡勋璧被免去知音传媒集团董事长职务,作为知音传媒的创始人,他已在知音29年。

2014年,"停刊"、"离职"事件频频发生,新媒体冲击已经成为纸刊作别的不争的原因之一,在这场生与死的较量中,唯有市场能够决定去留,唯有用户能够决定市场。主编"离职",有年龄的原因,有"裸官"的原因,还有一些我们不得而知的其他原因,但不管怎样,主编是一个刊物的灵魂所在,他的思想融入了刊物的精髓,我们期望这场期刊界的新老更替,能够使期刊业再度焕发生命之光。

二、期刊业发展面临的问题与对策

(一) 采用科学合理的方式激励期刊行业规范发展

规范期刊行业健康发展，除了利用法律法规约束，更需要灵活地运用相关政策，采取激励措施，引导期刊行业自觉的进行规范化经营。如对期刊企业进行分级奖励，对期刊企业合法、守法的情况进行科学评估，合法经营，规范经营的企业将得到行政奖励，包括税费减免奖励、发展资金支持，人员培训支持等方式的奖励。

(二) 分配机制亟待改革创新

从事业体制下走出来的期刊业，在分配方式方面仍然严重受制于行政因素的影响，这既不利于体制改革的深入，也不利于调动改制后期刊出版单位的积极性。因此，目前深化分配制度改革，创新分配机制就显得尤为迫切。

期刊业的分配制度必须要以中央有关国有企业分配制度为指导，构建的分配制度要以期刊业本身的实际出发，要符合期刊业特点，这样才能有利于期刊业的发展，贴合期刊业的实际；构建的分配制度必须是有利于调动全员职工积极性。只有调动了期刊从业人员的积极性，才能保证分配制度的施行，保证期刊业的可持续发展。

同时，要设立公开透明的分配原则。设立公开透明的分配原则是保障分配机制改革，进行分配机制创新的重要工作。公开透明的分配原则起着重要作用，有利于科学的安排和运行分配机制。在具体的分配原则的设立过程中，要坚持贯彻和体现按劳分配、绩效挂钩、多劳多得、公平正义，充分发挥分配制度的激励和调节功能。

(三) 刊网融合需要体制和机制保障

传统期刊和新媒体融合发展已经成为行业发展共识，然而融合将打破媒介界限、地域界限、行业界限、资本结构和分配机制等等。融合发展面临最大的问题就是体制机制。深化体制改革，需要政府管理部门加强宏观调控，依法管理，积极为改革发展提供政策支持，鼓励融合出版单位发挥、市场主体和服务职能，切实建立有利于媒体融合健康发展的体制机制和制度。

三、2015年及未来一个时期期刊出版业发展趋势

在2015年甚至未来更远的一段时间内，中国期刊业在新的媒体格局中将呈现以下发展趋势。

（一）期刊出版单位改组和集群发展浪潮袭来

推动报刊兼并重组，打造一批骨干传媒集团是建设文化强国和文化走出去的重要途径。在这方面新闻报刊工作责任重大。目前，全国共有近万种期刊，基本上是一刊一社。这样的格局难以做大做强。国家新闻出版广电总局鼓励和支持国有骨干出版企业以资本为纽带，打破区域限制和行业壁垒，实施跨地区、跨行业、跨所有制兼并重组。

相关文件提出，支持中国出版集团、中国教育出版传媒集团、中国科技出版传媒集团等中央出版传媒集团兼并重组业务相近、资源相通的中央各部门各单位所属新闻出版企业和地方新闻出版企业；支持地方出版传媒集团兼并重组本区域及中央各部门各单位所属新闻出版企业；支持国有新闻出版企业兼并重组非公有制文化企业；推动中国社会科学院、中国科学院整合所属报刊出版资源，组建中国社科报刊出版传媒集团、中国科技报刊出版传媒集团；支持符合条件的新闻出版企业在主板、创业板或全国中小企业股份转让系统发行上市或挂牌交易，利用资本市场进行兼并重组。

（二）小众期刊时代到来

从国家新闻出版广电总局2014年12月—2015年5月批准的51种更名期刊。期刊定位逐渐向小众化、专业化的方向转型。如《中外女性健康》更名为《中外女性健康研究》，《石油仪器》更名为《石油管材与仪器》，等等。这样

的期刊名称变化正是期刊小众定位、专业化的期刊市场需求的选择，凸显出其办刊更具针对性。

（三）跨界融合转型升级加快

期刊业界在2014年的一系列大动作显示出期刊业已经是一个比较成熟的行业，正在加快融合、转型、升级的步子。期刊行业主要通过以下方式不断实现行业的融合转型升级。一是跨界合作。"互联网＋"形态打破了既有产业之间的界限，填平了产业之间的鸿沟。二是多元拓展。期刊业在自身不断融合发展的过程中，还通过收购、协作等方式拓展发展空间，实现产业融合，进行单一产业的转型。三是移动传播。期刊市场格外关注发展移动传播。

（四）行业秩序规范力度加大

行业秩序稳定是一个行业科学发展、可持续发展的关键因素，尤其对期刊业这种严重受政策因素影响的行业更为重要。2014—2015年，行政管理部门针对期刊市场存在的影响行业秩序的问题集中治理，发布和修订了一系列相关法律规章对行业秩序的规范力度进一步加大加强。一是继续开展学术期刊认定及清理。2015年国家新闻出版广电总局将继续开展学术期刊的审定和认定工作，向社会公布学术期刊完整名单。对学术期刊的认定工作有利于厘清学术期刊与大众期刊的关系，明确两者之间的界限，将有限的出版资源明确的投入相关领域。从长远来说，净化了学术期刊发展环境，建立起学术期刊发展的长效机制，促进我国学术期刊健康高水平发展。二是打击扰乱期刊市场的行为。国家行政管理部门将直接对扰乱市场的行为进行严厉打击。

（五）期刊质量提高更显紧迫

内容建设是出版业的核心，期刊内容是期刊存在的价值和发展的关键所在，内容质量好渠道才有价值，参与网络才有基础。期刊质量提高更显紧迫，这主要体现在两个方面，一是期刊结构亟需调整。在当前市场需求呈下滑趋势的情况下，市场潜力已经转移到产品结构上。目前期刊业显现出"二八"分化现象，一部分期刊经营继续向好，如党刊、少儿和老年类期刊、部分专业学术类期刊等；大部分消费类期刊经营困难，如文化生活类期刊、文摘类期刊等，因此，调整结构成为很多期刊社生死攸关的问题。总体上看，纸质期刊将逐步趋向高端阅读，市场的潜力也在高端读者。二是期刊内容质量亟需提高。要始终坚持"内容为王"。新媒体改变的是内容呈现方式和传播方式，却并未改变人们对优质内容的需求。因此在出版业转型中，强调技术应用的同时，仍要将内容建设放在首要位置。要注重提升内容品质。持续在内容生产上追求专业权威、精耕细作，不断提升内容品质。要实施精品战略，打造出一批导向正确、内容丰富、题材广泛、特点鲜明的优质期刊。

（六）品牌建设日益得到重视

期刊品牌是期刊业发展水平的重要标志，在提升国家软实力，促进文化大发展大繁荣的进程中，加强期刊品牌建设迫在眉睫。目前期刊品牌建设得到广泛重视。众多期刊出版单位推动期刊由传统经营向品牌经营转变，同时依托期刊品牌力量延伸期刊多元发展。

（七）多模式多渠道助力"走出去"

在全球化背景下，国际市场竞争力是一个行业实力的标志。目前"走出去"还是中国期刊业的"短板"，在内容质量、翻译水平、发行渠道、经营运作能力等方面还与我国对外开放战略的要求很不适应，与建设文化强国的目标很不匹配，与日益提升的我国国际地位很不相称。我国期刊在国际期刊市场上的份额还很少，在国际媒体竞争中还处于下风，中国声音在国际舆论中处于弱势。

随着文化强国战略要求和"讲好中国故事"的需要，我国期刊未来将不断探寻和拓展期刊"走出去"路径。

（本文第一部分为中国新闻出版研究院杨春兰撰写；第二部分、第三部分为中国期刊协会段艳文、暨南大学秦洁雯撰写）

第三节 2014~2015报纸出版业发展报告

2012年以来,我国报业一直处于下滑通道,出现了严重困难,而2014年8月18日"媒体融合"上升为国家战略为中国报业的发展打了一剂强心针,在媒体融合战略的指导下,中国报业积极推进媒体融合,2014年是当之无愧的"媒体融合元年",在媒体融合领域出现了不少亮点。

一、报业发展面临巨大挑战

《中国新闻出版统计资料汇编》显示:2014年全国共出版报纸1 912种,较2013年降低0.2%;总印数463.9亿份,降低3.8%;总印张1 922.3亿印张,降低8.4%;定价总金额443.7亿元,增长0.8%。报纸出版实现营业收入697.8亿元,降低10.2%;利润总额76.4亿元,降低12.8%。平均期印数超过100万份的报纸减少3种;46家报刊出版集团主营业务收入与利润总额分别降低1.0%与16.0%,报业集团中有17家营业利润出现亏损,较2013年增加2家。

同时,根据CTR的数据,我国报纸广告刊例价下降18.3%;五大重点行业按刊例价投放全部下降,特别是房地产/建筑工程行业由2013年的增长转为2014年下跌24%,交通类下跌36%;投放杂志的广告量下跌10%,比2013年有所扩大,主要因护肤用品、彩妆类投放明显减少,化妆品/浴室用品的整体费用减少6%。而由于越是困难时期,打折、送版的情况就越为严重,中国报业的实际广告额出现了25%以上的下滑,少数报纸已经出现了亏损。

二、媒体融合取得新进展

任何媒体发展的前提都是用户连接,即建立起媒体与用户的连接。但是在互联网的巨大冲击下,传统报纸与用户之间的连接已经失效,入口价值快速丧失,而互联网尤其是移动互联网已经成为人们获取信息的第一入口。用户连接的失效不仅截断了媒体和用户之间的关系,使得之前的"二次销售"的商业模式难以为继了;用户尤其是年轻用户转移到移动互联网使得互联网尤其移动互联网成为意识形态新主阵地。因此,从根本上说,媒体融合的目的就是为了抢占意识形态新主阵地,而关键在于重新建立起用户连接。媒体融合要坚持如下原则:具备互联网思维;打造强大的互联网平台;利用了大数据技术;利用所有的新渠道;系统性的融合和沉淀互联网新用户。为此,一些传统报刊进行了有益的实践。

(一)媒体融合的实践

通过资源整合或重组,以实现优势资源的整合和互补,从资源上更好地实现融合。解放报业集团与文新报业集团合并为"上海报业集团",合并后的上海报业集团总资产规模达到208.71亿元,净资产为76.26亿元,成为中国最大的报刊集团。上海报业集团成立之后,进行了诸多大刀阔斧式的融合式改革,如《新闻晚报》的休刊、创办"澎湃"和"界面"等等,但是融合效果还有待进一步观察。

传统媒体通过整合其旗下的新媒体资源,成立新媒体集团。湖北日报报业集团、安徽日报报业集团等分别成立湖北日报新媒体集团公司、安徽新媒体集团和河南大象融媒体集团。

为了抢占互联网尤其是移动互联网的意识形态新主阵地,各级各地新闻机构纷纷推出新闻客户端和微信公众号,在意识形态新主阵地上快速卡位,人民日报社和浙江日报报业集团推出的新闻客户端成为其中典范。目前人民日报社共拥有29种社属报刊、44家网站、118个微博机构账号、142个微信公众号及

31个手机客户端，覆盖总用户超过3亿人。

绝大多数报纸都创办了互联网媒体来进行媒体融合，上海报业集团旗下的澎湃网和界面网是其中的先行者。澎湃（www.thepaper.cn）于去年7月22日上线，定位是植根于中国上海的时政思想类互联网平台。目前，澎湃网虽然依靠前期一系列新锐的报道赢得了一定的影响力，如何实现自身的可持续发展和可行的商业模式和盈利模式也是亟待解决的难题。界面（www.jiemian.com）于去年9月22日正式宣布上线公测，股东包括上海报业、小米科技、360、海通证券、国泰君安、联想弘毅、卓尔传媒。据他们自己的介绍，上线当月就实现了盈利，但如何实现持续性盈利还需要继续观察。

传统媒体积极开展数字化升级。如，浙报集团推出"新闻+服务"的融合发展路径。浙报通过对互联网用户的深入研究，制定了产品策略，确立了"新闻+服务"的模式。2014年尝试了旗下媒体与边锋游戏平台的融合，用户导流效果十分明显。杭州日报报业集团提出"建设'1+3'现代传播体系"的战略目标。即建立一支紧密合作的全媒体采编队伍，一套融合报纸、网站和移动终端等"3"种媒体发布渠道的运作体系，实现报纸、网站、APP客户端、微博、微信五大平台协同，全时段发布、实时发布、多屏发布、立体发布。华西都市报社启动"i战略"。2014年12月18日，华西都市报社提出了全新的融合发展战略——i战略。向资讯（i-Media）、社交（i-Link）、电子商务（i-EB）、互联网金融（i-Finance）四个方向突破，推出全新的新媒体精准投放广告系统（i-Delivery），实现引爆指数级增长（Induced Exponential Growth），着力构建"小前端、大平台、富生态"的传媒融合发展新格局。广州日报打造"中央编辑部"的媒体融合。"中央编辑部"由广州日报社夜编新闻中心、大洋网、全媒体新闻中心、音视频部、数字新闻实验室等部门组成，目的在于搭建一个跨越纸媒和新媒体的新闻统筹平台，实现新闻生产的"滚动采集、滚动发布；统一指挥、统一把关；多元呈现、多媒传播"。

（二）媒体融合成功的关键

首先，深刻理解媒体融合的本质。一是媒体融合是一项政治任务，其次才是市场行为，这就要求先完成好政治任务，但是在具体实施时，政治目的又必须服从于长期的市场目的，唯有如此，才能取得实效。二是媒体融合是媒体转型的一种手段和方式，因此，媒体融合必须服从于媒体转型这一根本目的。媒体融合好做，而媒体转型难做，真正的媒体转型一方面需要一个强大的互联网平台，另一方面需要完善的资本通道。

其次，要有一个强有力的一把手。媒体融合作为一项复杂的、系统性工程，必须要一把手亲自推动才能真正实现融合。

第三，融合的基础是互联网平台。融合的目的是重建用户连接，而重建用户连接的关键是建立起基于大数据的信息资源平台，即通过大数据的挖掘和分析技术，为用户提供个性化、定制化和精准化的信息，该系统由大数据信息资源平台、开放的内容采编和分发平台、网络行政平台全媒介传播渠道、用户沉淀平台等平台构成。而从目前的融合实践来看，百视通已经在一定程度上具备了这样的平台，浙报集团正在大力打造这样的平台，而其他绝大多数媒体尚不具备这样的平台。

第四，媒体融合是系统性的融合。媒体融合是观念、技术、体制机制、内容和运营的全方位融合，单纯的内容融合很难起到实质性的作用。

尤其需要指出的是，媒体融合是一项任重道远的工作，在融合之路上，必须处理好政治任务和实效性发展、短期性发展和长期性发展、片面性融合和全面性融合之间关系。

三、上市公司整体向好但出现严重分化

杭报集团借壳华智控股成功上市。 2014年，公司完成重大资产重组，公司成为报业经营性资产整体上市公司，主营业务由仪器仪表制造业，变更为广告经营、互联网+和新媒体运营、报刊发行和物流快递、报刊印刷和包装印刷等传媒类业务，实际控制人杭州日报报业集团成为成功上市的全国第三家党报集团、杭州市第二家国有文化集团。

业绩整体向好但分化严重。 在7家报业上市公司中，有5家的总资产出现了增长，有5家的销售收入出现了增长，但仅有3家的净利润出现了增长。在市值方面，华闻传媒和浙报传媒的都超过了300亿元，分别为345.39亿元和307.81亿元，粤传媒、博瑞传播、新华传媒和华媒控股的市值也都超过了100

亿元。在总资产方面，华闻传媒的总资产超过 100 亿元，达到 108.37 亿元。在增长率方面，华闻传媒的总资产增长了 51%，净利润 9.84 亿元，增长 87.03%；浙报传媒的销售收入增长 27%，净利润过 5 亿元，增长 26%。但业绩也出现严重分化。在市值方面，市值最高的华闻传媒（345.39 亿元）是最低的北青传媒（9.23 亿元）的 37.42 倍；在销售收入方面，浙报传媒出现了 27% 的上涨，而粤传媒却出现了 5.94% 的下滑；在净利润方面，华闻传媒的净利润增长 87.03%，新华传媒的净利润出现了腰斩，大幅度下滑 77.98%，粤传媒和北青传媒的净利润也下滑了 40% 以上。

报业上市公司的业绩之所以出现严重分化，一方面是传统报业的断崖式下滑，且我国区域化分割和行业化分割所导致的传媒业碎片化现状使得跨区域和跨行业发展和并购困难重重；另一方面，业绩向好的上市公司的关键在于跨行业的并购能力强弱，华闻传媒和浙报传媒的业绩很好，而关键点在于其跨行业并购能力强。例如，浙报传媒的业绩快速增长正是因为其游戏业务的高速增长。浙报传媒 2014 年传统业务出现大幅下滑，报刊发行业务营收为 3.89 亿元，同比下降 7.88%，报刊发行业务的毛利率仅 16.34%；广告及网络推广业务营收为 8.96 亿元，同比下降 13.03。2014 年，公司在线游戏运营业务收入 8.02 亿元，同比增长 87.85%，毛利率为 88.41%。而北青传媒、粤传媒、新华传媒之所以市值和业绩差，原因在于缺乏跨行业运作能力，导致成长性差。虽然粤传媒也进行了大量并购，但其并购领域主要集中于传统业务。例如，粤传媒 2015 年 4 月 1 日晚间发布业绩预告，由于一季度纸媒广告投放持续下滑，导致营业收入下降幅度较大，预计归属于上市公司股东的净利润同比下滑，公司预计 2015 年 1—3 月实现归属于上市公司股东的净利润为 0 至 1 098.19 万元，上年同期则为 2 196.38 万元，同比下降 50% 至 100%。

四、互联网转型现实效

华闻传媒向互联网转型的成效显著。华闻传媒方面定位为"互联网平台型传媒集团"，去年，购买了国视上海 100% 股权，新增了手机音/视频业务运营管理服务业务；购买合并掌视亿通 100% 股权，新增了运营商视频的内容分销及推广业务；购买合并精视文化60%股权，新增了楼宇电梯广告服务业务；购买合并邦富软件100%股权，新增了舆情监测、舆情管理服务业务；购买合并漫友文化85.61%股权，新增了动漫产品销售及动漫服务业务。可以预计，新媒体业务在华闻传媒总业务中的利润贡献比例将逐年提高，预计2015、2016年这些新业务贡献的净利润占公司净利润比例将分别达到44%、53%，两年后，华闻传媒将有望转型成为一家以新媒体业务为主的上市媒体龙头公司。

浙报传媒积极实施互联网枢纽型传媒集团战略，构建新闻传媒、数字娱乐、智慧服务和文化产业投资"3+1平台"。在主业方面，公司积极触网的同时，积极拓展商品销售门类以及服务门类，重点打造品牌电商"钱报有礼"，商品销售业务实现营收3.4亿元，增长300.33%，营收占比提升至10%左右；在数字娱乐平台建设方面，公司在线游戏运营业务实现营收8.02亿元，同比增长88.41%，营收占比为26.6%。并购而来的游戏公司为公司提供了发展数字娱乐业务的大本营，已相继推出边锋盒子、战旗TV等产品，入股电竞研发和运营公司、唐人影视，与作协合作上线"云端魔方书城"在线阅读网站，并出资9600万元并购爱阅读70%的股权，切入移动阅读领域；争取政府资源布局网络医院和养老产业，公司投资成立的浙江网络医院项目得到政府支持，已对接政府卫生医疗数据库，公司与修正药业推出专业居家养老平台"养安享"，已争取到社区以及政府的支持，可承接政府机构服务，并成为浙江省养老数据库的合作建设者。

华媒控股互联网转型也成效显著。公司骨干互联网站点，如杭州网、萧山网、余杭新闻网、富阳新闻网、快房网及金喔喔房产网站、19楼等，巩固既有市场份额，公司所属互联网业务全面拓展移动互联网领域，报告期内共上线手机APP 11个，累计下载量超过96万次，日均活跃用户超过3.4万户；共上线微信公众号165个，合计订阅用户数超过468万户。尤其需要指出的是，互联网和移动互联网板块共获得营收（含19楼）25 351.19万元，占比近10%，新媒体总用户数超过6 100万。

传统报业的互联网转型要注意如下四点：一是要有充足的资本手段。传统报业向互联网的转型，必然是大投入和长期培育的过程，如果没有有效的资本手段，根本撬动不了转型，华闻传媒和浙报传媒正是通过并购有力地促进了自身的转型。二是以技术为驱动。在当前互联网已经成为整个社会的底层架构和标配的前提下，传统报业的转型也必须以技术为驱动，不掌握先进技术的媒体就不可能积累出巨量的移动互联新用户，则其本质依然是传统媒体，更谈不上转型。三是跨界思维。在当前产业大融合的时代大背景下，传统报业乃至传统媒体的转型，必须具有跨界思维，一方面要跳出传媒看传媒，除了传媒业之外还要积极进入其他产业，以充分发挥传媒的品牌价值；另一方面，跳出经营看产业，不能仅仅在经营层面来看待产业运作。例如，浙报传媒当年在收购边锋和浩方两家游戏公司时就备受质疑，但目前这两家游戏公司以及成为浙报传媒的重要支柱。四是创新体制。当前，制约传统报业转型的核心问题是体制，如果认真考察华闻传媒和浙报传媒，体制创新才是这两家上市公司快速发展的真正源动力。在现有传媒业整体体制下，尽可能地实施市场化体制，无疑使得华闻传媒和浙报传媒更有活力和竞争力。当然，这也是很多传统媒体不愿学、学不了、学不会的，而最终只能落得个"悲催"的下场。

五、微信战略有亮点

为了更好地服务好用户，传统报业积极发展微信矩阵群，每一个微信公众号都立足于某一个垂直细分类行业进行精准定位，这样一个传统媒体就可以运营若干个微信公众号。

目前，无论在行业性报纸还是都市报，微信矩阵群都取得了良好的效果。在教育领域，中国教育报刊社就推出了"中国教育之声"微信矩阵群，旗下有中国教育报、人民教育、好老师、中国教育之声等十多个微信公众号，粉丝量超过150万，中国教育报一个微信公众号的粉丝就超过70万。在糖烟酒领域，糖烟酒周刊杂志社旗下有由糖烟酒周刊食品版、酒说等十多个微信公众号组成的微信矩阵群，总粉丝量超过60万。在都市报领域，《都市快报》微信矩阵目前已有88个产品，涉及各个垂直行业领域，总粉丝已超过130万，成为杭州广告主们投放新媒体的首选。

六、多元化探索有成效

2014年，在广告下滑的压力下，各大报业集团纷纷试水多元商业模式，在房地产业、旅游业、区域电商、文化艺术产业等有尝试，并取得了一定成效。

浙报传媒推出旅游电商平台——"悠游浙江"，专注服务浙江旅游业，营销浙江特色旅游产品，并将旅游资源、宣传和营销资源进行整合，为旅游机构、旅游主管部门提供品牌策划、传播以及活动宣传和执行等一条龙的解决方案。

北青传媒投资成立河北聚精采电子商务股份有限公司，运营电商平台采采网，称将打造"京津冀最具影响力的区域性电商"。

（郭全中　国家行政学院）

第四节 2014~2015数字出版产业发展报告

伴随中国国民经济进入新常态，作为新闻出版业乃至文化产业的重要组成部分和发展方向，数字出版产业发展对中国经济结构调整和平稳运行将发挥日益重要的推进作用。2014年，我国数字出版产业继续保持强势增长势头，全年收入规模达3 387.7亿元。在政府和企业合力推进下，传统出版与新兴出版融合发展进展迅速。

一、2014年数字出版产业发展基本情况

我国经济运行已步入增速换挡、增速回落的新常态，处于新旧动力转接的关键阶段，数字出版也呈现出新的发展特点。2014年，政府大力推进传统出版与新兴出版融合发展，出台多项政策与有力举措；企业部署更加明确，路径更加清晰；行业科技应用水平不断提升带动产业升级加速；产业协作机制日益健全，产业合作日益加深。

（一）政策利好助推产业融合发展

2014年以来，以习近平为总书记的党中央对于融合发展高度重视，出台了多项政策和有力部署，为数字出版持续快速发展、新闻出版业融合发展创造了利好环境，也为行业政策的出台提供了更为有力的支撑。2014年8月18日，中央全面深化改革领导小组第四次会议审议通过了《关于推动传统媒体和新兴媒体融合发展的指导意见》（以下简称《意见》），为新闻出版业融合发展提供了重要依循。为贯彻该《意见》，将融合发展任务具体落脚到出版业，2015年4月国家新闻出版广电总局与财政部联合出台了《关于推动传统出版和新兴出

版融合发展的指导意见》，为进一步推进新闻出版业的转型升级、推进传统出版与新兴出版融合发展指明了实施路径和重点方向。标志着新闻出版业数字化转型升级、融合发展已经从统一思想认识步入实质性建设的新的发展阶段。2015年"两会"上，李克强总理在政府报告中提出2015年要加快实施创新驱动发展战略，将"大众创业、万众创新"作为新常态下经济发展的新引擎，厚植创业创新文化；同时提出将制定"互联网＋"行动计划，推动移动互联网、云计算、大数据、物联网等与现代制造业结合等要求。中央的多项战略部署出台与落实，对于新闻出版业的融合发展将起到极为有力的助推作用。

为推动文化产业进一步发展，国家不仅进行政策引导，而且在资金上也给予了大力扶持。2014年，中央财政下达文化产业发展专项资金50亿元，比2013年增加4.2%，共支持项目800个①，2014年新闻出版项目获中央文化产业发展专项资金支持21亿元，获得财政部文资办支持的数字出版转型升级方向项目达77个，获拨文化产业发展专项资金6.27亿元，累计支持资金超过10亿元。2015年2月，财政部发布的《关于申报2015年度文化产业发展专项资金的通知》中，将"推动传统媒体和新兴媒体融合发展"纳入2015年度文化产业发展专项资金的重点支持内容。

在国家顶层设计的指引下，政府管理部门对于数字出版、新闻出版业融合发展的政策部署有了更为有力的支撑。

2014年4月，国家新闻出版广电总局与财政部联合发布《关于推动新闻出版业数字化转型升级的指导意见》，面向全行业提出数字化转型升级的主要目标和主要任务，并提出将进一步加大财政对新闻出版业数字化转型升级的支持力度，将新闻出版业数字化转型升级项目作为重大项目纳入中央文化产业发展专项资金扶持范围，表明政府部门对新闻出版业转型升级、融合发展的重视程度和推进力度都在进一步加大。2014年，国家新闻出版广电总局还先后推出了《关于加强数字出版内容投送平建设和管理的指导意见》《关于推动网络文学健康发展的指导意见》等一系列行业政策文件，以加强对数字出版产业发展的引导与管理，收效显著，数字出版产业政策体系日益健全。

---

① http://politics.people.com.cn/n/2014/1113/c70731-26017577.html 人民网。

（二）转型升级与融合发展渐趋深入

传统出版与新兴出版融合发展是新闻出版业发展的必然趋势，已成为行业共识。转型升级是融合发展的基础与条件，融合发展是转型升级的方向和目标。

持续壮大的消费市场为转型升级和融合发展、不竭动力。据中国互联网信息中心（CNNIC）2015年2月发布的《第35次中国互联网发展状况统计报告》显示，截至2014年12月，我国网民规模达6.49亿，互联网普及率为47.9%。手机网民规模达5.57亿。网民中使用手机上网人群占比由2013年的81.0%提升至85.8%。据中国新闻出版研究院"第十二次全国国民阅读调查"数据显示，数字化阅读方式的接触率为58.1%，较2013年的50.1%上升了8.0个百分点，首次超过了图书阅读率。数字阅读率的持续快速上升，要求新闻出版业必须尊重出版规律和新兴媒体传播规律，加快转型升级、融合发展步伐。

传统出版的数字化转型升级是近年来管理部门的重要工作，也是推进传统出版与新兴出版融合发展的有力抓手。2014年，政府管理部门持续深入推进传统出版单位的数字化转型工作，持续开展传统出版单位转型示范的评估工作，以树立典型带动新闻出版业转型升级成效显著，融合发展态势渐显。2014年以来，新闻出版业转型升级、融合发展进入新的发展阶段，和前几年相比步伐更加稳健。

2014以来，新闻出版业转型升级与前几年相比，路径更加清晰，步伐更加稳健，无论是主动性，还是深入程度都有了显著提升。全国各家传统出版单位都积极开展了设公司、打基础、建平台、抓项目、招人才等方式的改革行动。在单位内部，主动探索组织结构的重构和出版流程再造，着手建立适应市场竞争和数字出版一体化发展的内部运行机制，内容资源数字化、结构化的工作已取得成效；以更加积极的心态面对新媒体，积极借助新媒体带来的新技术、新渠道，内容生产与服务的模式不断创新，着力搭建集选题策划、协同编辑、结构化加工、全媒体资源管理等一体化内容生产平台；特色资源数据库、在线教育等数字传产品与服务都实现了较大突破；以项目为抓手推进转型升级、融合发展进程，对财政部、文化部等转型升级与融合发展项目的申报更加积极；大型出版传媒集团通过并购、上市等资本运作模式，推进融合发展步伐，拓展业务布局，增强总体实力。

同时，互联网企业也通过并购收购等方式积极向出版内容靠拢。以 BAT 为代表的互联网巨头对数字内容产业的布局更加深入，逐步构建起以网络文学为入口的数字内容全产业链布局。2014 年 11 月百度文学成立，腾讯的阅文集团和阿里巴巴的阿里文学也相继于 2015 年 3 月和 4 月成立。通过并购、联盟网络文学企业等方式，并通过招揽名家名作资源和并购影视公司、游戏公司，打通了从出版的上游内容提供方到下游影视改编、游戏创作、动漫创作等多种传播渠道的文化传播产业链，开拓多元的融合发展路径。

（三）技术应用驱动产业创新

科技是推进数字出版产业发展的有力支撑。随着融合发展的进程不断深入，我国新闻出版业的技术应用水平日趋提升，科技与出版的融合日趋加深。新闻出版业对行业前沿、关键、核心技术的关注、研发与应用力度不断加大，对新闻出版业转型升级、融合发展带来了极大的推动作用。

大数据、云计算、移动互联网、二维码等已成为新闻出版业的主流技术，而物联网、语义分析、人工智能等智能化信息服务技术在出版领域也逐渐兴起。数字技术应用整个新闻出版业创新动力的加速发展，推动着流程优化、产品创新和服务升级。数字出版共性技术在出版流程中得以广泛应用，数字出版的内容加工、产品管理和市场服务水平得以显著提升。各种可穿戴产品和智能设备的换代升级，为新闻出版业提供实时化智能信息服务创造了便利条件，利用数据分析、人工智能等先进技术的个性化服务性产品正在迅速抢占市场。

技术应用水平提升。随着融合发展的逐步深入，新闻出版业已逐步实现了多用技术到用好技术的转变，如何运用技术提升自身产品品牌，构建竞争优势的思路更加清晰。企业开始根据自身所需，有针对性地选择数字技术的应用，实现科技与内容、产品的良好融合。技术与出版的融合丰富了阅读体验，提升了呈现能力。

（四）产业协作机制日臻完善

产业协作是推进融合发展的重要手段，完善的产业协作机制是产业步入成熟阶段的重要标志。一年来，数字出版企业心态更加开放，协作共赢心态加深，同时相关联盟、协会的成立，进一步完善健全了产业协作机制。

传统出版单位抱团取暖的意识加强，谋求联合发展的路径日趋清晰。传统出版单位由于资金、技术、人力、平台等条件的局限性，依靠单枪匹马搞数字化，竞争力难以得到充分发挥。因此，建立联盟、走联合发展之路是传统出版单位的共同诉求。2014年12月，数字出版联盟成立，联盟成员包括人民出版社、商务印书馆等60余家出版单位及相关单位。联盟的成立旨在通过实现成员单位之间的资源、技术、人才、营销、产品等要素的一体化，加快推进传统出版社转型升级的模式创新和思路革新，更好地实现传统出版与新兴出版的融合发展，促进数字出版业良性健康发展。联盟将着力在促进资源合作、组织合作营销、共建传播平台、开展维权行动等方面进行合作互助，共同应对产业发展中的瓶颈问题，共同争取国家资金支持，联合开展项目，以增强产业合力，带动新闻出版业数字化转型水平的整体提升。同时，各出版单位各自所拥有的资源、技术、人才条件各不相同，联盟的成立有助于推进传统出版单位之间更高层次的合作，实现资源的有效整合利用。

2014年12月，中国音像与数字出版协会新设立的9个工作委员会获得国家新闻出版广电总局同意成立的批复。这9个工作委员会的工作侧重不同，基本涵盖了数字出版领域所涉及的主要范畴，能较好地反映行业发展的需求。2015年上半年，专业数字出版、大众数字出版、数字阅读、数字教育出版、电子出版等工作委员会相继成立，这些委员会将推动数字出版不同领域、不同层面的沟通合作，在资源、技术、渠道等方面互通有无，共同增强数字出版实力。

（五）跨界合作加深拓展产业边界

随着数字出版市场参与主体的不断多元，新闻出版业已步入跨界合作时代，出版产业以多元开拓融入经济大循环，产业边界不断延伸，与金融、文化、教育等领域的融合日益加深，不断探索产业之间资源、技术、渠道、模式的互融互通。跨界合作已成为创新商业模式和产品形态，提升新闻出版业可持续发展生命力和竞争力，实现融合发展的有效路径。

当前，出版业积极利用自身优势，开拓视野，放眼出版以外的服务市场，以寻求新的经济增长点。目前,开展跨界融合的途径主要有两个方面,一是与多方开展战略合作,二是开展跨领域并购重组。结合自身特色,积极整合相关产业优质资源,并迅速与相关行业展开跨界合作,开展业务布局。安徽出版集团在跨界融合方面有着较为突出的实践成果,已将业务布局延伸至旅游、教育、金融、医药、建筑等多个领域,并成为文化产业涉足能耗管理、进入智慧城市建设的先行者,该集团旗下的安徽少年儿童出版社与国内外教育机构开展战略合作,布局幼教行业[1];安徽美术出版社正在建造美术馆[2],服务范畴日益拓展,集团的资本化、产业化、规模化、集约化、专业化程度不断提升。

出版业在教育领域的跨界发展最为普遍,在线教育市场的迅猛发展,让教育与出版的连接日趋紧密。外研社的成绩较为突出。2014年,外研社与淘宝同学、猿题库先后达成合作,外研社的录播和直播课程在淘宝同学上线,并在猿题库上线习题,加之早前与科大讯飞成立北京外研讯飞教育科技有限公司,外研社在教育领域的布局日趋深入。

二、数字出版产业发展的对策与建议

2014年,尽管我国数字出版产业依然保持上升态势,产值再创新高,融合发展态势基本形成。然而,融合发展于我国出版业而言尚属于新的课题,当前我国数字出版仍存在一些急待解决的问题。首先,数字出版内容整体质量水平有待提升;其次,人才队伍建设有待进一步健全;再次,融合发展的思路有待进一步拓展创新。同时,在中国经济运行进入新常态的形势下,对我国数字出版工作的开展提出了一些新的要求,也将面临一些新的挑战。

(一)优化顶层设计,推动产业可持续发展

"十二五"即将收官,"十三五"即将开启。无论是政府管理部门,还是

---

[1] http://book.ifeng.com/yeneizixun/detail_2015_01/12/1044394_0.shtml 安徽少年儿童出版社跨界合作创幼教新时代。
[2] 中国出版传媒商报 http://www.cbbr.com.cn/web/c_000000010012/d_42733.htm。

数字出版企业，都需要对"十二五"时期数字出版发展形势、工作经验进行全面总结，以清晰的思路着手启动"十三五"时期发展规划的编制。

从政府管理部门层面，应充分把握规划编制这一重要契机，优化数字出版产业顶层设计，引领产业实现新形势下的新突破。充分把握新常态下的数字出版产业发展形势，制定发展数字出版产业的总体思路，明确新常态下数字出版产业发展的新任务和新目标，从行业实际出发，站在推进新闻出版业融合发展的高度，精心谋划战略布局，绘制产业发展宏观蓝图，在新闻出版业"十三五"规划的编制中，要把数字出版放在更加重要的战略地位，直面"十二五"时期产业中存在的问题和难点，找准当前产业中的薄弱环节，作为"十三五"时期主攻方向。数字出版"十三五"的专项规划要更加精准、到位，持续优化数字出版的政策体系，以更具明确性、实践性、前瞻性的顶层设计规划数字出版产业发展，推进产业结构优化，实现融合的均衡化发展，为数字出版产业发展提供更加强大的内在动力。

企业同样要做好自身发展的顶层设计，制定科学有效的发展战略，以保持企业的持续竞争力。在国家新闻出版业和数字出版"十三五"规划指引下，结合自身定位和市场需求，制定企业的数字出版"十三五"规划。把融合发展作为企业战略规划和业务布局的着眼点和落脚点，明确在融合发展的态势下的自我定位和发展方向。掌握好融合发展的步伐节奏，统筹规划，有计划分步实施推进融合发展。企业战略部署需以国家政策为指引，以市场寻求为依据，以自身特点为基准，减少工作中的盲目性，并根据产业形势变化，对企业战略部署进行及时调整。

（二）创新融合发展思维，着力实现融合发展目标

传统出版与新兴出版的融合发展，并非局部的融合、个案的融合，而是要在内容、平台、渠道、管理、经营等方面进行多样化、多层次、全面的深度融合，实现传统与新兴出版业态的优势互补，共赢发展。

近年来，政府管理部门积极通过重大政策、重大项目和重大工程，引导和带动出版业技术与内容的创新，推进产业的转型升级，成效显著。未来管理部门需持续推进实施"三个重大"，即组织一批对新闻出版产业发展和结构调整全局带动性强的重大工程，推出一批对推进新闻出版事业和产业发展效果显著

的重大项目，出台一批对促进产业更快更好发展的重大政策，实现数字出版产业的规模化、集约化、专业化。以建设国家数字出版传播工程作为工作重点，研发统一数字出版传播平台，加强新型主流出版媒体建设，推动国家知识资源服务中心建设，促进传统出版和新兴出版实现优势互补、互促共生。

要不断提升对融合发展的认识，开拓融合发展的思维，形成一体化的发展格局。一方面，要进一步优化、创新传统渠道、模式，巩固原有特色优势；另一方面充分借助新技术、新媒介、构建新型内容传播体系，拓展新兴传播渠道；同时，开拓多维视角，以信息服务的职能定位，借助多渠道、多手段，积极发展跨地域、跨媒介、跨行业的业务延伸，拓展发展空间，开展品牌化运作、多元化经营，带动数字出版的模式创新、产品创新、服务创新，增强优势内容的辐射力、影响力、竞争力，努力实现"一个内容多种创意、一个创意多次开发、一次开发多种产品、一种产品多个形态、一次销售多条渠道、一次投入多次产出、一次产出多次增值"的新闻出版业融合发展"七个一"目标，构建多元化产业发展格局。

（三）提升内容质量，力求双效双赢

数字出版产业虽然伴随互联网技术而生的，但其属于文化内容产业的本质属性没有改变。经过多年发展，数字出版在在新闻出版业所占比重日益提升，已成为文化产业的重要组成部分，应与传统出版一同承担传承与传播优秀文化的责任与使命。然而当前数字出版产业存在有效供给不足，有数量缺质量，有"高原"缺"高峰"的现象，内容是数字出版的立足之本，没有优质内容，数字出版不具备可持续发展能力。

企业开展数字出版要坚持始终把内容质量放在首位，不断提升数字产品内容质量，为大众提供导向正确、质量优良、情趣健康的数字出版精品，实现内容质量和市场效应的双赢，社会效益和经济效益的双丰收，才能形成数字出版的持续影响力、竞争力、生命力。传统出版单位要坚持正确出版导向，不放松对内容质量高标准和严要求，持续保持内容的权威性、专业性，进一步巩固内容优势。新兴出版企业要提升对数字内容的把关能力，肩负起传播知识、传承文化、推进文明发展，满足人们高层次精神文化需求的责任与使命，向传统出版借鉴在内容编辑、质量保障方面的经验，生产文化底蕴丰厚的数字出版精品

佳作。

在提升内容质量的基础上,不断完善产品服务,优化用户体验,为用户提供内容服务和高层次的知识服务。针对不同的投送渠道、产品形态、用户对象,提升优质内容的聚集、整合、加工能力,建立特色内容资源数据库,实现内容的多元化、特色化、分众化生产,综合运用技术手段,丰富优质内容的呈现力,提升优质内容的竞争力。

(四)提升技术应用水平,推进科技与出版深度融合

我国经济发展已逐步从要素驱动、投资驱动转向创新驱动,信息技术的创新与应用是驱动数字出版、推进新闻出版业融合发展的重要驱动力。

为不断提升出版业的融合发展创新水平,企业需进一步加强对前沿技术、核心技术关键技术的关注与应用,做到研究技术、利用技术、善用技术。科学统筹内容与技术的关系,加强技术与内容的适配度,坚持内容为本,技术为用,内容为体,技术为翼,二者共同构建数字出版产品的核心竞争力。

加强基于关键技术的研发与应用,改进业务流程、提高数据采集、存储、管理、分析和运用能力,加强数据库建设,加强出版大数据分析、结构化加工制作、资源知识化管理、数字版权保护、数字印刷、发布服务以及产品优化工具、跨终端呈现工具等关键性技术的研发和应用实践,着力解决出版融合发展面临的技术短板,有效利用实时化信息服务、数据链服务、智能化服务,推动产业变革和改造。

加强对云计算、大数据、物联网、语义分析、人工智能、3D打印等关键技术研究深度和把控能力;与此同时不断强化借力发展意识,加强与互联网技术企业的合作,借助成熟的技术、平台与渠道,提升自身的创新水平和融合发展实力。利用先进技术充分整合资源、拓展传播渠道、创新产品开发、丰富产品形态、提升产品质量,完善用户体验。

(五)加强人才队伍建设,健全人才发展机制

当前我国数字出版的阵营不断壮大,然而与数字出版蓬勃发展不相匹配的是,数字出版人才培养、吸引、管理、评价、考核、激励等各方面机制尚不健

全，数字从业者能力与岗位职能要求不相匹配、高素质、复合型人才缺失。因此，加强数字出版人才队伍建设，优化产业人才结构，建立建全数字出版人才机制，是推进数字出版产业发展的必然要求，同样也是迫切任务。

要从战略层面看待和解决人才问题，对数字出版人才队伍建设给予高度重视，结合政府、企业、高校、科研机构等各方力量，合力推进数字出版人才体系的建立健全。统筹抓好数字出版管理人才、经营人才、内容生产人才、专业技术人才队伍建设，特别是加强高端复合型人才与行业紧缺和急需人才队伍建设；加大核心人才、重点领域专业人才、高技能人才和国际化人才的培养和扶持力度，培育数字出版专家名家，造就数字出版专业人才、领军人才、骨干人才。

建立健全的人才建设体制机制，形成有利于各类数字出版人才的成长环境。一是建立科学的人才考评和选拔机制。以职业准入和岗位准入为抓手，不断提升数字出版基层人才素质。建立完善数字出版专业技术人员职业资格考评制度，推进数字出版从业人员职业技能鉴定和职称评定工作，加强对数字出版从业人员的管理，把新兴出版企业的人才队伍纳入行业人才建设体系。二是建立灵活的人才培养机制。支持相关技术企业与高校、研究机构联合开展数字出版业务人才培养；打破关起门来搞培养的模式，形成人才培养的长效联动机制。三是建立人才流动机制。传统出版单位完善用人管理机制，创新模式以吸引新兴出版技术人才、经营管理人才；新兴出版企业加强内容把关人才的引入。完善人才流动机制，推进传统出版单位和新兴出版企业的优势互补，形成良好的人才流动机制，优化人才结构。

三、2015年及未来一个时期数字出版产业发展趋势

随着互联网和移动互联网的加速发展与普及，数字出版消费市场将持续扩大，日益旺盛和多元的用户需求，为数字出版融合创新发展提供了持续动力，参与主体日趋多元，重塑产业竞争格局，跨界合作日益加深，不断消解新闻出版产业边界。数字出版将以融合发展为立足点和着眼点，具体到未来一年，我们有望看到如下发展趋势。

（一）融合发展向纵深发展

当前，产业融合发展态势已基本形成，融合发展条件已基本成熟。在大传媒、大出版、大文化的趋势下，在"互联网+"行动计划等国家战略部署的有力推动下，传统出版与新兴出版在出版资源和生产要素的整合程度将不断加深，信息内容、技术运用、平台终端、人才队伍等方面真正实现优势互补、相互借鉴、共享融通，数字出版在融合发展的产业整体形势下，将有更为广阔的发展空间。

面对产业结构的多元化、文化消费需求的多样化，管理部门推进产业融合发展的政策举措将更加细化，更针对性、实践性。针对具体领域、具体项目制定相关政策，出台相应举措，导向规制措施将更加有力，依法管理的思路手段更加明确。

企业层面，传统出版单位开展数字出版业务的思路将更加清晰，路径更加明确，对先进技术的把握与应用更加到位，将涌现出更多新产品、新形态、新模式。BAT等新兴出版企业对于数字内容产业的布局更加深入，其内容生产泛娱乐化、浅层次化的特点将向更加注重信息内容的深度挖掘转变。随着产业环境更加开放，泛媒体化趋势日趋明显，传统出版与新兴出版的融合与碰撞日益加深。同时，跨领域、跨行业合作将日益频繁与深入，将进一步拓宽数字出版的产业边界，带动数字出版的产品创新、形态创新、模式创新，推进融合发展将向更深更广的层次迈进。

近年来，无论是传统出版集团还是大型的新兴出版企业，都在不断加强业务布局以巩固市场地位，在它们的积极带动下，数字出版产业将形成做大做强的浪潮。出版传媒集团转型升级、融合发展的成效优劣、程度深浅将逐步显现，新兴出版企业BAT三大互联网巨头鼎立的格局仍将持续。大型出版集团与大型互联网企业分庭抗礼、寡头领先的数字出版产业格局渐趋形成。

（二）需求多元将促进市场不断细分

近年来，数字出版产业规模与用户规模逐步扩大，数字内容产品已成为我国人民普遍的文化消费方式。消费层次与消费需求的日趋多样，这将极大地激发数字出版产业的创新活力。年龄、地域、职业、文化水平、消费能力、消费动机等方面的差别，都能构成消费需求上的差异，组成多元化的市场需求结构。不同层次的文化需求，必须由不同多元化的文化产品来满足。需求的日益复杂多元细化，将带动数字出版产业市场进一步细分。

探索细分市场，注重细分市场的培育，不断创新产品概念和形态，将成为数字出版企业未来发展的重点，开拓细分市场有助于调整企业的业务业务布局和发展思路，树立自身品牌，丰富产业的产品形态和模式，扩大产品规模，构建多层次、多类型的产品格局，形成产业错位竞争环境。同时，细分市场的逐步挖掘也将进一步激发更加多元的市场需求，有助于良性产业创新机制的形成。

需求的日趋多元和市场的日趋细分，对数字出版的服务模式提出了更高要求。企业需在特色化、分众化、专业化、精细化上面下足功夫，精耕细作，既提供共性数字内容产品，又针对不同的用户需求，进行内容整合和产品设计上的差异化，形成差异化、多元化的产品格局。

（三）移动阅读向深度碎片化发展

移动互联网和智能终端的技术进步，成为媒体融合发展的助推器。截至2015年1月，我国TD-LTE 4G用户规模已经突破1亿。2月27日，工信部向中国电信和中国联通发放FDD经营许可证，中国4G用户规模有望实现飞跃式突破，全面进入4G时代。2015年5月20日，国务院办公厅公布了《加快高速宽带网络建设推进网络提速降费的指导意见》，要求加快推进宽带网络基础设施建设，扩大移动通信覆盖范围，鼓励移动用户向4G迁移，提升移动宽带速率，提升服务水平。该意见的出台，对于移动阅读市场的发展极为利好，为移动阅读产业拓展了更为广阔的市场空间，进一步加快推动数字阅读向移动端发展。

随着手机、平板电脑等移动终端的日益普及，移动阅读应用和内容日益丰富，用户的时间和注意力正在加速向移动端迁徙。当前我国国民数字阅读方式的接触率已超过了传统纸质书报刊阅读类，而移动通讯技术的快速发展更是推动了移动端阅读呈跳跃式、几何级数式的增长。

移动阅读市场的不断成熟，对移动阅读的内容提出了更高要求。深度碎片化阅读将成为移动阅读的发展方向。千字左右的精细化数字阅读内容既满足人们对深度内容的信息获取，也符合移动阅读碎片化的阅读习惯，将成为未来数字内容形式的趋势之一，移动阅读的深度碎片化阅读时期即将到来。

（四）媒介向定制化、生态化方向发展

移动互联网时代更加注重人们的个性化需求。在媒体信息爆炸的时代，泛信息化的内容已逐渐失去市场，个性化也就显得更为重要，定制化的内容和产品将会更加受到用户的青睐。针对用户需求进行更为深入的挖掘，大数据运用将成为企业内容与产品创新的重要支撑力与竞争力。同时，随着人们对数字产品体验的需求日益旺盛且多元，将推进产业不断创新，为适应数字出版形态演变，将涌现更多的商业模式。

产品的社区化趋势日益明显。当前多数客户端产品都具有一定社交功能。未来媒介将着力构造"信息+服务+社区"产品生态链。打造以内容为入口，通过社群聚拢用户，通过服务实现产品价值的商业模式。同时综合运用UGC、PGC、微信公众号等有明显自媒体特征的内容生产方式和渠道，一方面实现了不同需求、不同层次实现对内容的充分聚合，另一方面解决了这些自媒体形式变现困难的问题，打造内容生产的生态圈。

O2O将成为常态的数字产品运营模式，无论是B2B，还是B2C，无论是数字教育、还是新闻资讯类客户端，都可以把线上运营延伸至线下，综合运用不同渠道和模式，打造完整的产品服务生态圈，实现价值的最大化。

（五）数字出版加速走出去步伐

近年来，我国出版业的国际传播力、影响力、竞争力不断增强，走出去的步伐日益稳健，成果日渐丰硕。国际话语权不断提升，而数字出版在其中所发挥的作用不断增强。数字出版逐渐成为"走出去"一大热点，出现了一批通过数字版权海外输出的大部头、专业性强的出版物，通过开发数据库和服务平台，面向国际市场提供信息服务，涵盖国际数字资源交易与服务、个人数字资源阅读、按需印刷、对外翻译等多个业务领域，与国际出版商、服务商的合作日益增多。

国际书展成为中国出版业提升国际影响力的重要平台,为中国数字出版走出去提供了重要契机,仅 2014 年,国家新闻出版广电总局组织国内出版单位参加了 30 多个国际书展[①]。中国出版业所取得的丰硕成果逐渐获得全球出版业的瞩目与认可,在国际文化交流中的影响力有了显著提升。随着融合发展的日渐深入,数字出版在国际文化传播中的作用将日益凸显,比例将不断提升,借助国际书展向世界展示中国出版业转型成果,促进数字出版版权贸易与国际交流,以助力数字出版整体实力进一步提升。

重大工程成为推进内容"走出去"的重要抓手。政府管理部门对出版走出去的大力支持,是中国出版走向世界的有力助推器和重要抓手。近年来,国家新闻出版广电总局先后实施了经典中国国际出版工程、丝路书香工程等重大工程。数字出版"走出去"将在我国新闻出版业重大工程中予以重点扶持。中国出版物国际营销渠道拓展工程、重点新闻出版企业海外发展扶持计划、国家数字出版传播工程、丝路书香工程等重点工程均为数字出版走出去创造了良好条件。与"一带一路"等国家重大战略相配合,研究制定一批数字出版走出去项目,实现国内外优质资源互联互通、内容共同发掘、渠道共享共用的发展格局,以带动我国数字出版整体实力不断提升。

(中国新闻出版研究院数字出版研究所)

---

① http://news.jxnews.com.cn/system/2015/05/24/013902381.shtml 党的十八大以来我国出版业"走出去"成效显著。

第五节 2014~2015印刷业发展报告

2014年，世界经济环境依然复杂多变，尚未完全走出国际金融危机的阴影。由于经济复苏进程的差异，各国的宏观经济政策选择出现分化，这进一步增加了世界经济的不确定性和风险因素。在此背景下，我国的经济发展也面临着一定的压力，经济增速进一步回落，下行压力加大；在经济新常态下，去库存、去产能、去杠杆进程仍在继续，这给一些产业和企业带来了转型的阵痛。面对错综复杂的国内外环境，中央坚持稳中求进的工作总基调，创新宏观调控方式，以全面深化改革促发展、调结构、惠民生，赢得了来之不易的成绩。总的看，经济增速符合预期目标，当前经济运行在意料之中，仍处合理区间。

印刷业作为新闻出版产业的重要组成部分，其发展态势与我国宏观经济的走势息息相关。2014—2015年度，印刷业受我国宏观经济增速放缓的影响，增长速度呈继续回落态势，但从整体上看仍在合理区间范围内，并保持了稳中有进、提质增效、绿色发展的良好势头。

一、2014年印刷业发展基本情况

2015年7月15日，国家新闻出版广电总局发布了《2014年新闻出版产业分析报告》（以下简称《报告》）。《报告》显示，2014年全国出版、印刷和发行服务实现营业收入19 967.1亿元，同比增长9.4%；利润总额1 563.7亿元，同比增长8.6%。其中，印刷实现营业收入11 692.8亿元，增长6.0%；利润总额813.3亿元，下降4.5%。印刷实现营业收入在新闻出版业中的占比为58.6%，比上年度降低2个百分点。全国黑白印刷产量3.2亿令，较2013年降低3.0%；彩色印刷产量25.3亿对开色令，降低1.2%；装订产量3.2亿令，降低11.1%。

2014年，我国印刷业深化改革、调整结构，克服不利因素的影响，取得了一定的成绩。

（一）企业转型升级初见成效，劳动生产率大幅提高

回顾近年来我国印刷业的发展情况可以发现，印刷企业数量却基本保持稳定，印刷业从业人员数量甚至出现下降趋势，这表明我国印刷企业正在告别以往劳动密集型的粗放式增长模式，劳动生产率大幅提高。

（二）大型骨干企业发展稳健，产业集中度稳步提升

目前，我国年产值超过10亿元的大型骨干印刷企业已经超过40家，我国印刷业正在逐步形成以骨干企业为引领，中小企业特色发展为补充的良好发展态势，产业集中度稳步提升。

（三）中西部印刷业发展提速，产业区域结构更加合理

改革开放以来，我国印刷业的发展长期集中于东部沿海地区，特别是以广东为代表的珠三角地区和以上海为引领的珠三角地区，这在带动我国印刷业实现跨越式发展的同时，也拉开了我国区域间印刷业发展的差距。近年来，在沿海地区印刷业保持平稳增长的同时，中西部地区印刷业发展开始提速，呈现出良好的后发优势。

（四）数字印刷高速增长，印刷数字化进程加快

数字印刷的快速发展充分体现了我国印刷企业在传统印刷业务增速趋缓的情况下，积极探索新兴业务增长点的努力。特别是，随着移动互联网等新兴技术的发展，业界充分利用数字化印刷技术的特点，将其与云存储、电子商务、按需出版等技术相结合，进行了大胆的商业模式创新，涌现出了长荣健豪云印刷、商印在线、江苏凤凰云平台等一批基于互联网开展业务的新型印刷技术，印刷业数字化进程明显加快。

（五）绿色印刷稳步推进，行业环保意识显著提高

截至2014年底，我国共有621家印刷企业通过绿色印刷认证，全国中小学

教科书基本实现绿色印刷。在出版物绿色印刷稳步推进的同时，国家新闻出版广电总局、环保部等联合发布了《关于票据票证实施绿色印刷的通知》，进一步扩大绿色印刷实施和推进的范围。为了切实解决行业企业推进绿色印刷中的实际问题，在国家新闻出版广电总局的努力下，财政部在2013年和2014年连续两年从中央文化产业发展专项资金中拿出近5亿元对绿色印刷企业进行专项扶持。在环保问题日益受到社会关注的情况下，绿色印刷的稳步推进，极大地提高了行业企业的环保意识，带动了印刷企业的转型升级。

二、印刷业发展面临的挑战

必须看到，我国印刷业面临着一些深层次的问题和挑战，特别是当前国际经济的不确定性和我国经济新常态下增速回落的压力，为印刷业的未来发展带来了挑战，具体体现在以下几个方面。

（一）关联产业发展放缓，部分印刷企业出现经营困难

印刷业是典型的加工服务型行业，其发展受上游产业影响显著。近年来，随着我国经济进入"换挡期"，部分上游产业发展趋缓，这对印刷企业的市场拓展造成了直接的影响。出版业是印刷业重要的上游产业，据《2014年新闻出版产业分析报告》显示，2014年我国图书、期刊、报纸总印张数较上年度分别下降1.2%、5.7%、8.4%，这直接影响到了出版物印刷的市场规模，给相关企业的经营带来较大压力。同时随着电子、家电、酿酒等轻工产业增速放缓，为这些产业提供服务的包装印刷企业同样无法回避市场需求下降的问题。因此近年来，部分印刷企业遇到较大的经营困难，有的甚至出现破产倒闭的情况，其中不乏个别大中型印刷企业。

（二）环保要求日趋严格，印刷企业面临较大压力

随着雾霾等环保问题日益受到社会关注，加大环境保护和治理力度已经成为举国上下的共识，国家有关部门和部分地方政府陆续出台一批更为严格的环

保法规和标准,对工业企业的环境污染问题进行限制和处罚,这在短期内对包括印刷企业在内的工业企业带来了较大压力。例如,2015年7月1日,北京市地方标准《印刷业挥发性有机物排放标准》正式开始实施,标准对印刷业挥发性有机物的排放限值进行了严格限定,被称为全球印刷业最严格的排放标准。而在此之前,印刷业已经被列为北京市环保检查的重点行业,数十家企业因为废气排放不达标受到环保部门的处罚。

(三)新型商业模式探索进展缓慢,转型升级任重道远

在移动互联网时代,加快商业模式转型升级已经成为传统行业谋求可持续发展的重要举措,印刷业在这一方面也进行了一定探索,但从目前来看,尚处于起步阶段,成效并不明显。一些以印刷企业为主导进行的商业模式创新,如云印刷、按需出版、印刷电商等,基本上仍是概念大于行动,部分项目虽然付诸实施,但进展缓慢,与预期效果差距较大。在传统商业模式受到挑战的情况,印刷企业急需脚踏实地,打破固有思维模式的局限,进行商业模式的大胆创新,以加快转型升级的步伐。

(四)产能过剩问题依然突出,产业结构仍需优化

产能局部过剩是困扰我国印刷业多年的"老大难"问题。尤其是在低端黑白、彩色印刷加工领域,产能过剩现象突出,相关企业为了在有限的市场空间内立足,不惜大打"价格战",这破坏了印刷业的产业生态,影响到了行业的可持续发展能力。近年来,随着新常态下经济增速的回落,部分低端印刷产能被挤出市场,但从整体上看,印刷业产业结构需要进一步优化,以改变当前低端产能严重过剩,高端产能尚有不足的局面。

三、关于我国印刷业发展的建议

面对当前国内外经济环境和我国印刷业自身的产业现实,如何在既有成绩基础上继续推进印刷业发展,以服务于国民经济的大局已经成为摆在有关政府

部门和业内人士面前的一道"必答题"。2015年7月,习近平总书记在东北调研时指出,中国经济形势和运行态势总体是好的。经济发展长期向好的基本面没有变,经济韧性好、潜力足、回旋空间大的基本特质没有变,经济持续增长的良好支撑基础和条件没有变,经济结构调整优化的前进态势没有变。新的增长点正在加快孕育并不断破茧而出,新的增长动力正在加快形成并不断蓄积力量。经济发展前景仍然广阔,对此一定要有信心。这一判断对印刷业同样具有重要的指导意义,建议可以从以下几个方面推进我国印刷业的进一步持续、平稳发展。

(一) 进一步加大扶持力度

近年来,有关政府部门出台了一系列政策措施引导印刷企业加快转型升级步伐,促进产业结构的调整与优化。面对当前复杂的产业形势,建议有关部门进一步加大对印刷企业的扶持力度,通过政策扶持和资金支持,对印刷企业进行分类指导,激发市场活力,鼓励大型企业进一步做大做强,增强国际竞争力,鼓励中小企业找准定位,特色发展。针对部分印刷企业遇到的暂时性经营困难,建议有关行业主管部门、行业协会协调有关财税部门,落实国家有关扶持中小企业发展的政策措施,给予必要的融资支持和税收减免,以坚定行业信心。针对当前行业普遍关注的环保问题,建议有关行业主管部门、行业协会加强与环保部门的沟通协调,如实反映印刷业的排放情况,为印刷企业的环保改造争取良好的外部环境。

(二) 加快商业模式创新的步伐

2014年8月,中央全面深化改革领导小组第四次会议审议通过了《关于推动传统媒体和新兴媒体融合发展的指导意见》,习近平总书记就推进传统媒体和新兴媒体融合发展发表重要讲话。2015年4月,李克强总理在政府工作报告中提出,要"制定'互联网+'行动计划,推动移动互联网、云计算、大数据、物联网等与现代制造业结合,促进电子商务、工业互联网和互联网金融健康发展,引导互联网企业拓展国际市场。"媒体融合和"互联网+"是在互联网技术飞速发展的背景下,中央对新闻媒体、制造企业转型升级提出的重要要求和战略部署。印刷业是新闻出版业的重要组成部分，是媒体产业链中不可缺少的重要环节，同时印刷业又是现代制造业的重要组成部分。因此印刷企业要利用媒体融合和"互联网+"的历史机遇，利用国家的相关扶持政策，积极采用移动互联网、云计算、大数据、物联网等高新技术，推动云印刷、按需出版、定制印刷等新型商业模式的"落地"，切实实现企业转型升级。

（三）充分利用资本市场加快自身发展

印刷业是新闻出版业中市场化程度最高的领域之一，但大部分印刷企业资本意识落后，长期秉承自我积累，缓慢成长的"作坊式"发展模式。随着我国资本市场体系的不断完善和移动互联网时代的到来，这一模式已经很难适应市场竞争和企业自身创新发展的要求。根据当前的社会和行业形势，建议具备条件的印刷企业，特别是立志于创新发展的新型印刷企业充分利用天使投资、风险投资、上市融资等现代资本手段，建立符合资本市场要求的股权结构和内部管理机制，以加快企业自身的发展速度，为新型商业模式的落地实施提供充足的资金支持，在这一方面，互联网行业已经为众多传统产业树立了榜样。

（四）引导过剩印刷产能平稳退出

当前印刷企业面临着技术变革、商业模式创新、环保政策趋严、产能过剩压力加大等众多考验，大多数企业单凭一己之力很难做到妥善应对，并顺利实现转型升级。建议有关政府部门、行业协会、大专院校和科研院所通过专项研究和专题报告，为印刷企业应对相关问题提高全局性、方向性指引，帮助企业克服转型升级中的盲目性。同时，针对"去产能化"带来的行业阵痛，有关部门要通过宣传引导，帮助行业企业和从业人员树立正确认识，克服恐慌心理，并引导有关企业妥善处理产能退出过程中可能出现的各种社会问题，保证过剩产能的平稳退出，以为印刷业未来的持续、平稳发展奠定良好的基础。

（刘成芳　张羽玲　中国新闻出版研究院）

第六节 2014~2015出版物发行业发展报告

一、2014年出版物发行业的基本情况

(一)宏观政策环境向好,图书发行业积稳中求进

近年来,国家新闻出版广电总局多措并举,大力推动出版物市场繁荣发展。全民阅读写入中央文件,各地读书节、读书月等活动蓬勃开展;国家累计投入财政资金上百亿元实施农家书屋等文化惠民工程,城乡居民人均纸质图书阅读量不断增加,有力地拉动了图书消费市场。税收优惠政策落地,从2013年1月1日至2017年12月31日,图书批发、零售环节免征增值税,对国有书店和民营书店、大型书城和中小书店实现了全行业普惠。财政扶持力度加大,2013年财政部首次安排实体书店奖励资金,12个城市的56家特色实体书店获得9 000万元资金支持;2014年奖励范围扩大到12个省,共获得奖励资金1.185亿元。中央奖励政策的出台,带动了地方扶持政策,北京、天津、上海、江苏、浙江、安徽、福建、广东、广西、四川成都等地相继出台了对实体书店的资金奖励、政府补贴、贷款贴息、租金减免等扶持措施。

在市场需求日趋旺盛和宏观政策利好的刺激下,发行业抓住机遇,不断推动经营创新、服务创新,一批重点企业加快壮大,行业引领作用更加明显;实体书店积极探索转型发展,多元经营和特色经营方兴未艾;网上书店继续保持高速增长,线上线下加快发展融合;发行网点数量再创新高,提前完成"十二五"规划目标;物流基础设施进一步完善,逐步由传统出版物流向现代综合物流转变。经过前两年的不断调整、积累,发行业呈现出良好的发展态势,并在刚刚过去的2014年得到了充分显现。

（二）市场主体不断壮大，出版物供给进一步增强

近年来，国家新闻出版广电总局致力于通过深化改革推动发行企业发展壮大，打造一批主业突出、核心竞争力强的骨干发行企业。一批重点骨干发行企业在坚守主业的同时，有效整合资源，大力实施跨地区、跨行业、跨所有制兼并重组，向建立综合性的大型现代新闻出版传媒集团迈出了坚实的步伐。

（三）实体书店主动转型，大型书城多元化经营和中小书店特色化经营呈现亮点

近年来，由于互联网技术的迅速发展，人们阅读习惯、消费习惯发生改变，电子书、网上书店对传统实体书店形成了较大冲击，加之经营场所租金、人员成本等不断上涨，造成实体书店经营困难，一度出现下滑萎缩。面对这一现状，政府不断加大扶持力度，同时一批实体书店开始在商业模式、经营方式上积极创新，找准市场需求和自身定位，将图书品种完善、卖场环境优化、多元业态经营、文化创意融合、商业地产合作等作为转型升级的重点。我们可以看到，尽管实体书店数量有所减少，一些书店退出了市场，但一批知名书店连锁经营增加，实力得到进一步壮大。

国有大型书城积极创新，如深圳书城以书业为核心，复合多种业态模式，实现了集阅读学习、聚会交流、文化休闲、创意生活等功能于一体，将传统的图书卖场变成城市公共文化生活中心，有力地促进了主营业务的发展。我们看到，大型书城的销售增长在2014年呈进一步加快的趋势，根据有关监控数据，2014年全国实体书店零售同比增长3.26%，而一线城市大型书城的零售增幅则超过了8%。

由于政府加大扶持力度，全行业信心得到有效提振，一批特色民营书店加快发展。北京字里行间书店、上海钟书阁书店、南京先锋书店、苏州猫的天空之城概念书店、杭州晓风书屋等相继开设多家门店，加快发展步伐，并以其先进的经营理念、独特的文化定位和优质的产品服务赢得了读者的口碑。2014年年初BBC公布全球最美十大书店，南京先锋书店名列其中，向全世界展现了中国书店的崭新形象。同时，以三联书店为代表的一批24小时书店兴起，为城

市的夜晚增添了文化亮色。总体来看，以满足读者一站式文化体验的大型书城多元化经营模式和基于精准读者定位的中小书店特色化经营模式已初见成效。

（四）网上书店继续保持高速增长，线上线下加快融合发展

当当网、京东商城、亚马逊继续保持网上书店销售前三强的位置，其出版物销售占整个网上书店销售额的45.9%。通过分析我们可以看到，随着互联网技术的快速发展，传统发行单位触网热情高涨，积极拓展线上业务，全国511家网上书店当中，大部分为传统出版发行单位开办。四川文轩在线、浙江博库网络两家新华书店背景的网上书店销售额已仅次于传统的三大电商。

由于电商前几年处于快速增长的扩张阶段，对市场占有率的追求在一定程度上超过对利润率的追求，导致一些电商企业盈利水平较低。近期电商的整体发展策略已经从单纯的自营业务向自营业务和平台业务相结合转移，通过与传统出版发行单位合作，降低自营出版物业务带来的品种多、毛利低、仓储负担等风险。如京东、亚马逊等传统自营电商通过建立开放平台，已经吸引了众多出版发行单位入驻，促进了电商与出版社、实体书店的互相植入、共赢发展。当当网计划未来三年在全国开办100家实体店，形成完整的线上销售和线下体验产业链。一些电商开始与实体店、便利店合作，探索"网订店取"、"网订店送"等模式。总体来看，网上书店与传统书店不是此消彼长，而是此长彼长，电商和传统发行企业加快融合已经成为出版物发行业的大趋势。

（五）城乡发行网点建设进一步加强，公共文化服务功能有效提升

网点建设特别是基层农村发行网点建设，是保障群众基本文化权益、满足群众就近购书需求的重要手段。在农村网点建设中，国有新华书店发挥了积极作用，大部分新华书店实现了全省连锁，对网点规模扩展、服务功能升级形成了有效促进。浙江新华农村"小连锁"网点已达300余家，销售额超过8000万元，并实现了"就近付款"、"半小时送到"；安徽"新华便民店"已建成242家，年销售额2000余万元；江苏新华依托农家书屋建成200家"农家书店"，计划3~5年覆盖全省中心乡镇；湖南新华在全省100个市州县配备了流

动售书车，已累计下乡销售出版物 4 000 余万元。

与此同时，越来越多定位准确、形式多样的社区书店、校园书店、机场书店、超市书店、邮政书店相继建起，为不同人群购书提供了便利。在增加销售的同时，书店积极开展活动。遍布城乡的发行网点已经成为提升公共服务、推动全民阅读的重要场所。此外，发行企业借助新闻出版"走出去"的政策支持，主动到境外开设网点，如福建新华发行集团已在海外设立了 13 家新华书店分店；昆明新知集团在东南亚和南亚地区建设了 7 家华文书局，成为新闻出版走出去的重要平台。

（六）物流基础设施建设进一步完善，正在由传统出版物流向现代综合物流升级

出版物物流业正逐步由以储运为主的传统型出版企业物流向现代物流企业转型。如四川新华文轩正在建设总面积 20 万平米的"西部文化物流配送基地"，一期工程已竣工验收，并已与国际物流业巨头敦豪（DHL）、国内的京东等企业达成合作，在满足自身业务的同时，积极面向市场开发第三方物流业务。近期国务院出台了一系列关于促进物流业发展的文件，完善基础设施、整合各方资源、加强网络建设，将对传统发行企业加强出版物配送能力、提升综合物流服务水平起到重要的推动作用。

二、2015 年及未来一个时期出版物发行业发展趋势

（一）简政放权、宽进严管促进发行业的进一步发展

随着我国行政体制改革不断深入，特别是 2014 年以来，国家提出了简政放权、降低企业准入门槛、宽进严管、加强事中事后监管的管理工作新要求，出版物发行管理工作不断面临新情况、新变化、新课题。2013 年，国务院取消了国家新闻出版广电总局对总发行单位的审批权，2014 年取消了对连锁经营单位的审批权，并将出版物批发、零售单位由前置审批改为后置审批，也就是由"先证后照"变为"先照后证"；同时，行政体制改革涉及面广，如工商管理

关于注册资本登记制度改革等与出版物发行管理密切相关，这给发行业管理带来了非常大的变化。

党的十八届四中全会提出依法治国的战略部署。面对行政体制改革、行业发展的诸多新情况，2015年我们将修订出台新的《出版物市场管理规定》，重点是落实简政放权、宽进严管的要求，对不适当的内容作出调整，科学制定衔接、配套措施：一方面要对发行企业的设立条件进行调整，降低行业准入门槛；一方面要强化后续监管，明确责任，提出有效监管措施，避免出现管理真空。通过不断完善法规和制度建设，实现在法治环境下发行业的健康发展。

(二) 制定"十三五"规划，重点推动基层发行网点建设

2015年是"十二五"收官之年，要对"十二五"各项目标完成情况进行评估，并在充分调研、论证的基础上提出"十三五"规划，其中重点是网点建设规划。"十二五"规划提出每千人拥有网点数0.13个的目标已基本实现，但网点建设仍然存在布局不合理的问题，城镇网点多，农村网点少，一部分群众买书难的问题还存在。基层发行网点不仅开展经营，也承担着公共文化服务功能，是满足基层群众精神文化需求的重要场所。我们将继续推广浙江"小连锁"等经验，推动发行企业不断提高物流配送和信息化水平，为拓展农村网点练好内功，打好基础。同时，我们将和有关部门积极沟通，并鼓励新华书店等发行企业依托供销社、邮局、万村千乡超市、农家书屋等，拓宽农村发行渠道。

2015年，我们将继续争取扩大实体书店奖励政策的范围，推动更多省区市出台实体书店扶持措施，为实体书店发展和网点建设提供更好的政策环境。此外，按照国家关于加快发展流通业的有关精神，进一步落实三部委《关于加强城乡出版物发行网点建设的通知》，积极参与城镇新建社区相关政策、标准的制定，研究社区书店的扶持措施。

(三) 推动网上书店发展，规范网上书店经营行为

网上书店已经成为发行业的一支重要力量，特别是对城市年轻人具有重要的影响。2014年，国家新闻出版广电总局召集几家主要网上书店负责人进行了

座谈，建立了有效的沟通机制，效果很好。我们明显感到，随着网络发行的不断发展，价格战的乱象正逐步消退，网上书店对于净化市场环境、规范行业秩序的呼声越来越高，主动加强与管理部门沟通，建立完善自身监管机制，听招呼、守规矩的自觉性越来越高。这对推动发行业的健康发展具有积极的意义。下一步，将推动大型网上书店进一步做大做强，提高质量效益和服务水平，鼓励大型网上书店与新华书店等在区域配送、平台共享、网点共建等方面开展合作，特别是要鼓励网上书店向中小城镇和农村延伸服务，提高在农村地区的发行配送能力；同时将加强监管，指导完善平台建设，规范网上书店经营。此外，随着移动互联网的快速发展，移动互联网用户已经超过PC用户，一些出版发行单位已经开始利用微信等移动平台进行营销，对此我们也将给予关注，及早研究其发展趋势、特点和应用模式，提出应对的管理措施。

（四）办好第25届全国图书交易博览会和其他行业展会，推动全民阅读的开展

全国书博会伴随着我国改革开放诞生，至今已成功举办24届，从最初单一的图书展销订货，发展成为集出版物成果展示、出版物展销、信息交流、业务研讨、倡导阅读等多功能于一体的综合性文化盛会。2014年8月，第24届全国书博会在贵州成功举办，共展出各类图书50多万种，实现订货码洋13.26亿元，吸引了45万人次观众到场。此外，2014上海书展7天时间主分会场实现零售7 029万元，入场观众40余万人次，共开展了700余项阅读文化活动。这些数据充分展现了行业展会的价值。2015年，第25届全国书博会将在山西举办，我们将认真策划组织，力争办成一届高质量的展会，通过书博会更好地推动举办地文化建设，推动全民阅读的开展。

促进出版物市场繁荣发展，是建设文化强国、提升全民素质的重要内容。习近平总书记讲，"我最大的爱好是读书"。李克强总理在视察晓风书屋时讲到，"纸质书仍是我们文化的象征，永远会有市场"。作为行业管理部门，我们将不断深化改革，力争为行业发展提供更加良好的政策环境、规范的市场秩序和优质的管理服务，和全行业一道共同促进发行业的健康持续发展。

（谭汶　国家新闻出版广电总局）

第三章 专题研究报告

第一节　建设数字移动多媒体出版企业的探索与实践

推动传统媒体和新兴媒体融合发展，是党中央着眼巩固宣传思想文化阵地、壮大主流思想舆论作出的重大战略部署。对出版业来说，这既是履行社会责任的需要，也是自身生存发展的需要。出版企业应抓住当前的重大战略机遇期，准确把握融合发展趋势，充分发挥自身优势，积极利用先进技术，加快推动传统出版和新兴出版融合发展，努力实现转型升级和可持续发展。

一、牢牢把握出版融合发展的新趋势

推动传统出版和新兴出版融合发展，既是一场重大而深刻的变革，又是一项长期而艰巨的战略任务，必须在准确把握自身定位和客观形势的基础上，制定科学合理的战略目标。从近年来出版业转型升级和新兴媒体发展的实践看，当前及今后一个时期，传统出版和新兴出版融合发展将呈现以下趋势：

（一）优质内容是融合发展的核心要素

出版业的主要功能是收集、整理、编辑和传播内容，从而达到记录历史、传承文明、传播文化和满足人民群众精神文化需求的目的。新兴出版是基于新传播载体的一种信息传播的新形式，但其本质依旧为信息的搜集、整理、编辑和传播。如果没有优质内容作为基础，不管形式再多样、技术再先进、传播再快捷，新兴出版就会丧失赖以生存的根本。因此，无论是传统出版还是新兴出版，都必须把自身定位在优质内容的服务和提供商上，始终把对内容资源的获取、筛选和价值提升能力作为自身的核心竞争力，以内容优势赢得发展优势。

（二）数字出版是融合发展的重要方向

作为出版业与高新技术相结合产生的新兴出版业态，"十一五"以来，数字出版以其存储海量、搜索方便、传输快捷、成本低廉、互动性强、环保低碳等特点，已经成为新闻出版业的战略性新兴产业和出版业发展的主要方向。据统计，2006—2013年，我国数字出版产业收入规模从213亿元增长到2 540.35亿元，增长了10.93倍，年均增长43.09%。在传统媒体与新兴媒体融合发展的时代背景下，数字出版作为新闻出版与科技融合的典型形态，将进一步得到政府的高度重视和大力扶持，获得前所未有的巨大发展空间，成为传统出版业转型升级的主要方向。

（三）移动互联是融合发展的主要平台

近年来，随着移动互联技术的突破性发展，互联网用户和上网设备逐渐向以手机为代表的移动互联网迁移。据2015年2月发布的《第35次中国互联网络发展状况统计报告》，截至2014年12月，中国网民规模达6.49亿人，其中手机网民5.57亿人，占比由2013年的81.0%提升至85.8%，手机即时通信工具使用率首次超越传统PC。移动互联网的迅猛发展，极大地提高了用户对移动智能终端的使用频率和黏性，对数字出版产品的消费起到有力的带动作用。2013年，我国手机出版的收入规模为579.6亿元，占数字出版产业整体收入规模的23%，是拉动数字出版产业收入的主力军。移动互联网的进一步发展，无疑为传统出版转型升级提供了更加开阔的思路和新的方向。

（四）多媒共存是融合发展的长期态势

我国社会、文化和经济发展处于初级阶段的特殊性和读者群体的多样性，决定了在相当长的时间内，传统出版和新兴出版将共同存在、融合发展，而不是相互取代。特别是随着国家对融合发展的政策引导、互联网发展产生的推动和出版人思想观念的转变，传统出版将继续平稳增长，新兴出版将迎来亮点频出的发展期。这就意味着，各种介质的出版物将长期共存，各自拥有一定的读者和市场。与此同时，新兴技术的发展，将极大提升人们对阅读品质的要求，集内容文字、图像、音视频于一体的富媒体形式将成为移动阅读的主流。这就要求出版单位必须采取多媒体化的展示方式，实现内容产品从可读到可视、从静态到动态、从一维到多维的升级融合，满足多终端传播和多种体验的需求。

二、积极探索转型升级之路

"十二五"以来，面对网络和数字技术给传统出版带来的巨大冲击，浙江出版联合集团紧紧围绕浙江省委提出的"建设全国重要的数字移动多媒体出版企业"的目标要求，坚持一手抓内容建设、一手抓技术建设，对内整合资源，对外加强合作，在运用先进技术改造传统出版、促进出版与科技融合方面进行了积极的探索和实践，取得了初步成效。

（一）加强内容建设，努力提升核心竞争力

从2010年起，每年投入1 000万元专项资金扶持重点出版物和少儿、文教、生活、经管、文学、艺术等"六大产品线"建设，共计投入资金4 022万元，扶持164种（套）出版物。2010—2014年，集团图书出版品种从5 907种增长到8 549种，年均增长9.68%，其中新书品种从2 248种增长到4 147种，年均增长16.54%；有2种图书获全国"五个一工程"奖，14种出版物获中国出版政府奖（提名奖），15种出版物获中华优秀出版物奖（提名奖），获奖数名列全国前茅；集团版图书全国零售市场份额由2010年的1.58%上升到2014年的2.71%，由全国第12位上升到第8位，少儿类、经管类分别位居全国图书细分市场占有率排行第一、第四，少儿社连续12年保持国内少儿图书市场占有率第一。

（二）加强资源整合，扎实推进数字出版业务

2009年，集团成立数字传媒公司，整合全集团传统出版资源开展数字出版业务。目前，集团全品种存量图书数字化工作已经基本完成，集团数字出版的管理制度与运作体系初步建立，与新媒体产业链的各方，包括运营商、技术

商、新媒体渠道实现了有效对接，对数字出版的赢利模式与市场化运营的方向也有了成功的探索，建立了"博库数字内容出版与投放平台"、"本唐在线出版服务平台"、"博览数字资源管理系统"、"集文网"等多个数字出版平台，在数字阅读、数字教育、特色数据库等数字出版领域取得了积极进展。特别是通过与中国移动阅读基地合作，无线运营业务持续增长，已占到销售收入的60%，在与中国移动阅读基地合作的出版类公司中排名第一。

（三）加强技术建设，大力发展图书电子商务

博库网自2011年组建运营以来，通过升级改造，形成了官网、商城直营店、联合运营、分销、批发及电子书等六大平台有序高效运营的经营格局，注册用户超过1200万，可向用户提供超过60万种出版物的信息检索预订，30多万品种出版物的现货库存供应，已经成为国内目前可供品种最多的网上书店，销售规模从2011年的3000万元增长到2014年的7.6亿元，居专业图书销售网站第四位，年均增幅达194%。与此同时，加强对浙江新华书店网的建设和运行管理，不断提升网络中盘供货服务能力，与中国移动共建"移动书城"并为其提供移动购书服务，为亚马逊中国、京东商城、当当等多个知名购书网站提供"网络中盘"服务，2014年，在众多出版社和中盘分抢三大购书网站供货份额的情况下，实现了1.3亿元的供货量。

（四）加强产业协作，积极推动多媒体互动

集团数字传媒公司积极与集团内各图书出版社开展合作，在开辟集团版生活类图书线上发布阵地、幼教类读物线上线下联动等方面进行了有效实践。浙江文艺社与民营图书公司合作，启动优质内容全媒体运营，实施"中华史全媒体文化工程"、"陈丹燕·旅行绘"等新媒体项目。浙江摄影社与山东画报社合作打造"简摄影"系列电子书，开发与纸质版同步推出的《浙江画报》ios客户端。浙江电子音像社通过为浙江网络电视定制"品质生活"、"戏曲天地"等栏目内容，使付费点播等新媒体渠道销售收入成为新的经济增长点。浙江省期刊总社通过与阿里巴巴合作，《天下网商》全媒体传播平台建设取得阶段性成效，累计拓展直接目标用户超过200万，间接辐射人群近300万，所开发的

创新产品累计服务小企业客户 20 余万家。

三、加快建设数字移动多媒体出版企业

近年来我们在转型升级方面进行了积极探索，取得了有效进展，但也清醒地认识到，同中央提出的融合发展要求和省委提出的建设"全国重要的数字移动多媒体出版企业"目标相比，还存在相当大的差距，主要表现在以下三个方面：在内容建设方面，有效新书品种增长乏力，有全国影响的畅销书偏少，尤其是严重缺乏拥有信息网络传播权、适应新兴媒体传播特点的内容资源。在技术支撑方面，对新技术了解掌握不够，研发应用还很滞后，尤其缺乏具有重大产业带动作用和市场联动效应的技术平台，严重制约了内容资源的深度开发和综合利用。在管理体制方面，传统出版机构和新兴出版机构分散经营，处于传统出版建设新兴出版，或传统出版和新兴出版互动发展的阶段，各种资源和生产要素还没有深入融合形成合力，等等。这些问题，严重制约了传统出版与新兴出版融合发展。我们将紧紧抓住当前的重要战略机遇期，采取针对性措施，着力加以解决，努力把融合发展提升到更高水平。

（一）坚持以内容建设为根本，加大对优质内容资源的投入、掌控和开发力度

首先，加大对传统出版内容建设的投入，通过制定重点项目和产品线建设三年规划，实施每年对重点项目和重点产品线建设的扶持政策，出版更多的精品图书，进一步提升出版能力和出版品质。其次，完善奖励政策，有效提升出版单位和编辑人员的数字版权意识，储备和掌控更多的优质数字版权资源。其三，在继续推进集团全品种数字样书库建设的同时，以"浙江文化资源库"、"中华史全媒体文化工程"、"美丽中国图文数据库"等重点项目为抓手，分类整合优质出版资源，有选择地将内容资源结构化、碎片化，按主题进行标引，建立各类以内容管理为基础，以知识节点为关联，支持全文检索、数据挖掘、内容重组和多途径出版的内容资产库，实现对内容资源的全面管理，充分挖掘

出版业的内容价值，满足数字时代碎片化阅读、主题性阅读和定制推送的要求。其四，围绕集团的优势板块，推动集团内各出版社从选题策划源头就谋划数字内容的生产，策划和打造全媒体出版项目，提升内容资源的服务能力，逐步实现从优秀图书生产能力向优质数字内容生产能力的延伸，从图书生产商到数字内容提供商的转型。

（二）坚持以技术建设为支撑，积极探索多媒体出版、多介质呈现、多渠道传播的一体化发展路子

着力抓好四大平台建设：一是博库全媒体文化传播平台。该平台建设以博库网为基础，整合集团及其他出版商的优质数字内容资源，集聚品种全、质量高、可信赖的多形态出版物，实现纸书、电子书、按需印刷、按需出版全业务覆盖，并积极拓展文化类延伸产品的电子商务应用，努力成为国内最专业的文化产品服务平台。

二是在线教育服务平台。该平台集教材、资源库、作业系统、测评系统、教学工具、在线学习等功能于一体，积极探索数字教育资源集成化服务与运营，努力发展成为基础教育全面解决方案的提供商和服务商。

三是文化物联平台。该平台建设以目前浙江省新华书店集团物流系统为基础，利用物联网新技术，运营各类文化产品的物流分发、售后服务和培训应用，是实现智能化识别、定位、跟踪、监控和管理的智能网络系统。

四是出版物目录信息平台。该平台建设通过统一行业出版物数据标准，以最小的成本、最快的速度整合行业出版物数据资源，建立动态开放的出版信息总数据库和分类数据库，连接出版、发行、传统零售、网店、图书馆各系统，实现全国出版物流通渠道乃至全出版行业信息资源的共享。

通过上述四大平台建设，构建覆盖全媒体、贯通全流程、面向多领域的网络平台，为融合发展提供坚实有力的支撑。

（三）以机构重组为突破，推进内容、渠道、平台、经营、管理等方面的深度融合

我们将充分发挥"博库"品牌效应，以博库网为基础，整合集团内的文化

电子商务、数字出版和电子音像出版等业务,组建成立博库文化传媒集团。博库文化传媒集团将基于互联网思维,创新体制机制,引入战略投资者,建立与数字全媒体出版产业链相适应的新型业务架构。争取经过两三年发展,成为一家具有行业影响力和品牌知名度,贯通数字出版、按需印刷、电子商务全产业链,销售额超过20亿元的互联网企业。争取到"十三五"末,浙江出版联合集团基本形成完整的数字出版产业链、基于互联网和移动终端的新媒体板块,数字出版产业链营业收入在集团营业总收入中达到20%以上,真正成为全国重要的数字移动多媒体出版企业。

(童健　浙江出版联合集团有限公司)

第二节 "数字凤凰"的打造与思考

近年来,江苏凤凰出版传媒有限公司集团(以下简称凤凰集团)一直将"数字化战略"作为重要的企业发展战略,提出了建设以数字技术为基础的创新型文化领军企业,打造"数字凤凰"的目标。

一、借力网络,为书籍插上飞翔的翅膀

当前数字化阅读终端设备日益普及,越来越多的读者习惯阅读电子书,出版单位数字化转型的首要工作就是将原有的纸质图书转化为电子书,向读者进行发布。凤凰集团在这方面做了大量的工作。一方面,集团所属各出版社积极梳理适合数字阅读的图书,获得数字版权,并在纸质图书照排文件的基础上转换成为适合电子阅读的数字文件。集团也统一建设了图书内容资源库,为出版社保存图书电子文件、进行文件转换提供方便易用的平台和软件工具。另一方面,积极拓宽发布渠道。纸质出版时代,书店是最主要的发布渠道,到了数字化时代,大型电信运营商、大型互联网平台作为发布渠道都成为出版社的"利益相关方"。集团在此方面积极拓展,首先与移动、电信、联通三大电信运营商的江苏公司都建立了战略合作关系,借助对方渠道进行内容发布。集团多家出版社先后接入三大电信运营商的阅读基地。经过集团整体协调,还在中国联通沃阅读上开设了"凤凰阅读"专区,同时整体接入中国移动动漫基地,这两项举措在全国出版集团中都是第一家。同时,集团多家出版社还接入了网易云阅读、腾讯文学、亚马逊、当当电子书、京东书城等互联网渠道。

2014年7月,凤凰集团与电信运营商的合作又有大动作。在中国电信对增值业务企业的混合所有制改革中,凤凰集团作为唯一一家传统出版企业,参股天翼阅读公司,股权合作使得集团与电信运营商的关系更加紧密。

工作方法的创新，发布渠道的创新，为集团传统出版打开了新天地，也使出版业所承担的弘扬主旋律、宣传社会主义核心价值体系职能有了更大的发挥空间。江苏人民出版社出版《如何是好》一书的过程是个很好的例子。《如何是好》是原江苏省政协副主席任彦申同志的新作。任彦申同志作为具有深厚学养的高级领导干部，《如何是好》一书是他继《从清华园到未名湖》、《后知后觉》两书后再度推出的力作，该书结合人生经历畅叙为官心得、处世之道，具有很高的思想价值和教育价值。但一般看来，由于作者的特殊身份及图书主题，这本书应更适合传统的纸质阅读人群，而很难与年轻人群密集，言情、玄幻、穿越小说满天飞的手机阅读挂起钩来。但出版社偏"反其道而行之"，将这本书电子版接入了中国移动手机阅读基地。一旦接进去，却发现效果超出预想。因为这本书的高质量和社会影响，移动阅读基地方面非常重视，将它列入了首发图书，在客户端和网站平台上进行了重点宣传。广大手机阅读读者也投以极大的兴趣，这本书上线三个月时间内，读者点击量已经突破110万，超过了很多原创文学图书的成绩。任彦申同志还应杭州师范大学邀请，为通过手机阅读这本图书的年轻学子进行了专场讲座。

手机阅读渠道的宣传、推广又进一步扩大了图书的影响，助推了纸质书的销售，形成良性循环。在实际阅读过程中，很多读者都是先从手机了解到这本书的信息，然后通过便捷的手机支付方式购买电子书；看完整本电子书后又觉得不过瘾，再特地到书店买一本纸质图书，以作收藏。借助于此，《如何是好》的销售成绩相比前两本又上了一个台阶。

党的十八大提出了"开展全民阅读活动"的部署，凤凰集团也一直思考如何将这项工作与数字出版有机结合，为数字化转型产生推动作用。近几年来，集团积极参与江苏省数字农家书屋建设，转换、提供了上万册适宜农村读者阅读的电子书，已经配置到上万家农家书屋。在此基础上，集团的数字出版专业机构凤凰数字传媒公司在省新闻出版局指导下，积极探索高效运用现代科技手段推动全民阅读落地生根，近期他们成功开发了数字农家书屋无线阅读系统，目前正在江苏省的数字农家书屋进行推广。

该系统由专用无线路由器、云平台、手机客户端、有奖读书模块等组成。首先，它大大提高了阅读的便利性。村民可以在农家书屋200米范围内免费登录无线网络，通过下载数字农家书屋客户端到手机，随时在线阅读或下载丰富的图书资源。而且，即使离开无线阅读系统的专用网络，村民依然可以在有无线网络的环境中通过农家书屋客户端阅读书籍、查找资料。

同时，系统中的有奖阅读模块能自动统计每一位用户的阅读时长，年阅读量排名前100位读者就能获得相应的阅读奖金，以此激发村民多读书、读好书。通过云平台，各村、镇农民用户的上网情况及客户端的使用情况都可以一目了然得到，政府主管部门因此能更好地掌握村民们的上网习惯、阅读兴趣等，相关数据可作为进一步推进农家书屋建设的重要参考。

研究凤凰集团服务数字农家书屋的方式，可以看出，这样的媒体融合、数字出版对出版企业确实是更上一层楼，它超越了电子书提供商的角色，而是充分地与技术结合，致力于为读者提供更好的数字化阅读体验和阅读氛围。无疑，它使得出版企业在数字化转型中更具有主动地位，更易占领产业链的制高点。

二、超越静态内容，向全方位媒体融合转变

纸质图书转成了电子书，还主要是静态文字、图片的组合。数字化阅读方式之所以吸引人，是因为它还提供了声形色兼备的展现方式，提供了即时、便捷的交互方式。因此，纸质书转成电子书只是媒体融合的第一步，更重要的是超越静态内容，向读者提供全方位的数字化出版物。

教育出版是凤凰集团的主业和传统优势，出版范围遍及基础教育、职业教育、幼儿教育，每年出版教育类图书上千种。在最核心的教材出版领域，全国每年使用凤凰版教材的学生超过4 000万。

当前教育领域的信息化已在全球范围内成为趋势，渗透到教学的各个环节，因此也对教育出版提出了更高的的要求，必须超越传统的纸质出版，开发与数字化技术密切融合的全新教育出版物。而且，相比于传统教育出版，数字化教育出版更应从建设创新型国家，提高民族长远竞争力着眼，在传播知识的同时，注重培养孩子的创新能力、探究能力、自主学习能力，这正体现了出版企业和出版工作者在新时代的使命和担当。

遵循这样的思路，集团数字出版专业机构与教材出版社合作，在凤凰版中

小学教材基础上，进行了凤凰数字化教材的开发。相比原有的教材，数字化教材堪称全新的升级版。

教材展现形式发生很大的变化。教材在电脑上看似呈现的还是纸质教材原貌，但点击进去却另有一番天地。作家将泰山日出的美景描绘得美轮美奂，而再在优美的文字上点一点，一段泰山日出的视频又会让你身临其境，对文字内容的体会又更深了一层；读到一段英语课文想听听标准的发音，在句子上点一点就能听到，自己想练练发音就对着电脑大声说，数字化教材还能对你的发音打分评判；复杂的理化生试验，看完教材上操作说明再点一点，就可以看到逼真的动画演示。

教材功能发生很大变化。数字化教材里面有笔记本、批注、资料链接等功能，自己的学习体会、课堂笔记、补充资料都可以结合到教材里面，真正变成学生的个性化教材。同时还可以在数字化教材的题库系统上做练习，系统根据学生的学习水平自动出题、自动批改。如果将数字化教材装到电子书包里，功能还会更强大，老师可以结合电子白板进行生动、形象的教学，师生、生生之间能够方便地进行分享和交互。

教材载体发生很大变化。首先是从纸质载体跃进到了电子载体，而在电子载体中，又不断顺应数字化技术的发展趋势，从原来的光盘版发展出网络版、PAD版，适应了数字化教学的多层次需求。

正是这样的与时俱进和创新，凤凰版教材在数字化时代更具生命力和活力。自凤凰版数字化教材推出以来，累计销售量已经超过2 000万套，并在全省近百所学校的电子书包教学试点中使用。

在职业教育出版领域，这样的创新依旧延续。职业教育的重要特点是专业门类繁多、操作性强，仅依靠文字教材进行教学总显薄弱。凤凰创壹公司通过联合职教领域教学专家，开发与教材密切结合的职业教育虚拟实训软件。在实际教学中，软件与教材得到了有机的整合，学生可以一边学习教材，一边在电脑前使用软件进行模拟操作，这显然已打破了传统教材使用的模式。按照凤凰职业教育出版团队的说法，我们现在出版的，已经不仅仅是教材了，而是职业教育数字化教学的整体解决方案。

回馈凤凰的，是来自领导和教育界的高度肯定。在全国职业院校学生技能作品展洽会期间，中共中央政治局委员、国务院副总理刘延东等领导专门观看了凤凰集团的职教教学平台。厦门凤凰创壹软件有限公司先后为江苏省58所国家级改革发展示范校建设了13个专业大类102门精品课程的数字化教学资源,在全省乃至全国范围内形成了示范效应。

学生的需求在变化,老师的需求同样也在变化,数字化时代老师更需要的是丰富、及时、个性化的数字化教学资源,但传统备课大全似的图书就要露怯了:书再厚,能承载的资源毕竟有限;图书出版周期通常是半年,最新的资源难以及时收录;不同层次学校教学资源的需求高度个性化,但图书作者、篇幅有限,难以顾及学校的个性化需求;最后,图书无法展现PPT、FLASH这样的数字化教学资源。因此,凤凰集团又通过建设教学资源网站学科网来推动转型。

借助数字化手段,学科网这样的资源网站解决了传统图书的难题,建立起数字化教育出版的新模式。学科网目前注册会员超过1 300万,其中的主体是学校的老师,网站同时还与全国近万所学校建立了合作关系。通过建立有效的激励机制,网站激发数量庞大的会员群体和合作学校创作、上传内容,拥有了海量的教学资源库,形成了数字化教育出版的活水。根据2015年2月的统计,学科网教学资源数超过400万套,总容量超过1.2万G,大约相当于6 000个2G优盘的容量;同时,还在以每天平均2000套的速度增加新资源。目前,学科网已经成长为全国最大的基础教育教学资源网站,并向几千所学校提供教学资源有偿服务。

三、做强产业实力,夯实转型根基

凤凰集团的转型工作从2008年开始全速启动,经过7年多持续不断的努力,在产业化方面取得了较为令人满意的成绩。根据对2014年情况的统计,集团目前数字出版从业人员超过1 500人,数字出版专业机构近10家,传统出版社都设立了数字出版部,数字出版年收入超过6亿元。这样的成绩主要来自于以下几个方面:

第一,在基础方面的大力投入。传统出版企业转型,首先遇到的障碍是数字化基础薄弱,更通俗的说法叫"缺少数字化基因",往往是要机构没机构,要技术没技术，要人才没人才。

因此，2008年集团首先组建了数字化中心，并与具有多媒体制作经验的电子音像出版社进行整合，形成了集团数字化建设的管理、协调机构和主要实施机构。还要求各出版社都成立数字出版部，直接推动本单位转型工作。并通过自建、合资、并购等方式，陆续组建了多家数字出版专业机构。

有了机构，再采用"两条腿走路"方式组织人才队伍。一方面，从原有出版单位抽调一批具有传统出版从业经验的同志，鼓励他们边学边干，积极实现他们自身的转型。另一方面，通过对外招聘、并购企业的方式，大力从外部引进专业数字出版人才，特别是出版企业最为缺乏的数字出版运营和技术人才。集团还开展多种层次的培训，促进数字出版人才成长以及他们与集团传统业务的融合。

"工欲善其事，必先利其器"，集团先后建设了中心机房、演播室，进行了网络设备改造，并购置了服务器、存储等多种设备。

第二，在数字出版领域的多元化发展战略。一些同行在转型过程中存在将媒体融合、数字出版片面理解为纸质书转电子书的误区，但凤凰集团一直坚持应创新性地从更广阔视角认识、理解媒体融合、数字出版，认为这样才有利于实现出版企业的根本转型。

因此，凤凰集团的数字出版工作没有作茧自缚，而是全面开花，多头并进。所涉足的领域既有与传统出版密切相关的电子书制作、电子书发布等领域，又有诸多看似离传统出版较远的领域，包括网站平台运营、视频运营、数据库建设、游戏等等。但万变不离其宗，这些领域结合的是凤凰集团的内容资源，彰显的是凤凰集团的品牌优势，强化的是凤凰集团的媒体融合能力。尤其重要的是，多元化的领域带来多元化的运营路线，使集团数字出版逐渐形成了成熟的商业模式。

第三，自建与并购相结合的建设路径。由于种种历史因素，相比行业外的互联网企业、IT企业，传统出版企业从事数字出版只能算是迟到者、后来者，因此要想快速转型、顺利转型，必须要有创造性的举措。

凤凰集团面对这种局面，一方面大力进行自建，特别是鼓励出版单位积极建设与自身专业优势密切相关的数字出版项目，对于具有发展潜力、可操作性强的项目，集团还列入重点项目予以大力支持。期望通过这样的自建，促进各家出版社的转型,增强他们的数字出版内容研发能力和运营能力。

另一方面,集团将对外并购作为重要的手段,期望通过并购能引进外部人才、资源,加快转型进程,节省宝贵的时间成本。从2011年至今,集团已经并购了四家质地优良的数字出版企业,使数字出版工作呈现跨越式发展的态势。这一点在游戏出版领域尤其明显。根据统计,游戏占据我国数字出版产业收入接近1/3的份额,但以往集团在游戏出版领域几乎是空白。通过并购,全国著名的游戏资讯网站游侠网和手游企业上海慕和网络先后加入集团,他们都是行业内的佼佼者。通过有机整合,他们与集团之间,两家企业之间都已经形成了很好的协同关系。短短两年时间,集团游戏产业快速发展壮大,已经形成2亿元的产业规模。

四、推进媒体融合的思考

(一) 必须高度重视媒体融合工作

当下,数字化已超越技术范畴,渗透到人类社会生活的各个环节。从利用数字化手段提高经营管理效率、优化生产方式角度来看,出版企业必须转型;从利用数字化手段创造适销对路产品,更好满足大众需求角度来看,出版企业也必须转型;从利用数字化手段与时俱进,引领社会文化风尚的角度来看,出版企业更必须转型。凤凰集团之所以在数字化转型方面取得了一定成绩,正是因为深刻认识到转型的重要性,一以贯之地推动转型:集团在"十一五"期间就将数字化战略列为六大企业战略之一,"十二五"期间更将数字化战略上升为第一位的企业战略,同时在人力、物力、财力方面都进行了巨大的投入。

而且,我们在下一步数字化转型工作中应更加与时俱进,紧跟时代步伐。在我看来,随着技术的快速发展,凤凰集团未来的媒体融合工作应更加关注富媒体化、移动互联网、大数据三个方面。尤其大数据领域与凤凰集团的产业特点、优势密切相关,我们每年出版超过5亿本书,所面对的中小学生有几千万人,我们的学科网还有1 000多万的会员,还有很多人看我们的电视剧和电影,还有大量的人进出我们上千家零售门店，还有很多人住我们的酒店。如果进行大数据利用，将能为我们的内容生产，我们的产品和服务提供更精确的信息和定位，衍生无穷的价值。

(二) 文化企业转型必须把握文化和内容的根本

转型绝不意味着离开文化主业另搞一套，在大力转型的同时，始终念兹在兹的是内容创新，始终强调强化内容创新能力，通过数字化手段实现全媒体发布的转型路径。在具体操作过程中，则将数字化产品的研发与集团专业优势、专业资源紧密结合。例如，考虑到教育出版是集团的传统优势，因此将教育出版数字化作为数字化转型的重点工作，结合丰富的教育内容资源开展了卓有成效的工作，既大大推动了数字化转型工作，也强化了集团在教育出版领域的传统优势。

(三) 文化企业数字化转型必须强化互联网思维

数字化是当今社会最活跃的生产力领域，它一方面与先进的科学技术相连，另一方面又聚集大量创业人才、创新企业和海量资本，支撑其中的是创新性的思维和机制，包括互联网思维、商业机制、激励机制等等。因此，文化企业要想做好数字化转型工作，必须强化互联网思维，积极引入这些创新性的机制，进一步地，这些创新性思维、机制的引入又可以吹来外界的新风，倒逼传统文化企业的内部机制改革。

回顾凤凰集团的实践中，两个方面的创新对数字化转型起到了至关重要的推动作用。

一方面是运用互联网思维全面理解数字出版概念。我们所理解的数字出版与传统出版具有本质性的差别，它具有四个主要特征，第一是它的信息全部数字化，第二是多媒体化，第三是多介质，第四是开放性，它很难垄断、控制。在此基础上，我们才能打开思路，引入多种互联网的商业模式，形成数字出版的产业化。另一方面是采用并购手段加快数字出版转型，同时并购过程中坚持原管理团队保留较大比例股份，使管理团队的活力、创造力得到很好发挥。从出版业的传统观点来看，这两个举措似乎都有点"离经叛道"，但却是进行媒体融合，推进出版业转型的必由之路。

未来，集团将付出更大的努力继续推动媒体融合、数字化转型工作，建设以数字技术为基础的创新型文化领军企业，打造"数字凤凰"，为我国文化强国和出版强国建设作出更大贡献。

（宋吉述　江苏凤凰数字传媒有限公司）

第三节 新闻出版上市公司的现状与发展

沪深股市波云诡谲、变化无常，新闻出版股也随其云卷云舒、潮起潮落。股市的风起云涌不完全由上市公司所把握，因此，本文不涉及股市的变化，仅阐述新闻出版上市公司的有关情况，愿与读者一起探讨。

一、新闻出版上市公司构成

根据《出版管理条例》《印刷业管理条例》《音像制品管理条例》和2013年7月17日经国务院批准的《国家新闻出版广电总局主要职责内设机构和人员编制规定》，新闻出版领域包括：在我国境内从事报纸、期刊、图书、音像制品、电子出版物等出版物的出版、印刷或者复制、进口、发行以及数字出版内容出版发行的活动。按照这一范围，截至2015年6月30日，新闻出版上市公司有38家。其中，在我国境内上市的有33家，在香港联合证券交易所上市的有4家，在美国纽约证券所上市的有1家。通过首次公开发行股票方式在境内外主板市场直接上市的有28家，通过购买已上市公司股权、注入自身业务资产间接"借壳"上市有10家。在这38家上市公司中，图书出版类上市公司8家，报纸出版类上市公司8家，期刊出版类上市公司1家，印刷类上市公司16家，出版物发行类上市公司5家（见表1)[①]。

[①] 表1为作者根据深圳证券交易所网站、上海证券交易所网站、美国纽约证券交易所网站和香港联合证券交易所网站有关数据整理。

表1　新闻出版上市公司的业务类型与上市地点　　　　　　单位：家

业务类型	中国内地	中国香港	美国	合计
图书出版	8	0	0	8
报纸出版	6	2	0	8
期刊出版	0	1	0	1
印刷	16	0	0	16
发行	3	1	1	5
合计	33	4	1	38

8家图书出版类上市公司分别是北方联合出版传媒集团股份有限公司、时代出版传媒股份有限公司、中文天地出版传媒股份有限公司、中南出版传媒集团股份有限公司、江苏凤凰出版传媒股份有限公司、中原大地传媒股份有限公司、湖北长江出版传媒股份有限公司和北京中文在线数字出版股份有限公司；8家报纸出版类上市公司分别是成都博瑞传播股份有限公司、北京赛迪传媒投资股份有限公司、北青传媒股份有限公司、广东九州阳光传媒股份有限公司、华闻传媒投资集团股份有限公司、现代传播控股有限公司、浙报传媒集团股份有限公司和浙江华媒控股股份有限公司；1家期刊出版类上市公司是财讯传媒集团有限公司；16家印刷类上市公司分别是上海界龙实业集团股份有限公司、珠海中富实业股份有限公司、陕西金叶科教集团股份有限公司、上海紫江企业集团股份有限公司、黄山永新股份有限公司、浙江广博集团股份有限公司、东港安全印刷股份有限公司、深圳劲嘉彩印集团股份有限公司、福建鸿博股份有限公司、厦门合兴包装印刷股份有限公司、深圳市美盈森环保科技股份有限公司、山东丽鹏股份有限公司、天津长荣印刷设备股份有限公司、北京盛通印刷股份有限公司、上海姚记扑克股份有限公司和汕头东风印刷股份有限公司；5家出版物发行类上市公司分别是上海新华传媒股份有限公司、四川新华文轩连锁股份有限公司、安徽新华传媒股份有限公司、北京当当网信息技术有限公司和湖南天舟科教文化股份有限公司。

二、新闻出版企业上市历程

回顾这些新闻出版企业上市的历程，可以清晰地看到，它们是随着我国新闻出版业的迅速发展和新闻出版政策法规的逐步开放而分阶段上市的,大致经历了印刷企业上市,报社投资的涉及报纸广告、印刷、发行业务公司的上市,出版物发行公司的上市,直至书报刊出版企业的最终上市等四个阶段。

第一阶段:印刷企业首开新闻出版企业上市先河。改革开放以来,特别是随着文化体制改革的不断深入,印刷环节成为了新闻出版业中最先开放的领域。境内的印刷企业通过改组改造,逐步成为市场主体,其中的一部分在境内外上市,吸纳外资和社会资本,以期做大做强。1993年7月16日,从事印刷机械生产的北人印刷机械股份有限公司即在香港联合证券交易所上市。其上市时间远比2000年1月21日在上海证券交易所上市的报业第一股——成都博瑞传播股份有限公司早了6年多。但需要说明的是,由于近些年来业绩持续下滑,北人印刷机械股份有限公司(股票简称北人印刷)于2014年2月4日变更为"京城机电股份",就此退市。

上述所提及的16家印刷上市公司中主要从事出版物印刷的企业只有1家,即北京盛通印刷股份有限公司;主要从事包装装潢印刷品印刷的企业有4家,即上海界龙实业集团股份有限公司、珠海中富实业股份有限公司、上海紫江企业集团股份有限公司和黄山永新股份有限公司;主要从事烟标印刷的企3家,即陕西金叶科教集团股份有限公司、深圳劲嘉彩印集团股份有限公司和汕头东风印刷股份有限公司;主要从事票据印刷的企业有2家,即东港安全印刷股份有限公司和福建鸿博股份有限公司;与印刷有关联的在沪深证券交易所印刷板块的上市公司有6家,分别是浙江广博集团股份有限公司、厦门合兴包装印刷股份有限公司、深圳市美盈森环保科技股份有限公司、山东丽鹏股份有限公司、天津长荣印刷设备股份有限公司和上海姚记扑克股份有限公司。

根据国家新闻出版广电总局2015年7月编纂的《2015年新闻出版产业分析报告》,2014年我国共有各类印刷企业法人单位92 048万家,印刷企业法人单位数量在整个新闻出版行业中所占比重为61.85%。[①] 相形之下,印刷企业上市数量少的可怜。这是由于出版物印刷企业规模和盈利能力普遍强于包装装潢印刷品和其他印刷品的印刷企业,而大多出版物印刷企业纳入出版传媒集团,

---

① 此处数据为作者根据国家新闻出版广电总局规划发展司《2014年新闻出版产业分析报告》(第138页)有关数据计算得出。

与出版乃至出版、发行单位一起上市。如时代出版传媒股份有限公司、江苏凤凰出版传媒股份有限公司、北方联合出版传媒集团股份有限公司、中原大地传媒股份有限公司、中南出版传媒集团股份有限公司、北青传媒股份有限公司和成都博瑞投资控股集团有限公司等都将旗下的印刷企业一起打包上市。①

第二阶段：新闻出版企业所属经营公司进行了上市探索。相对于印刷企业的上市，在2000年以前，由于书报刊出版单位属于事业体制，囿于政策不能上市融资。2000年以后，一些出版单位将经营业务与采编业务相分离，成立了与采编业务相关的广告、印刷、发行公司。通过这些公司，在上市融资方面进行一些尝试和探索。如，2000年1月21日，《成都商报》通过其经营报纸广告、印刷、发行的子公司成都博瑞传播股份有限公司购买"四川电器"的股份借壳上市，成为我国第一家涉及出版业务的上市企业。又如，2000年12月12日借壳上市的北京赛迪传媒投资股份有限公司和2004年12月22日在香港联合交易所所挂牌的北青传媒股份有限公司都属于这种性质。在2000年至2005年的6年间，仅有3家涉及书报刊出版业务的企业上市，而这3家企业还都是报社所投资的涉及报纸广告、印刷、发行业务的公司。

第三阶段：出版物发行企业上市实现突破。2006年3月，全国文化体制改革工作会议召开，新闻出版体制改革全面铺开。同年7月，新闻出版总署出台了《关于深化出版发行体制改革工作实施方案》，提出"积极推动有条件的出版、发行集团上市融资"，使新闻出版企业的上市进入了由报业投资的广告、印刷、发行经营公司发展到国有出版发行企业上市的突破阶段。2006年10月17日，上海新华传媒股份有限公司借壳华联超市股份有限公司的"华联超市"上市，成为首家在境内证券市场上市的国有出版物发行企业。2007年5月30日，四川新华文轩连锁股份有限公司在香港联合证券交易所上市，成为境内首家在香港上市的出版物发行企业；2010年1月18日，安徽新华传媒股份有限公司也在上海证券交易所直接上市。

第四阶段：书报刊出版企业直接上市。特别值得大书特书的是，2007年12月21日，辽宁出版传媒股份有限公司（现更名为北方联合出版传媒集团股份有限公司）在上海证券交易所主板上市，成为首家将"内容+广告+发行+

---

① 范军.印刷上市企业概况分析,出版参考,2013年第1期（上旬刊）.

印刷""打包"上市的出版类企业。就此,我国新闻出版企业进入了编印发贸全产业链上市的新阶段。随后,有6家出版集团公司相继上市。2008年9月18日,安徽时代出版传媒股份有限公司通过认购"科大创新"定向发行股份,成为上市公司第一大股东,借壳在上海证券交易所上市;2010年10月12日,中文天地出版传媒股份有限公司通过借壳江西鑫新实业股份有限公司在上海证券交易所上市;2010年10月28日,拥有湖南人民出版社有限责任公司等20多家企业的中南出版传媒集团股份有限公司在上海证券交易所挂牌上市;2011年11月30日,江苏凤凰出版传媒股份有限公司正式挂牌上海证券交易所;2011年12月2日,中原大地传媒股份有限公司通过借壳"S*ST鑫安"在深圳证券交易所上市;2011年12月30日,湖北长江出版传媒集团有限公司通过借壳"*ST源发"在上海证券交易所上市。

与此同时,报刊类出版企业也纷纷上市。如,2007年11月16日,由广州日报报业集团所控股的广东九州阳光传媒股份有限公司从三板(即代办股份转让系统)转到在深圳证券交易所中小企业板上市;2008年2月21日,华闻传媒投资集团股份有限公司借壳在深圳证券交易所上市;2011年9月29日,浙报传媒集团股份有限公司借壳上海白猫股份有限公司的"*ST白猫"上市。

除国有出版企业上市外,民营书刊发行业也不甘落后。美国当地时间2010年12月8日,北京当当网信息技术有限公司在美国纽约证券交易所正式挂牌上市;2010年12月15日,湖南天舟科教文化股份有限公司作为中国民营书刊发行业第一股在深圳创业板上市。

2000年以前,新闻出版上市公司只有区区5家,而2000年至2012年,新闻出版企业上市达到了高潮,短短13年间,上市公司多达28家。由于国家审批的原因,2013年至2014年间,没有一家新闻出版企业上市。2015年,杭州日报控股的浙江华媒控股股份有限公司于1月19日借壳"华智控股"在深圳证券交易所上市;同年1月21日,北京中文在线数字出版股份有限公司在深圳证券交易所创业板上市,成为国内"数字出版第一股"(见表2)[①]。

---

① 表2为作者根据深圳证券交易所网站、上海证券交易所网站、美国纽约证券交易所网站和香港联合证券交易所网站有关数据整理。

表2　新闻出版企业上市一览表

	企业名称	股票简称	上市时间及形式	上市地点	主要业务
1	北人印刷机械股份有限公司	北人印刷	1993年7月16日香港联合交易所直接上市，2014年2月4日变更为"京城机电股份"；1994年5月6日上海证交所直接上市，2014年2月10日更改为"京城股份"。	香港联合证券交易所；上海证券交易所	印刷机械生产
2	上海界龙实业集团股份有限公司	界龙股份	1994年2月24日直接上市	上海证券交易所	包装印刷
3	珠海中富实业股份有限公司	*ST中富	1996年12月3日直接上市	深圳证券交易所	包装印刷
4	陕西金叶科教集团股份有限公司	陕西金叶	1998年6月23日直接上市	深圳证券交易所	烟标印刷
5	上海紫江企业集团股份有限	紫江企业	1999年8月24日直接上市	上海证券交易所	包装印刷
6	成都博瑞传播股份有限公司	博瑞传播	2000年1月21日借壳四川电器上市	上海证券交易所	报刊广告、印刷、发行
7	北京赛迪传媒投资股份有限公司	*ST传媒	2000年12月12日借壳港澳实业上市，更名为赛迪传媒；于2010年7月6日转让给湖南信托。	深圳证券交易所	报纸出版发行
8	财讯传媒集团有限公司	财讯传媒	2002年12月5日直接上市	香港联合证券交易所	期刊出版发行
9	黄山永新股份有限公司	永新股份	2004年7月8日直接上市	深圳证券交易所	包装印刷
10	北青传媒股份有限公司	北青传媒	2004年12月22日直接上市	香港联合证券交易所	报纸广告代理业务和印刷
11	上海新华传媒股份有限公司	新华传媒	2006年10月17日借壳华联超市上市	上海证券交易所	出版物的批发和零售
12	浙江广博集团股份有限公司	广博股份	2007年1月10日直接上市	深圳证券交易所	文教产品
13	东港安全印刷股份有限公司	东港股份	2007年3月2日直接上市	深圳证券交易所	票证印刷

（续前表）

	企业名称	股票简称	上市时间及形式	上市地点	主要业务
14	四川新华文轩连锁股份有限公司	新华文轩	2007年5月30日直接上市	香港联合证券交易所	出版物发行
15	广东九州阳光传媒股份有限公司	粤传媒	2007年11月16日从三版转至主板上市	深圳证券交易所中小企业板	报纸出版、零售
16	深圳劲嘉彩印集团股份有限公司	劲嘉股份	2007年12月5日直接上市	深圳证券交易所	烟标印制
17	北方联合出版传媒集团股份有限公司	出版传媒	2007年12月21日直接上市	上海证券交易所	出版物出版发行
18	华闻传媒投资集团股份有限公司	华闻传媒	通过购买海南民生燃气集团的股份借壳上市，2008年2月21日更为现名	深圳证券交易所	报纸出版发行
19	福建鸿博股份有限公司	鸿博股份	2008年5月8日直接上市	深圳证券交易所	票据印制
20	厦门合兴包装印刷股份有限公司	合兴包装	2008年5月8日直接上市	深圳证券交易所	瓦楞纸产品
21	时代出版传媒股份有限公司	时代传媒	2008年9月18日借壳科大创新上市	上海证券交易所	出版物出版发行
22	现代传播控股有限公司	现代传播	2009年9月15日直接上市	香港联合证券交易所	报纸出版
23	深圳市美盈森环保科技股份有限公司	美盈森	2009年11月3日直接上市	深圳证券交易所中小企业板	瓦楞纸产品
24	安徽新华传媒股份有限公司	皖新传媒	2010年1月18日直接上市	上海证券交易所	书报刊发行
25	山东丽鹏股份有限公司	丽鹏股份	2010年3月18日直接上市	深圳证券交易所	瓶盖印制
26	中文天地出版传媒股份有限公司	中文传媒	2010年10月12日借壳*ST鑫新上市	上海证券交易所	出版物出版发行
27	中南出版传媒集团股份有限公司	中南传媒	2010年10月28日直接上市	上海证券交易所	出版物出版发行
28	北京当当网信息技术有限公司	DANC	2010年12月9日直接上市	美国纽约证券交易所	出版物发行

（续前表）

	企业名称	股票简称	上市时间及形式	上市地点	主要业务
29	湖南天舟科教文化股份有限公司	天舟文化	2010年12月15日直接上市	深圳证券交易所创业板	出版物发行
30	天津长荣印刷设备股份有限公司	长荣股份	2011年3月24日直接上市	深圳证券交易所创业板	印后设备
31	北京盛通印刷股份有限公司	盛通股份	2011年7月15日直接上市	深圳证券交易所	书报刊等印刷
32	上海姚记扑克股份有限公司	姚记扑克	2011年8月5日直接上市	深圳证券交易所	文教产品
33	浙报传媒集团股份有限公司	浙报传媒	2011年9月29日借壳*ST白猫上市	上海证券交易所	报纸出版发行
34	江苏凤凰出版传媒股份有限公司	凤凰传媒	2011年11月30日直接上市	上海证券交易所	出版物出版发行
35	中原大地传媒股份有限公司	中原传媒	2011年12月2日借壳S*ST鑫安上市	深圳证券交易所	出版物出版发行
36	湖北长江出版传媒股份有限公司	长江传媒	2011年12月30日借壳*ST源发上市	上海证券交易所	出版物出版发行
37	汕头东风印刷股份有限公司	东风股份	2012年2月16日直接上市	上海证券交易所	烟标印刷
38	浙江华媒控股股份有限公司	华媒控股	2015年1月19日借壳华智控股上市	深圳证券交易所	报纸出版发行
39	北京中文在线数字出版股份有限公司	中文在线	2015年1月21日直接上市	深圳证券交易所创业板	数字出版

三、新闻出版上市公司的表现

除6家与印刷有关联的上市公司外，以当年12月31日收盘价计量，我们通过2012年—2014年25家在沪深证券交易所上市的新闻出版企业经营情况发现：三年来，我国新闻出版上市企业积极顺应新技术革命和新闻出版产业发展的趋势，紧紧把握文化体制改革、文化市场需求旺盛和上市之后资本运营空间拓展的机遇，通过创新驱动、多元化经营，使上市公司的总资产、营业收入和利润总额逐年递增，均保持中速增长；资产负债率维持在两位数以上，整体规模不断壮大，经营业绩持续向好，具有长期的偿债能力。但也要引起注意的是，由于部分印刷企业出现经营亏损，使平均净资产收益率却呈下降趋势，盈利能力有所减弱。（见表3）。①

表3 2012年—2014年在25家在沪深证券交易所上市的
新闻出版企业发展情况一览表　　　单位：亿元人民币

年份 数值	2012年	增长率	2013年	增长率	2014年	增长率
总资产	1 086	12.7%	1 323	21.8%	1 530	15.7%
营业收入	709	18.8%	786	10.9%	914	15.7%
利润总额	74	5.7%	82	10.8%	114	39.0%
平均净资产收益率	9.7%	-0.2%	3.4%	-6.3%	-10.3%	-16.6%
资产负债率	40.4%	5.4%	39.0%	-1.4%	38.3%	-0.7%

四、关于新闻出版企业上市的几点思考

从1993年7月16日北人印刷机械股份有限公司上市起，至今走过20多年历程。这其中有许多经验值得总结，有许多问题需要探讨。

（一）"三个充分认识"

一是要充分认识新闻出版企业上市对我国国民经济发展的积极意义。当前，我国的经济发展进入了新常态。根据国家统计局的统计数据，2004年以来，我国文化产业的年均增长速度在15%以上，有的年段达到25%。这样的增长速度超过了同期GDP的增长。②毫无疑问，包括新闻出版业在内文化产业的发展对于缓解国民经济下行的压力，调整经济结构，具有重要稳压器的作

---

① 表3为作者根据国家新闻出版广电总局规划发展司《2012年新闻出版产业分析报告》，2013年7月；中国新闻出版研究院《2013年新闻出版产业分析报告》，2014年7月；国家新闻出版广电总局规划发展司《2014年新闻出版产业分析报告》，2015年7月有关数据整理。
② 魏玉山. 2014年中国民营书业发展报告. 出版参考. 2015年第5期（下旬刊）

用。而作为文化企业主力军的新闻出版上市公司其贡献不言而喻。根据2013年10月中央文化国有资产监督管理领导小组办公室编纂的《国有控股文化上市公司研究》，新闻出版上市公司的各项指标在文化传媒类上市公司中都名列前茅，其作用十分明显。

二是要充分认识新闻出版企业上市对于文化体制改革的示范意义。2003年，文化体制改革试点以来，相继有国有书报刊印刷单位，绝大多数国有出版物发行单位，经营性图书、音像、电子出版社以及部分报刊社转制为企业，其中的许多还进行了股份制改造。30多家新闻出版上市公司就是他们其中的优秀代表。他们的成长和表现，反映了文化体制改革的丰硕成果。

三是要充分认识新闻出版企业上市对于企业自身发展的重要意义。上市为新闻出版企业插上了资本翅膀，打通了融资渠道，打下了做大做强的资金基础。上市有利于新闻出版企业建立现代企业制度，完善公司治理结构，规范生产经营活动。上市后的企业即为公众公司，其知名度的提高有利于吸引人才、获取信贷支持，便于走出地域和行业的羁绊，进一步迈向国际市场。

（二）"三个需要防止"

一是需要防止"一哄而上"的倾向。近一个时期以来，我国企业不断出现上市的热潮，也有部分新闻出版企业也追随其中。为此，有关管理部门要加强宏观调控、合理布局、严格把关，避免一窝蜂、一窝风"大跃进"式的上市现象。新闻出版企业也应根据各方面的情况和自身的具体实际，做出上市与否的安排。而不要跟风赶时髦，更不能把上市作为"概念"而炒作。

二是需要防止"一上即灵"的思想。企业融资有多种途径，上市只是方式之一。在国际出版巨头中，不是上市公司的也不乏其"人"。如，贝塔斯曼集团、圣智学习集团等都不是上市公司。在业外坚持"不上市主义"的也有许多知名的优质企业。华为创始人任正非曾表示，"公司董事会20多年来不仅从未研究过上市问题，而且未来5至10年内，华为既不考虑整体上市，也不考虑分拆上市，更不考虑通过合并、兼并、收购的方式进入资本游戏。"[①]最好的

[①] 彭梁洁.那些坚持"不上市主义"的企业 它们在等待什么.参考消息·北京参考.第五版.2013年9月9日.

"资本"就是找到适合自己的那一款,而不是一上市就认为一好百好。

三是需要防止"一劳永逸"的念头。新闻出版企业上市后不可能是高枕无忧、一劳永逸,而有可能会面对着诸多风险和挑战。成为上市公司首先要及时、完整、准确地披露公司经营状况和财务状况。这将会暴露公司的商业秘密和经营策略,使公司在市场竞争中处于"明处"。同时,还要努力提升业绩来维持和提高其股票的市值,维护自身的形象。再有,还可能面临股权被稀释甚至被恶意并购、丧失控制权的风险。①

(三)"三个客观看待"

一是要客观看待新闻出版企业尤其是国有新闻出版企业有钱为何还要上市的问题。的确,一直以来由于国有新闻出版企业享受着国家给予的"政策红利",尤其是一些大型出版集团由此积累了大量的资金。对此,业内外有不少人士提出质疑:国有新闻出版企业有钱为何还要上市?笔者专门求教过数位新闻出版上市公司的老总,他们的回答几乎一致,即是笔者前面所提及的,企业上市不仅仅是融资,还包括规范公司,提高知名度,吸纳人才,从而进一步做强做大做优。

二是要客观看待上市募集资金投向的问题。关于这个问题,许多业内人士发表过一些看法,出现过一些担忧,列数上市融来资金无处投放、白白闲置的案例。客观地讲,对于通过发行股票募集来的资金,确有一个如何花、怎么用的问题。但在我国企业直接上市实行的是核准制并辅以发行审核制和保荐制,新闻出版企业上市要经过相当严格和复杂的审查程序,这就包括对其招股说明书所列投资方向的审查。因此,不必过分担心上市募集资金的投向。

三是客观看待新闻出版上市公司如何坚守意识形态阵地,坚持把社会效益放在首位、实现经济效益与社会效益相统一的问题。有人担心,上市公司追求的是经济利益的最大化,新闻出版企业上市后会不会也遭遇类似的问题,从而丧失文化的本色,放弃对意识形态阵地的坚守。笔者认为,新闻出版上市公司作为上市企业,无疑要考虑经济效益。但新闻出版上市公司姓"新闻出版",除遵守公司法和证券法等相关的法律法规外,首先要按照《出版管理条例》等

---

① 唐舰,张晓斌.出版企业上市:走上考场.编辑之友.2008年第2期.

新闻出版法律法规行事。大量事实表明，20多年新闻出版上市公司没有出现过上述问题。相反，新闻出版上市公司始终能够坚持社会主义先进文化前进方向，遵循社会主义精神文明建设的特点和规律，积极适应社会主义市场经济发展的要求，坚持把社会效益放在首位，努力实现经济效益与社会效益相统一。

（范军　中国新闻出版研究院）

第四节 出版传媒企业试点特殊管理股制度的设计与建议

2013年11月党的十八届三中全会决定提出要对按规定转制的重要国有传媒企业探索实行特殊管理股制度，2014年2月中央全面深化改革领导小组第二次会议，审议通过的《深化文化体制改革实施方案》把在传媒企业实行特殊管理股制度试点列为工作要点。2015年6月4日国务院总理李克强主持召开国务院常务会议，确定大力推进大众创业万众创新的政策措施，推动特殊股权结构类创业企业在境内上市。特殊管理股制度试点受到有关各方的高度关注。下面我们主要对出版传媒企业如何实行特殊管理股制度进行理论上的探讨。

一、特殊管理股的实质

特殊管理股制度是在西方国家通行的与同股同权制度相对应的同股不同权的特殊股权结构制度，其产生于不同的时代、不同的国家，其设立目的与功能各不相同。通过广泛收集资料、深入归纳分析，笔者概括整理出三种模式：起源于英国的金股制，起源于美国等西方国家的双重股权结构中的多权股制、相对多权股制。我们还根据中国国情提出一种新的模式：特定事项多权股。特殊管理股共有四种模式。

然而目前对于特殊管理股的认识，还有许多偏颇，往往把某一种模式当作特殊管理股的全部，没能揭示特殊管理股的本质特征。

十八届三中全会报告起草组给特殊管理股下的定义是："特殊管理股是通过特殊股权结构设计，使创始人股东（原始股东）在股份制改造和融资过程中，有效防止恶意收购，并始终保有最大决策权和控制权。具体是将公司股票分为 A 类股和 B 类股两种，二者拥有同等的经营收益权，但创始人股东的股票（B 类股）具有特别投票权，包括董事选举和重大公司交易的表决等。这种办法为国外很多公司所采用。"

有人认为，所谓特殊管理股是指具有较多投票权的股票，即有的股票的投票权是一股一票，而这种特殊投票权的股票可能是一股多票。显然这个定义也把具有一票否决权的金股排斥在外了。

有人认为，管理股不是为了分钱，是为了管理企业的方向，一旦文化企业的产品有悖于国家的法律，有悖于时代的精神风貌，特殊管理股可以行使否决权。这个定义只指出了金股的特点，难免有以偏概全之嫌。

笔者认为特殊管理股的定义应该涵盖特殊管理股的各种类型，具体地说：特殊管理股是指在双重或多种股权结构中，一般规定的普通种类股份之外，另行规定的其他种类股份，其股份持有人具有特别的表决权。

这种特别的表决权包括在特定事项上的一票否决权，在所有重大事项上比普通股份更多的表决权，在特定事项上比普通股份更多的表决权等，而在收益权方面可以是没有收益权，与普通股份等同或者低于普通股份。

简单地说，特殊管理股就是股份持有人享有特别表决权的股份。这个定义简洁明了，揭示出了特殊管理股的本质特征。特殊管理股就是持有人具有特别表决权的股份，是否有其他权利只是附带的说明，不具有决定性意义。

按照这个定义，我们可以给各种模式的特殊管理股下如下定义：

金股是指在双重或者多重股权结构中，一般规定的普通种类股份之外，另行规定的其他种类股份，其股份持有人只象征性地持有一股金股，没有任何收益权，但在特定事项上具有一票否决权。

多权股是指在双重或者多重股权结构中，一般规定的普通种类股份之外，另行规定的其他种类股份，其股份持有人具有比普通股份更多的表决权，但在收益权方面与普通股份持有人相同或者低于普通股股份持有人。

相对多权股是指在双重或者多重股权结构中，股份持有人具有普通表决权的股份，这些股份持有人具有普通表决权的股份相对于另行规定的持有人没有表决权股份具有特别的表决权。

特定事项多权股是指在双重或者多重股权结构中，一般规定的普通种类股份之外，另行规定的其他种类股份，其股份持有人在特定事项上具有比普通股份更多的表决权，但在收益权方面与普通股份持有人相同或者低于普通股股份持有人。

二、出版传媒企业试点特殊管理股制度的模式选择

对于国有出版传媒企业，只有在政策允许民营资本进入而且国有资本占比低于50%的情况下才有必要实施特殊管理股制度。在目前阶段国家政策不允许民营资本进入专有出版领域，具有专有出版权的国有出版传媒企业尚没有必要设立特殊管理股。随着改革开放的进一步深入与法律法规的逐步完善，在政策允许国有资本占比不超过50%的出版传媒企业可以逐步探索实施特殊管理股制度。如上所述，特殊管理股主要有金股、多权股、特定事项多权股、相对多权股四种模式，出版传媒企业适合那种特殊管理股制度需要依据出版传媒企业自身的条件与改革开放的程度及国家政策允许的程度来确定。

第一，假设国家政策放开，允许某些国有出版传媒企业全部民营化，这种情况下可以考虑实行金股制。

首先我们看一下金股制的适用对象。从金股制的产生与发展来看，在国际上金股制一般用于能源、国防、交通、通信等战略性产业及自来水、煤气等公用事业企业等国有企业民营化的过程中，确保社会公益不受损害，实施期限也有一定的限制。我国国有企业实行金股制度的案例也说明金股制主要用于国有企业民营化的过程中，防止国有资产流失及职工利益受到伤害。由此可见，一般情况下，金股制适用于国有企业民营化的过程中，适用于拟将国有资产民营化的企业。对于国有出版传媒企业来说，如果要全部民营化的话就适用于金股制，如果不打算全部民营化就不适合金股制。我国政策不允许民营资本进入传统出版专有出版权领域，因而金股制不适合具有专有出版权的传统出版传媒企业。假设国家政策放开，允许某些国有出版传媒企业全部民营化，这种情况下可以实行金股制，政府作为特殊管理股股东只持有一股金股，不干涉日常运营，没有收益权或其他表决权，但在某些特殊事项上享有事后否决权。具体可以设立特殊管理股管理机构，派股东代表进入公司董事会，行使特殊管理股股东的权利。

第二，假如国家政策放开，允许某些国有出版传媒企业在股份公司中的股份低于50%，但又必须掌握决定权，这种情况下可以考虑采用多权股制。

在西方国家，多权股适用于高科技企业、互联网企业、传媒企业原始股股东增资扩股的过程中，其主要目的是确保原始股股东的控股权。国有出版传媒企业在增资扩股的过程中，如果吸收的社会资本过多，按照同股同权制度就有可能失去控股权，为了使国有股股东牢牢掌握控股权，可以考虑实行多权股制。实行多权股制度企业的目的是为了获得长期控股权，控制公司所有重大事项的决策权，这是不利于企业引进战略投资者的，有许多研究者早已指出这种多权股制的弊端。然而由于多权股制多用于报业公司、高科技公司及互联网公司，这些公司的赢利能力比较强，一般的股东虽然发言权少，但却能获得不少的收益，因而会有许多股民购买其股票，甚至购买没有投票权的股票。如此看来，出版传媒企业中，那些赢利能力很强的公司，在大规模引进民营资本、占公司的股份低于50%，但又必须具有控股权的情况下，可以考虑探索多权股制。

概括地说，假设国家政策放开，允许民营资本进入某些出版传媒企业，但不允许民营资本控股，这种情况可以采多权股制，国有传媒企业可作为特殊管理股股东，特殊管理股每股在所有重大事项上仿照谷歌公司可有10倍于普通股的表决权，这样只要国有传媒企业在股份公司中的股份达到10%以上，就可以绝对控股，确保国有出版传媒企业在所有重大事项上具有决定权。

第三，假设国家政策放开，允许民营资本进入某些出版传媒企业，而且允许民营资本控股，拥有经营权，在这种情况下可以考虑采用特定事项多权股制。

特定事项多权股制度只适用于国有资本占比比较低、不具有控股权的出版传媒企业。我国出版传媒企业在增资扩股有可能影响到控股权及相对控股权时，为了在某些特定事项上确保控制权，可以采用这种模式。由于这种模式只在特定事项上具有多项表决权，对其他投资者的积极性影响较小，因而是某些欲将持股比例降到10%以下的出版传媒企业进行特殊管理股制度试点的比较理想的选择。但如果出版传媒企业自身拥有控股权或者相对控股权就没有必要实行这种制度。

假设国家政策放开，允许民营资本进入某些出版领域（比如网络出版与对外专项出版），而且允许民营资本控股，拥有经营权，在这种情况下适合采用特定事项多权股制。国有出版传媒企业可以作为特殊管理股股东，仿照新加坡报业控股公司，可以拥有200倍的表决权，这样国有传媒企业即使只持有1%的股份，也可以在特定事项上拥有绝对话语权，从而保证国有传媒企业在内容导向上的决定权。

第四，在目前的政策环境下，出版传媒企业采用相对多权股制最为适宜，即可以通过发行没有投票权的股票来实现融资的目的。

在目前专有出版领域不允许民营资本进入的情况下，国有传媒企业可以通过发行股份持有人没有投票权的股票来实现融资的目的，这丝毫不影响国有出版传媒企业的控股权。

目前上市出版传媒企业及其他公众公司已经可以通过发行没有表决权、不能上市交易、具有特定股息的优先股进行融资。国务院已经出台了《国务院关于优先股试点的指导意见》，证监会审议通过的《优先股试点管理办法》已经开始实施，上市出版传媒企业及其他公众公司发行优先股已经没有政策障碍。但出版传媒企业如果发行没有投票权、可以上市交易的股票尚需国务院出台指导意见，证监会制定具体的实施办法。

三、开展出版传媒企业试点特殊管理股制度的建议

我国出版传媒企业进行特殊管理股制度试点该采用哪种特殊管理股模式需要依据自身的条件、发展战略、改革进程、国家政策放开的程度和法律法规健全的程度来确定。

（一）应率先在网络出版公司试点特定事项多权股制度

互联网出版企业成立的时间短、发展迅猛、影响力越来越大，但也存在管理不规范，内容低俗、杂乱等诸多问题。比如在网络文学出版中存在着严重的价值迷失、泛滥的恶俗庸俗、无所不在的情色、拜金主义、消费主义、快餐文化、机械化生产、娱乐至死、抄袭模仿克隆山寨等现象。这迫切需要强化导向

管理，唱响网上主旋律。

实行特殊管理股制度可以使网络企业合法合规、名正言顺地进入互联网出版等需要行政许可的领域，实现可持续发展。因而，在互联网出版公司实行特殊管理股制度是大势所趋。

国家新闻出版广电总局发布的《深化新闻出版体制改革实施方案》指出，开展实行特殊管理股制度试点，以有资质的国有出版单位拥有特殊管理股为前提，允许符合条件的非公有制企业参与网络原创出版业务。可见在互联网出版领域实行特殊管理股制度已经被提上日程。

在相关法规健全的前提下，出版领域的工作重点应放在尽快制定互联网出版领域试点特殊管理股制度的具体实施方案，尽快确定在网络出版领域实施特殊管理股制度的指导思想、基本原则、具体模式、适用对象、管理范围、实施主体及如何确定特殊管理股股东等内容。

在互联网出版领域试点特殊管理股制度，具体可按特定事项多权股的模式实行，独特之处在于如何确定其特殊管理股股东。我们认为互联网出版企业特殊管理股股东的确定可以参照新加坡模式，由中宣部与行业主管部门来认定其资质，具体可以从国有文化企事业单位、国有大中型企业、混合所有制企业、国有资产监督管理机构、国有投资基金等机构中选择。

（二）推动上市或者拟上市国有出版传媒企业试点多权股制度

目前一般出版传媒企业不允许民营资本进入，不适合采用多权股制，但已上市和拟上市出版传媒企业允许民营资本通过二级市场进入，如果相应的法规健全，可以考虑采用多权股制度。

国有上市出版传媒企业，只有在允许其所持股份低于50%的情况下才需要设立多权股制度，具体实施要按照公司法由国务院制定出实施特殊管理股制度的有关文件，证监会制定具体的实施办法，特殊管理股制度才有可能依法实施。然而在西方国家，公司只有在上市前可以实施多权股制度，然后上市，但公司上市以后再改设多权股的先例并不多见，已上市公司改设多权股可能形成对投资者利益的伤害。假如我国在上市公司中设立多权股，需要谨慎而行，既要有政策支持又需要全体股东同意，否则，有可能引起投资者的不满。

国有出版传媒企业实行多权股制度后，国有出版传媒企业掌握公司控股权的股权比例将从50%降低到10%，国有出版传媒企业只要持有10%的股权就可以牢牢掌握公司控股权及内容导向决定权，这将极大地打开国有出版传媒上市公司的融资空间，融到更多的资金，投资更多的出版项目，实现更好更快地发展。

推动特殊股权结构类创业企业在境内上市对于出版传媒企业实行多权股制度是一个重大机遇，建议有关部门尽快制定完善有关政策，推动已上市、拟上市国有传媒企业尽快试点多权股制度。

（三）在国有与民营合资图书公司中试点特定事项多权股制度值得深入探索

民营图书公司已经成为中国出版业的重要力量，民营图书公司策划的畅销书占到了畅销书出版数量的70%左右，民营书业的产值也在出版业中占有较大比重，然而民营图书公司参与出版的通道问题一直未能得到有效解决，买卖书号等问题一直在困扰民营书业，这在一定程度上影响了民营书业的快速发展，也在一定程度上影响到了中国出版业的繁荣。

民营图书公司迟迟没能直接获得出版权的一个重要原因在于对内容导向问题的担忧，如果实行特定事项特殊管理股制度，让国有出版传媒企业进入民营图书公司担任特殊管理股股东，对内容导向进行把关，将有效解除民营图书公司可能在内容导向上出问题的疑虑，且并不影响民营图书公司的控股权和经营权，不影响民营图书公司的市场活力与竞争力。这种制度安排相对于以往的国有与民营合作模式具有更多的优势。国有与民营图书公司的书号合作需要民营图书公司交一定数量书号管理费，具有买卖书号的嫌疑。目前国有出版传媒企业与民营图书公司的资本合作要求国有资本控股，可能影响民营图书公司的经营积极性，有些民营图书公司不愿采取这种模式。如果允许在国有与民营合资的图书公司中采用特定事项多权股制度，既可以确保内容导向不出问题，又可以确保民营图书公司的控股权与经营自主权，是一种双赢的制度安排。

目前在国有与民营合资的图书公司中试点特定事项多权股制度相对来说比较容易，国有出版传媒企业作为特殊管理股股东每股在内容导向上具有其他股份200倍的表决权，其持股比例可以降低到1%，民营图书公司持股可以上升至99%，这样国有出版传媒企业可以较少的股本掌控内容导向决定权，并给予民营图书公司充分的自主经营权。

　　在国有与民营合资图书公司中试点特定事项多权股制度可以引导更多的民营图书公司与国有出版传媒企业进行资本合作，有利于推动出版传媒领域混合所有制经济的发展。国有出版传媒企业出资进入民营图书公司试点特定事项多权股制度将会是中国出版业改革发展的一项创举，将会推动中国出版业进一步繁荣发展。

　　事实上，北京出版创意产业园的制度安排有点类似于特定事项多权股制度。北京联合出版公司对园区内的民营图书公司进行内容导向的管理与书号申请，园区内的民营图书公司自主经营、自负盈亏，极大地调动了民营图书公司的积极性，出版了一大批双效图书，然而北京联合出版公司实际上是代表政府在行使内容导向的管理，很少的审读费用并不足以维持审读人员的生活费用。如果北京联合出版公司出资进入民营图书公司担任特殊管理股股东既可以很好地行使内容导向管理权，也可以依据投资比例获得一定的收益，从而使北京联合出版公司摆脱对政府的依赖，确保其具有自身的造血能力，实现可持续发展。

（庞沁文　中国新闻出版研究院）

第五节 民营书业发展的改革与创新

随着国家经济、政治、文化等大环境的变化，2014年，民营书业发展出现了新趋势，同时也迎来新的发展机遇。

一、民营书业发展的新趋势

（一）寻求与新型出版融合发展

2014年4月，国家新闻出版广电总局、财政部联合出台的《关于推动新闻出版业数字化转型升级的指导意见》，对传统出版与新媒体融合做出了具体指导。2014年10月，国家新闻出版广电总局召开出版传媒集团主要负责人座谈会，力推传统传统出版和新兴出版融合，强调传统出版与新型出版融合的实质是传统出版与新型出版优势互补一体化发展，指出构建"一次采集、多次生成、多平台传播"的复合出版模式，其关键环节为线上与线下的融合。在这个大政策背景下，民营书业积极适应数字化转型和产业融合的发展，在传统出版与新型出的融合方面取得了成效。

1. 传统出版与新兴出版实现进一步的融合

2014年起，湖南天舟文化公司成功并购知名的手游企业北京神奇时代网络有限公司，把传统出版和移动互联网相融合，充分利用公司与神奇时代双方的优质内容资源和传统的出版物教材、教辅等，向新媒体领域延伸。2014年4月，经纶集团推出了数字出版1.0时代，即数字出版加纸媒，通过二维码将纸质和数字内容融合，利用智能手机等移动终端，通过移动互联网即时更新内容，锁定用户并提供个性化服务。2014年5月，江苏春雨集团推出了数字出版的教考通，以数据库服务为主的数字出版形式，面向中小学教师和学校用户，目前已经在江苏、云南、重庆、甘肃等地推广和应用。

2. 主业和多业进一步融合发展，积极拓展上游和下游的产业链进行多业态的融合发展

从 2010 年开始，从传统动漫产业转型进入互联网，上海的童石网络科技有限公司通过整合各方资源打通了故事、漫画、游戏等产业壁垒，形成全媒体产业链。2014 年动漫品牌《新纪元》已经成为动漫界第一个全媒体的用户产品。此外磨铁图书、新华先锋、凤凰联动，积极拓展影视业务，催生新老业态的融合。

3. 进一步探索线上线下业务融合发展

移动互联网时代，线上与线下业务的融合发展，即"互联网＋"，也是出版业发展的方向。这方面民营企业也已经开始了一些新的探索和实践。沈阳的庠序文化有限公司利用马上淘、手机淘宝、微信等移动客户端，制定了系统的网络推销方案，拍摄了《备考笔记》《小苹果》视频，初步勾勒出线上线下的教育模式。北京的衢县图书公司利用线上线下的互动、纸质和网络应用联动的教育模式，推出了衢县网络错题本、衢县教辅助手等多个产品，取得了不错的反响。

（二）加强与国有出版的深度合作

党的十八届三中全会指出，要积极发展混合所有制经济，鼓励非公有制企业参与国有企业改革，鼓励发展非公有资本控股的混合所有制企业。当前，国有大中型企业的混合所有制改革受到了资本市场的高度关注。

1. 国有与民营合资的公司，市场表现良好

国有出版企业拥有较多的内容资源、资金以及管理优势，民营企业也具有机制灵活、市场反应灵敏等方面的优势，两者结合创造了新的活力，这种活力在 2014 年得到了进一步的验证。2014 年 5 月《狼图腾》10 周年庆典在北京举行，该书输出到很多国家，中文版本再版 150 次，正版发行 500 多万册，占据畅销书榜前 30 名达 479 周，这可以说是国有与民营合作取得的一个典型的成果。此外凤凰联动、中南博集天卷等混合所有制企业，在 2014 年推出了不少既有市场又有口碑的出版物。

2. 国有与民营合作取得了新的进展

继山东水浒书业与湖北长江出版集团成功合作以后，2014 年 6 月，江西中文天地和山东的天成书业达成合作，江西占 51% 的股份；同年 7 月，内蒙古新

华发行集团与山东金榜苑文化传媒公司,共同出资创建了内蒙古新华文化传媒有限公司;沈阳庠序文化公司与沈阳市文化书店签订了战略合作协议,双方将以共同投资项目的形式开展深度的合作;中文传媒通过并购重组、定向增发等形式吸收特定民营资本,成为公司的股东,为推动混合所有制经济的发展进行了新的探索。

(三) 注重出版精品制作

习近平总书记指出,在文艺创作方面,存在着有数量缺质量、有高原缺高峰的现象,存在着抄袭模仿、千篇一律,存在机械化的生产、快餐式的消费问题。出版界和民营书业同样存在着有数量缺质量的问题。国家新闻出版广电总局把 2014 年定为出版物质量专项年,国家新闻出版广电总局和各省级新闻出版行政管理部门,每个季度检查公布不合格出版物和相关的出版单位,2014 年进行了三次检查。在这样一个大背景之下,提高出版物质量已成为出版业上上下下的共识,精品战略已经成为很多出版单位包括民营文化企业的共同选择。民营书业也开始改变了过去粗放式的以品种增长为主的增长方式,提出了新、优、特的产品策略。一些大的民营公司已经在大众或教辅的某一领域占领了市场优势,将更多精力集中在精品的维护和打造上。更多民营中小企业,也依托自身产品优势走出一条小而美的路线。比如北京的启发世纪公司,专注精品推广,开辟了一片新天地。还有很多民营公司纷纷调整定位,更加注重质量,更加注重品牌,走上了质量效益集约化发展的道路。

二、民营书业迎来发展的新机遇

(一) 国家对民营书业的支持力度进一步加大

2013 年 12 月 31 日,财政部、国家税务总局发布了《关于延续宣传文化增值税和营业税优惠政策的通知》,对发行领域所有的企业给予了增值税的减免,政策把原先只适用于县及县级以下新华书店减免增值税的优惠,普及到了所有民营企业。另外，2014年国务院出台了《关于加快发展对外文化贸易的意见》《关于推进文化创意和设计服务相关产业融合发展的若干意见》《进一步支持文化企业发展的规定》。三个文件都对民营文化企业的发展，给予了相应政策上的支持和鼓励。另外，从2013年到2014年国务院取消了一批行政审批事项，包括总发单位的审批，出版物的连锁经营的审批等，为民营企业参与出版物的发行提供了政策上的制度保障。同时，国家新闻出版广电总局在推动民营文化资本参与转型升级、对外出版方面，已经出台了一些政策，将会有一批民营文化企业申请对外出版权，参与融合发展，参与转型升级等。

（二）民营实体书店直接享受政策优惠

作为民营书业的重要组成部分，实体书店的生存环境正在得到改善，实体书店出现了扩张的态势。特别是免税补贴政策的实施，助推了实体书店的发展。从2013年开始，财政部和国家新闻出版广电总局对实体书店给予减税和资金的支持。从2014年开始，把过去的12个城市支持试点，扩大到了12个省市。未来，会继续扩大对实体书店支持的范围。同时很多地方政府也出台了支持实体书店的政策，武汉市政府通过对武汉市实体书店扶持的办法，提出今后每年安排专项资金扶持实体书店，并在全市的旧城改造、新区建设当中，布局标志性的书城和大型实体书店。2014年12月成都市人民政府出台了《实体书店扶持奖励办法》，从新店开办补助、贴息贷款、活动补助、参加书展补助、版权贸易补助、外地品牌书店落户奖励等八个方面给予扶持，每年支出的资金700多万元。上海从2012年开始对实体书店进行扶持，三年提供了2300多万元资金补助实体书店，并且出台了两个办法，即《出版物发行网点建设的扶持资金管理办法》和《出版物发行网点建设引导目录》。通过这些政策，不仅使原先倒闭的一些书店出现了复业的情况，同时吸引了很多书店开办分店，甚至吸引了外地的书店来上海办分店。苏州一个民营书店，叫"猫的天空"，已经在上海开了5家分店。这种实体书店的扩张态势，不仅表现在上海，在其他城市也如雨后春笋，都出现了很好的发展态势。

（三）"走出去"发掘新契机

2014年，我国把对外经济合作作为经济外交战略的重要内容，加快建设全方位对外开放新格局，为国内企业，包括民营企业的走出去带来前所未有的战略性机遇。

1. 积极争取对外专项出版权

《深化新闻出版体制改革实施方案》指出开展实行特殊管理股制度试点，以有资质的国有出版单位拥有特殊管理股为前提，允许符合条件的非公有制企业参与网络原创出版业务，给予非公有制文化企业对外专项出版权。可见在网络原创出版业务与对外专项出版业务领域实行特殊管理股已经为期不远。事实上，已经有不少国有出版单位和民营公司都跃跃欲试，进行这一试点的申请，积极争取对外专项出版权。

2. 借力丝路书香工程，拓宽走出去视野

2013年习近平总书记提出了"一带一路"发展战略，2014年3月，国务院发布了《关于加快发展对外文化贸易的意见》。为此，国家新闻出版广电总局制定实施了"丝路书香工程"，出版行业以提升中华文化软实力为自己的崇高使命，努力提升国际化运营能力，促进了国内市场与国际市场两个市场的融合。民营书业应抓住这一历史机遇，运用好政策红利，争取"丝路书香工程"的资金和项目支持，在走出去业务拓展上也分一杯羹。近两年，云南新知集团海外华文书局经营的有声有色，更受到了国家新闻出版广电总局的认可，按照国家新闻出版广电总局的丝路书香工程工作方案，类似云南新知集团这种走出去的项目规划将是关注的重点。

（甄云霞　闫鑫　中国新闻出版研究院）

第六节 "第十二次全国国民阅读调查"的成果与发现

全国国民阅读调查至今已持续开展了十二次。本次调查仍严格遵循"同口径、可比性"原则,继续沿用四套问卷进行调查。对未成年人的三个年龄段(0—8周岁、9—13周岁、14—17周岁)以及18周岁以上的成年人分别采用四套不同的问卷进行访问,调查对象为我国全年龄段人口。本次调查执行样本城市为97个,覆盖了我国29个省、自治区、直辖市。回收有效样本49 802个,可推及我国人口12.57亿。

一、图书阅读率、各媒介综合阅读率

2014年我国成年国民图书阅读率为58.0%,较2013年的57.8%上升了0.2个百分点;报纸阅读率为55.1%,较2013年的52.7%上升了2.4个百分点;期刊阅读率为40.3%,较2013年的38.3%上升了2.0个百分点;受数字媒介迅猛发展的影响,数字化阅读方式(网络在线阅读、手机阅读、电子阅读器阅读、光盘阅读、Pad阅读等)的接触率为58.1%,较2013年的50.1%上升了8.0个百分点,首次超过纸质图书阅读率。

综合以上各媒介,2014年我国成年国民包括书报刊和数字出版物在内的各种媒介的综合阅读率为78.6%,较2013年的76.7%上升了1.9个百分点。

第六节 "第十二次全国国民阅读调查"的成果与发现 | 第三章 专题研究报告 |

图1 数字化阅读方式接触率与图书阅读率历年变化趋势

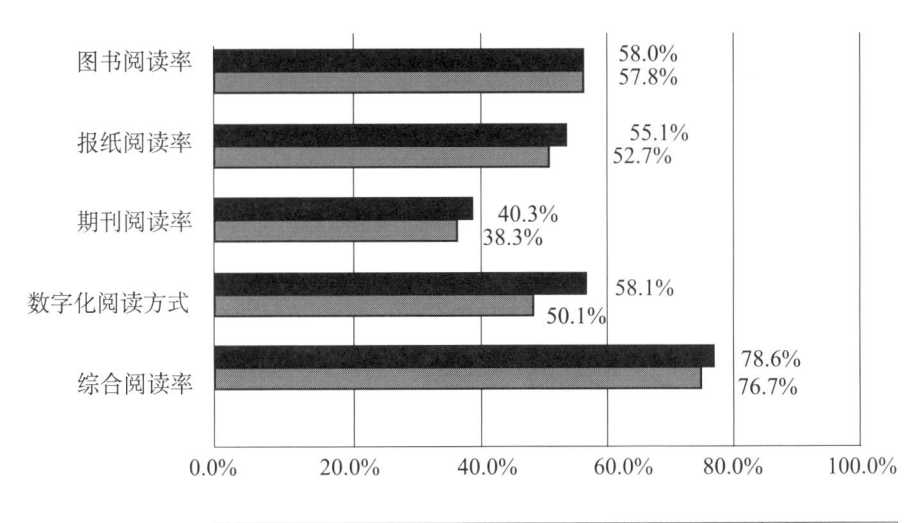

	综合阅读率	数字化阅读方式	期刊阅读率	报纸阅读率	图书阅读率
2014年	78.6%	58.1%	40.3%	55.1%	58.0%
2013年	76.7%	50.1%	38.3%	52.7%	57.8%

图2 各媒介阅读率年度比较

二、网络在线阅读、手机阅读和光盘阅读接触率

进一步对各类数字化阅读载体的接触情况进行分析发现，2014年我国成年国民的网络在线阅读、手机阅读和光盘阅读接触率均有所上升，电子阅读器阅读接触率略有下降。具体来看，2014年有49.4%的成年国民进行过网络在线阅读，较2013年的44.4%上升了5.0个百分点；51.8%的成年国民进行过手机阅读，较2013年的41.9%上升了9.9个百分点；2.0%的成年国民用光盘阅读，比2013年的0.9%上升了1.1个百分点；5.3%的成年国民在电子阅读器上阅读，较2013年的5.8%下降了0.5个百分点；今年新增加对Pad（平板电脑）的考察，数据显示有9.9%的成年国民在2014年使用Pad（平板电脑）[①]进行数字化阅读。对微信使用情况的考察发现，有34.4%的成年国民在2014年进行过微信阅读，在手机阅读接触者中，超过六成的人（66.4%）进行过微信阅读。

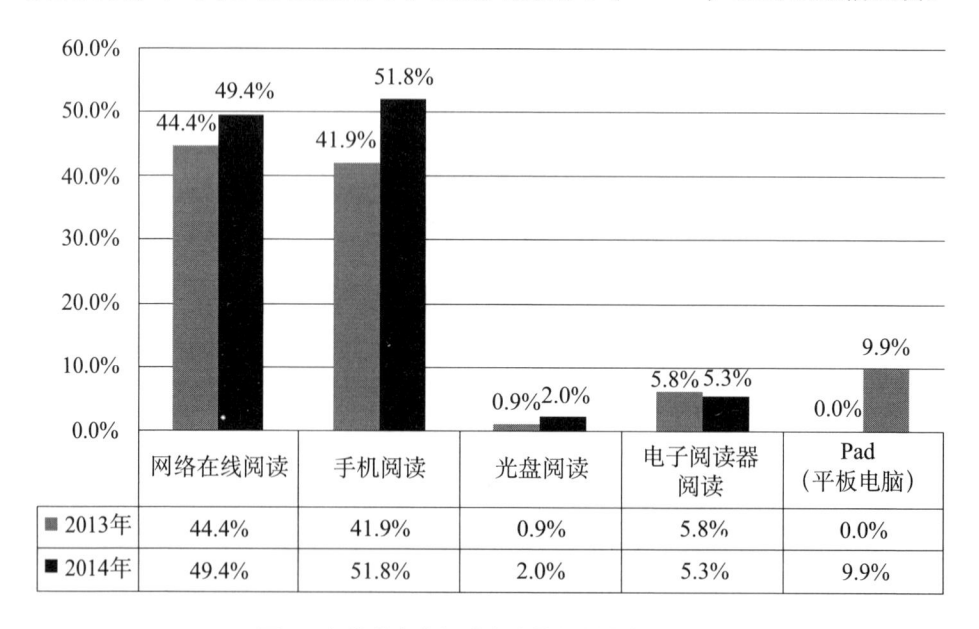

	网络在线阅读	手机阅读	光盘阅读	电子阅读器阅读	Pad（平板电脑）
2013年	44.4%	41.9%	0.9%	5.8%	0.0%
2014年	49.4%	51.8%	2.0%	5.3%	9.9%

图3　各类数字化阅读方式的接触率年度比较

---

① Pad（平板电脑）阅读的分析为2014年新增，2013年并未涉及该项数据的调查。

对电子书报刊的阅读情况考察发现，2014年我国成年国民电子书阅读率为22.3%，较2013年的19.2%上升了3.1个百分点；电子报的阅读率为10.0%，较2013年的8.5%上升了1.5个百分点；电子期刊的阅读率为8.0%，较2013年的5.0%上升了3.0个百分点。

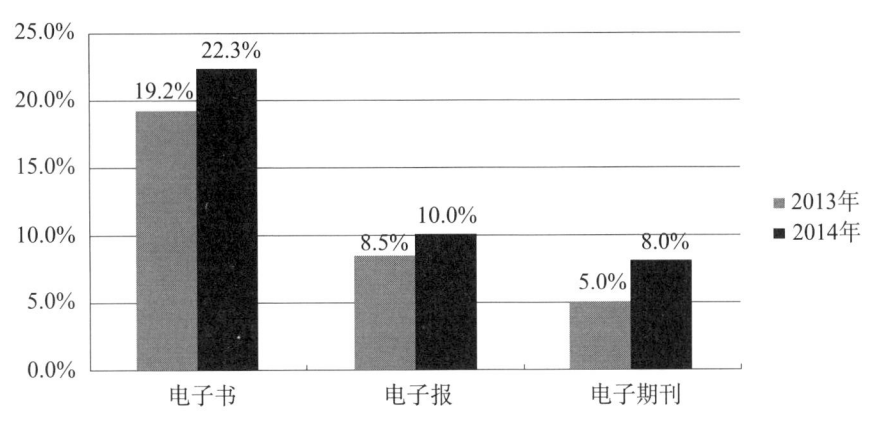

图4 电子书报刊阅读率年度比较

三、期刊和电子书的阅读量

从成年国民对各类出版物阅读量的考察看，2014年我国成年国民人均纸质图书的阅读量为4.56本，与2013年的4.77本相比，减少了0.21本。人均阅读报纸和期刊分别为65.03期（份）和6.07期（份）。与2013年相比，人均报纸阅读量下降了5.82期（份），期刊的人均阅读量增加了0.56期（份）。

2014年我国成年国民人均阅读电子书3.22本，较2013年的2.48本增加了0.74本。此外，成年国民人均纸质图书和电子书合计阅读量为7.78本，较2013年纸质图书和电子书合计阅读量7.25本增加了0.53本。

表1 各媒介阅读量对比

	2013年	2014年
图书阅读量（本）	4.77	4.56
报纸阅读量（期/份）	70.85	65.03
期刊阅读量（期/份）	5.51	6.07
电子书阅读量（本）	2.48	3.22

四、每天接触传统纸质媒介和新兴媒介的时长

在传统纸质媒介中,我国成年国民人均每天读报时间最长,为18.80分钟,比2013年的15.50分钟增加了3.30了分钟;人均每天读书时长为18.76分钟,比2013年的13.43分钟增加了5.33分钟;人均每天阅读期刊时长为13.42分钟,比2013年的10.05分钟增加了3.37分钟。

从新兴媒介来看,人均每天互联网接触时间最长。我国成年国民人均每天互联网接触时长为54.87分钟,比2013年的50.78分钟增加了4.09分钟;人均每天手机阅读时长为33.82分钟,比2013年的21.70分钟增加了12.12分钟;人均每天微信阅读时长为14.11分钟;人均每天电子阅读器阅读时长为3.79分钟,比2013年的2.26分钟增加了1.53分钟。2014年新增对Pad(平板电脑)接触时长的考察,数据显示,我国成年国民在2014年人均每天接触Pad(平板电脑)的时长为10.69分钟。

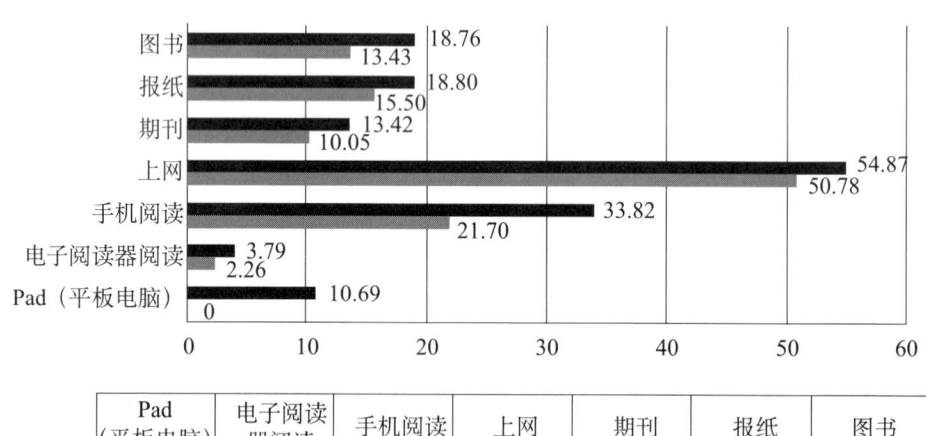

	Pad(平板电脑)	电子阅读器阅读	手机阅读	上网	期刊	报纸	图书
2014年	10.69	3.79	33.82	54.87	13.42	18.80	18.76
2013年	0	2.26	21.70	50.78	10.05	15.50	13.43

图5 各媒介阅读时长

五、成年国民上网率

2014年,我国成年国民上网率为65.8%,比2013年的59.2%增加了6.6个百分点。具体来看,有超过半数(56.9%)的国民通过电脑上网,有56.2%的国民通过手机上网。其中,通过手机上网的比例增幅明显,与2013年的42.7%相比,增长了13.5个百分点。

我国成年网民上网从事的活动中,信息获取功能受到越来越多网民的重视,具体来说,有74.8%的网民将"阅读新闻"作为主要网上活动之一,有43.6%的网民将"查询各类信息"作为主要网上活动之一。同时,互联网的娱乐功能仍然占据很重要的位置,有64.4%的网民将"网上聊天/交友"作为主要网上活动之一,有53.4%的网民将"看视频"作为主要网上活动之一,有46.1%的网民将"在线听歌/下载歌曲和电影"作为主要网上活动之一,还有35.6%的网民将"网络游戏"作为主要网上活动之一。有19.5%的网民将"阅读网络书籍、报刊"作为主要网上活动之一。

表2 上网从事的活动

网上从事相关活动	选择比例
阅读新闻	74.8%
网上聊天/交友	64.4%
看视频	53.4%
在线听歌/下载歌曲和电影	46.1%
查询各类信息	43.6%
网络游戏	35.6%
阅读网络书籍、报刊	19.5%

六、对图书、期刊、电子书的价格承受能力

对于一本200页左右的文学类简装书的价格,有23.2%的国民能够接受

8—12元的价格,有30.8%的国民能够接受12—20元的价格;11.3%能够接受8元以下,27.4%能够接受20元以上,另有7.4%的国民认为只要喜欢多贵都买。我国国民能够接受一本200页左右的文学类简装书的平均价格为16.01元,比2013年的13.68元增加了2.33元。

对期刊价格的承受能力分析发现,我国成年国民平均可接受一本期刊的价格为7.42元,比2013年的6.80元增加了0.62元。

在接触过数字化阅读方式的国民中,有44.3%的国民表示能够接受付费下载阅读,这一比例比2013年的38.7%上升了5.6个百分点。数字化阅读接触者总体能够接受一本电子书的平均价格为1.58元,价格接受程度比2013年的1.28元略有上升。

手机阅读群体中33.3%能够接受付费阅读,而有66.7%的人只看免费的手机读物。手机阅读群体在2014年全年人均花费在手机阅读上的费用为16.47元,较2013年的21.43元有所下降。

七、有数字化阅读行为的成年人

从数字化阅读方式的人群分布特征来看,我国成年数字化阅读方式接触者中,18—29周岁人群占到40.3%,30—39周岁人群占27.3%,40—49周岁人群占20.8%,50—59周岁人群占8.6%。可见,我国成年数字化阅读接触者中88.5%是18—49周岁人群。

对我国国民倾向的阅读形式的研究发现,57.2%的成年国民更倾向于"拿一本纸质图书阅读",有14.3%的国民更倾向于"网络在线阅读",有23.5%的国民倾向于"手机阅读",有3.4%的人倾向于"在电子阅读器上阅读",1.6%的国民"习惯从网上下载并打印下来阅读"(见图6)。

另外,有8.0%的数字阅读接触者表示,在阅读过某一电子书后还购买过该书的纸质版本,较2013年的7.1%上升了0.9个百分点。

图 6 阅读形式倾向

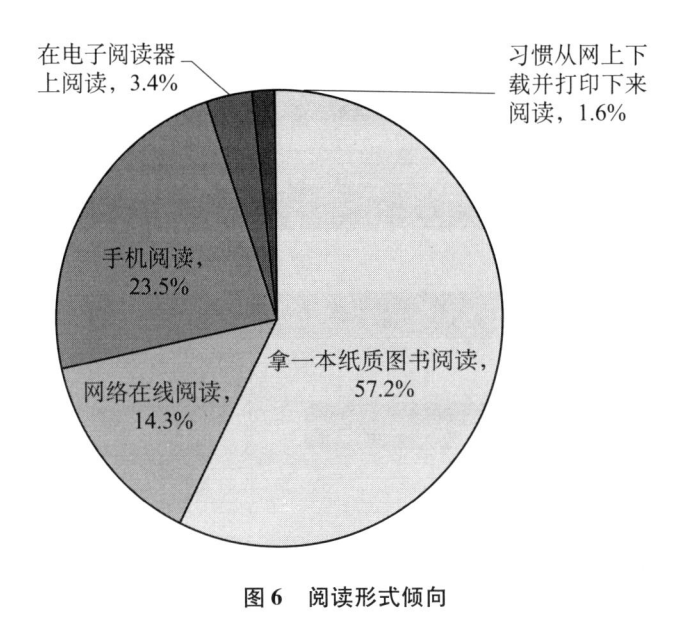

八、认为自己的阅读数量较少

2014 年我国成年国民对个人阅读数量评价中，只有 2.0% 的国民认为自己的阅读数量很多，8.2% 的国民认为自己的阅读数量比较多，有 38.3% 的国民认为自己的阅读数量一般，44.1% 的国民认为自己的阅读数量很少或比较少。

从成年国民对个人纸质阅读内容和数字阅读内容的阅读量变化情况的反馈来看，有 8.9% 的国民表示 2014 年"增加了纸质内容的阅读"，但有 11.3% 的国民表示 2014 年"减少了纸质内容的阅读"；有 4.7% 的国民表示 2014 年"减少了数字内容的阅读"，但有 9.6% 的国民表示 2014 年"增加了数字内容的阅读"（见图 7）。

从成年国民对于个人总体阅读情况的评价来看，有 25.8% 的国民表示满意（非常满意或比较满意），比 2013 年的 21.0% 有所上升；有 16.3% 的国民表示不满意（比较不满意或非常不满意），比 2013 年的 23.5% 有所下降；另有 47.6% 的国民表示一般。

我国成年国民对当地举办全民阅读活动的呼声较高，而农村居民的期望程

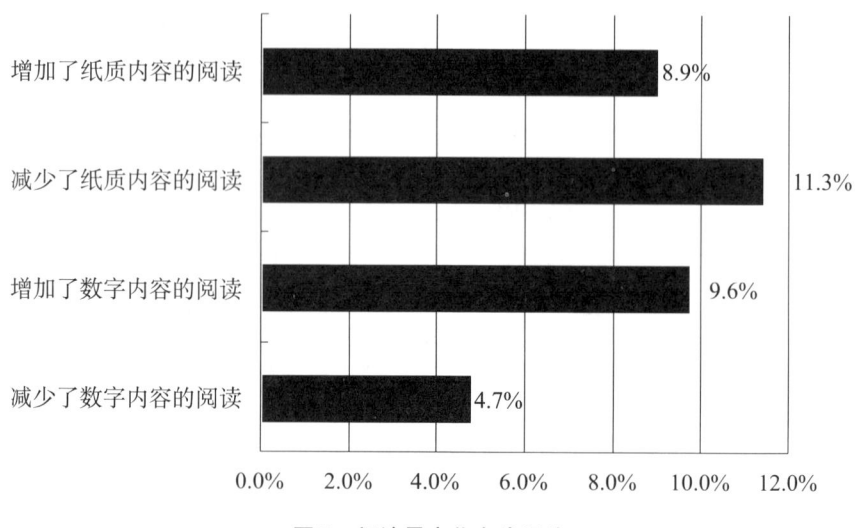

图 7 阅读量变化自我评价

度要高于城镇居民。2014年有68.6%的成年国民认为有关部门应当举办读书活动或读书节，比2013年的66.3%略有上升。其中，城镇居民认为当地有关部门应该举办阅读活动的比例为65.5%，农村居民中这一比例则高达72.3%。

九、未成年人图书阅读率和阅读量

从未成年人的阅读率来看，2014年0—8周岁儿童图书阅读率为59.2%，低于2013年的66.0%；9—13周岁少年儿童图书阅读率为95.4%，较2013年的93.5%提高了1.9个百分点；14—17周岁青少年图书阅读率为88.3%，较2013年的79.1%提高了9.2个百分点。综合考察来看，2014年我国0—17周岁未成年人图书阅读率为76.6%，较2013年的76.1%略有增加。

对未成年人图书阅读量的分析发现，2014年我国各年龄段未成年人群的图书阅读量均较上一年有不同程度的提高。其中，我国14—17周岁未成年人课外图书的阅读量最大，为13.13本，比2013年的8.97本增加了4.16本；9—13周岁未成年人人均课外图书阅读量为8.80本，比2013年的8.26本增加了0.54本；0—8周岁儿童人均图书阅读量为5.56本，比2013年的5.25本略有增加。综合以上三个年龄段，2014年我国0—17周岁未成年人的人均图书阅读量为 8.45 本,比 2013 年的 6.97 本多出 1.48 本。

十、亲子陪读比例

对亲子早期阅读行为的分析发现,2014 年我国 0—8 周岁有阅读行为的儿童家庭中,平时有陪孩子读书习惯的家庭占到 88.8%,较 2013 年的 86.5% 提高了 2.3 个百分点;在这些家庭中,家长平均每天花费 23.64 分钟陪孩子读书,较 2013 年的 23.87 分钟略有减少。

表3 0—8 周岁儿童家庭亲子阅读比例和时长

	亲子阅读比例	亲子阅读时长(分钟)
2014 年	88.8%	23.64
2013 年	86.5%	23.87

此外,2014 年我国 0—8 周岁儿童的家长平均每年带孩子逛书店 3.52 次,比 2013 年的 3.40 次略有增加。四成多(42.3%)的 0—8 周岁儿童家长半年内至少会带孩子逛一次书店,其中三成多(31.1%)的家长会在 1—3 个月内带孩子逛一次书店。

(全国国民阅读调查课题组　执笔　屈明颖　田菲　中国新闻出版研究院)

第七节 出版物市场治理的重点与成效

2014年,各地"扫黄打非"部门在全国出版物市场普遍开展了"净网2014"、"秋风2014"等专项行动,推进"护城河工程"、"南岭工程"、"天山工程"、"珠峰工程"和"长白山工程"建设。全国共收缴各类非法出版物1 600余万件,查处各类案件8 300余起,关闭非法和传播有害信息网站、栏目1万余个。整体而言,有效遏制了各种非法出版物及有害信息的传播,进一步规范了出版物市场秩序。

一、2014年出版物市场治理成效

(一)专项行动声势大力度强

4月中旬至11月,全国"扫黄打非"办公室组织开展了"净网2014"专项行动,坚持治标治本一起抓、网上网下一起查、"老虎"、"苍蝇"一起打。此次行动准备充分,组织有序,各方配合紧密,一开局就取得了明显效果。行动期间,全面清查网上淫秽色情信息,全国共关闭近万家传播淫秽色情信息网站、栏目,删除300余万条涉黄信息。随后,及时将专项行动推向微博、微信、微视、微电影等"微领域",全国共清理关闭相关账号2 000多万个,网站面貌、社会舆论为之一变。

在1月至3月开展打击假媒体假记者站假记者专项行动基础上,自3月下旬至12月,全国"扫黄打非"办公室组织开展了"秋风2014"专项行动。行动期间,及时公布非法报刊查缴目录和非法网站名单,全国共收缴非法报刊180余万份,关闭非法报刊社、编辑部、记者站、网站3 000余家。同时,着力查办案件,着力打击内外勾结,有效遏制"三假"活动,赢得基层干部群众的称赞。

(二) 联防协作工程实行区域集中治理

"天山工程"成员省份新疆、甘肃、宁夏、陕西、青海开展以打击非法宗教出版物、非法宗教网络传播为重点的专项整治，严肃查处印刷、复制、传播宗教类非法出版物和反动宣传品活动，从严惩处利用互联网等煽动宗教狂热、教唆暴力恐怖、制造民族分裂、危害国家安全的违法犯罪行为。全国"扫黄打非"办公室挂牌督办10起涉疆非法宗教出版物重点案件，其中新疆和田、广东广州"3·13"制售非法宗教出版物案收缴非法宗教出版物4.7万册。

"珠峰工程"成员省份西藏、青海、四川、甘肃、云南、重庆、贵州开展以反"藏独"为重点的藏语言非法出版物和反动宣传品专项整治，严厉打击含有有害内容的网上藏语言音视频资料和藏语歌曲音像制品，严防"藏独"出版物和反动宣传品传播。仅西藏就收缴"藏独"反动出版物及宣传品8 000余件，删除网上有害歌曲及信息4.6万条，查处扎西某某等人销售藏语违禁歌碟案等一批重点案件。

(三) 查办案件有力有效

"净网2014"专项行动中，全国共查办相关案件1 000多起，全国"扫黄打非"办公室直接指挥、挂牌督办查处重点案件36起。尤其是根据群众举报查处的北京新浪互联信息服务有限公司传播淫秽色情信息案和深圳快播科技有限公司传播淫秽色情信息案，受到社会广泛关注。2014年4月12日~19日，根据群众举报线索，北京市公安局联合文化市场行政执法总队依法对北京新浪互联信息服务有限公司开办的"新浪网"网站"读书"、"视频"频道进行检查，当场查处相关涉案人员17人。经查，"新浪网"网站"读书"频道上提供《全村女人的梦中情人：极品小村医》等20部淫秽色情小说，《比基尼美女表演》等4部色情视频。4月29日，北京市文化市场行政执法总队依法责令该单位立即改正违法行为，并罚款5 085 812.8元；国家新闻出版广电总局依法吊销其《互联网出版许可证》和《信息网络传播视听节目许可证》。2014年5月~7月，北京市海淀区人民检察院以传播淫秽物品牟利罪先后批准逮捕了彭某等9人。2015年6月26日,新浪原创运营部编辑彭某以传播淫秽物品牟利罪被判处有期徒刑1年6个月,罚金人民币5千元;新浪签约作者谭某以制作、传播淫秽物品牟利罪被判处有期徒刑1年6个月,罚金人民币1万元;新浪签约作者乔某以制作、传播淫秽物品牟利罪被判处有期徒刑2年6个月,罚金人民币2万元;并判决追缴没收谭某、乔某的非法所得。

2014年4月以来,全国"扫黄打非"办协调公安部、工信部和北京市公安局、广东省"扫黄打非"办、广东省公安厅、广东省通信管理局联合对快播公司传播淫秽色情视频行为进行查处。经查,快播公司利用自己开发的播放器和管理的服务器,大肆传播淫秽色情等违法有害信息,严重危害未成年人身心健康,社会影响极为恶劣。6月26日,广东省通信管理局依法吊销快播公司《增值电信业务经营许可证》。截至8月8日,公安部门已将包括快播公司法人代表王欣在内的多名犯罪嫌疑人抓捕归案。

"秋风2014"专项行动中,全国共查办"三假"案件212起,全国"扫黄打非"办公室单独或联合公安部挂牌督办重点案件17起。其中,北京联合山西等地查处了国家信访局门前假记者敲诈勒索案,打掉高保国、李凌两个犯罪团伙。河南洛阳对假冒记者实施敲诈勒索的"谢振理团伙"、"吴昊团伙"共22名犯罪嫌疑人进行查处,查实其敲诈勒索40余次,涉案金额200余万元。

此外,全国共查办侵权盗版出版物案件2 600多起,其中北京"7·1"特大侵权盗版团伙案抓获涉案人员87人,查获涉嫌非法图书120余万册、码洋近5 000万元。

二、2014年出版物市场治理特点

(一)集中力量解决突出问题

各地"扫黄打非"部门结合当地实际,坚持问题导向,以专项行动为平台,确定行动目标,集中力量解决突出问题。每个专项行动都确定突破口,从安排部署到通报线索和目录,从市场清查到查办案件,从督办案件到舆论曝光,从暗访督查到反馈通报,环环相扣,不达目标不罢休。比如北京市、广东省"扫黄打非"部门在"净网2014"行动中,抓住问题严重的大型商业网站新浪、快播、百度、腾讯、迅雷等作为"老虎"惩处,特别是对"新浪"和"快播"落地查人,在互联网界产生强烈的震动和震慑作用。北京市、山西省"扫黄打非"部门在"秋风2014"行动中,抓住北京"国家信访局门前假记者敲诈勒索案",深挖彻究,反复宣传,为各省区市推进打击"三假"工作作出示范。

(二) 着力从源头上进行治理

"净网2014"专项行动中,各地指导督促网站、信息服务提供商、基础电信运营企业、接入服务企业进一步落实网站接入、用户信息发布等实名登记制度,完善互联网站、域名、IP地址实名管理制度,加大对未注册、未备案网站的清理力度;健全移动智能终端应用软件管理措施;推动电信和网络企业完善信息安全管理制度和信息安全技术手段。"秋风2014"行动中,针对假记者背后往往隐藏着真记者的现象,采取"双移送"措施,加强对幕后策划和正规媒体人员与"三假"内外勾连的打击,查处了北京《为您服务报》真假记者联合采访、山西《忻州日报》真假记者联合敲诈等案件。

(三) 注重强化基础工作

台账管理制度进一步细化,各地印刷复制企业、出版物物流仓储企业、出版物集中销售场所、游商摊点主要分布地点、出版物市场检查、督办案件、举报线索等7个管理台账逐步建立完善,专人负责管理,按季度向全国"扫黄打非"办公室报送台账数据。"非法出版物数据库"系统上线试运行,供执法人员随时随地进行查询比对,有力地提高了查处非法出版物的效率。

(四) 加强协调配合

针对重点工作形成众志成城的局面,各成员部门各负其责、齐抓共管。各级"扫黄打非"办公室及公安、安全、网信、工信、邮政等各个相关部门紧密协作,依法依规查处,稳妥有效处置。全国"扫黄打非"办公室全年召开协调会议达64次,分析形势,研究措施,解决问题,在查处新浪、快播等网站的关键阶段，全国和相关省份"扫黄打非"办公室积极协调有关部门，建立每日例会制度，协商、解决了很多法律和执行问题，确保了查处工作顺利推进。

（五）大力发动群众

全国"扫黄打非"办公室围绕专项行动部署、重点工作推进、案件查办和曝光，多次召开媒体通报会，发布新闻通稿53篇。据不完全统计，人民日报、新华社、光明日报、中央电视台等中央和地方主要新闻单位发表"扫黄打非"新闻稿件1600余篇，网络媒体转发新闻报道近170万条，起到了动员社会、营造氛围、推进工作的作用，仅全国"扫黄打非"办公室举报中心受理的网上淫秽色情信息举报线索就达8万多条。

三、2014年出版物市场治理存在的问题

（一）非法出版物收缴数量明显下降

2013年全国共收缴各类非法出版物2052万件，2014年同比下降23%，除非法报刊的收缴数量略有上升外，其他各类非法出版物收缴数量均明显下降。根据全国"扫黄打非"办公室向150名全国各地市级"扫黄打非"工作人员发放调研问卷统计结果显示，70%的地市级"扫黄打非"工作人员认为主要原因是传统出版物销售萎缩。除了客观原因之外，部分地区工作力度不够也是原因之一。全国"扫黄打非"办公室多次暗访发现，不少地方出版物市场上仍然存在一定数量的非法出版物，并非已无"黄"、"非"可扫。

（二）"扫黄打非"进基层进展不够明显

尽管部分省份有一些新的探索和做法，如广西壮族自治区推进"扫黄打非"进乡村、进社区、进学校、进企业、进边关、进景区；山东省平度市组建上千名的"扫黄打非"志愿者队伍；安徽省来安县建立"扫黄打非"宣传教育基地，组建"五老一小"志愿者队伍；河南省杞县一些乡镇实施"扫黄打非"责任制、举报奖励制、巡查制；陕西省商洛市一些社区协助行政部门管理

市场和查办案件等。但基层"扫黄打非"工作开展还很不平衡，一些地方没有找到有效的载体和抓手，"扫黄打非"进学校、进企业、进社区、进农村在不少地方没有很好落实。

（三）法规规章需要进一步完善和提升

有的规定如《关于认定淫秽及色情出版物的暂行规定》，由新闻出版署1988年制定出台，时间已过去20多年，而且层级相对来说比较低。申请出版物重新鉴定、个人提请出版物鉴定有关规范有待明确。

四、2015年出版物市场治理重点

（一）开展"净网2015"专项行动

3月至9月，开展"净网2015"专项行动，深化打击网上淫秽色情信息。以查办大案要案为抓手，严厉查处顶风作案、制作传播淫秽色情信息问题严重的互联网企业，依法依规吊销相关行政许可证，并追究有关责任人的刑事责任。集中整治微博、微信、微视、微电影等"微领域"传播淫秽色情信息行为，集中整治利用弹窗、搜索引擎、移动智能终端应用以及利用云存储等新技术、电视盒子等新载体传播淫秽色情信息行为，集中整治"色情营销"、"打擦边球"传播色情低俗信息行为。

（二）开展"秋风2015"专项行动

5月至11月，开展"秋风2015"专项行动，深化打击假媒体假记者站假记者。进一步清查各类非法报刊采编机构和非法互联网报刊，加大打击假记者力度，坚决查处真假记者内外勾连招摇撞骗、敲诈勒索行为。着力查缴时政类、军事类、旧闻类、医疗类、教育类非法报刊，严厉惩处利用非法学术性期刊骗取版面费的不法分子。集中整治含有有害内容的违规报刊，严肃处理违法违规报刊编辑出版机构。集中整治高速公路服务区、火车站和长途汽车客运站候车室、机场航站楼报刊市场。

（三）开展"护苗2015"专项行动

在中小学春季、秋季开学和儿童节前后，开展"护苗2015"专项行动，深化打击有害和非法少儿出版物及信息。在中小学校深入开展"扫黄打非"、正版生活、绿色阅读系列宣传教育活动，大力推介和组织阅读优秀少儿出版物，引导少年儿童自觉远离和抵制有害出版物及信息。集中整治中小学校园周边出版物市场，坚决查缴含有淫秽色情、暴力、恐怖、残酷、迷信等内容以及非法出版、侵权盗版少儿出版物。集中整治互联网出版物，着力清查含有妨害少年儿童身心健康内容的互联网小说和游戏。

（张姝　国家新闻出版广电总局）

第八节　出版标准的完善与实施

2014 年，新闻出版业在政府推动、市场拉动、技术带动下，转型升级进一步深化，并呈加速发展态势。2014 年是《新闻出版行业标准化管理办法》修订后发布实施的第一年，出版标准化工作取得了新的突破和可喜的成绩。一方面，标准制修订数量和质量有所提高；另一方面，标准对行业发展的支撑作用不断加强；此外，国际标准化实现跨越，标准实施应用稳步推进，尤为可喜的是行业标准化意识明显加强。

2015 年 3 月国务院印发了《深化标准化工作改革方案》（以下简称《方案》），《方案》提出"改革标准体系和标准化管理体制，改进标准制定工作机制，强化标准的实施与监督，更好发挥标准化在推进国家治理体系和治理能力现代化中的基础性、战略性作用……""形成政府引导、市场驱动、社会参与、协同推进的标准化工作格局，有效支撑统一市场体系建设，让标准成为对质量的"硬约束"，推动中国经济迈向中高端水平。"这个文件是近年来指导和推进标准化工作的重要文件，出版标准化工作的推进要在结合行业特征的基础上，积极贯彻国务院的标准化工作改革精神。

一、国家和行业标准制定和修订

国家和行业标准的制修订是标准化工作的主体，2014 年，新闻出版业标准制修订工作取得了令人鼓舞的成绩，共发布了行业标准 28 项、工程项目标准 48 项。这些标准的研制和实施，进一步完善了出版标准体系，对于规范出版秩序，推动技术进步将发挥重要作用。

（一）关于学术出版规范系列标准

为了落实原新闻出版总署发出的《关于进一步加强学术著作出版规范的通知》，2013年5月，由原总署科技与数字出版司和出版管理司牵头，委托全国新闻出版标准化技术委员会组织制定"学术出版规范"系列标准，旨在构建学术出版标准体系，为学术出版、管理提供科学依据以及有效的手段，推动我国学术出版质量的整体提高。2015年1月，8项学术出版标准正式发布实施，包括 CY/T 118—2015《学术出版规范 一般要求》、CY/T 119—2015《学术出版规范 科学技术名词》、CY/T 120—2015《学术出版规范 图书版式》、CY/T 121—2015《学术出版规范 注释》、CY/T 122—2015《学术出版规范 引文》、CY/T 123—2015《学术出版规范 中文译著》和 CY/T 124—2015《学术出版规范 古籍整理》，作为指导性技术文件的《学术出版标准体系表》已完成报批工作，等待发布。

该系列标准起草工作组成员均为国内权威的学术出版机构和科研单位，包括中国新闻出版研究院、社会科学文献出版社、商务印书馆、人民出版社、中华书局、人民教育出版社、北京印刷学院等等。为进一步完善学术出版标准体系，2015年拟新立项学术出版规范标准8项，内容涉及学术出版的流程管理、工具书、表格、插图、参考文献和期刊文献中学术不端行为的界定等。

（二）关于电子书系列标准

电子书系列标准立项于2011年，是最早的、成体系的数字出版行业标准项目，经过4年的研制，首批立项的12项行业标准2014年底全部完成报批，2013年发布实施4项，分别为 CY/Z 25—2013《电子书内容标准体系表》、CY/T 96—2013《电子书基本术语》、CY/T 97—2013《电子图书元数据》、CY/T 98—2013《电子书内容格式基本要求》。2015年1月发布8项，包括 CY/T 110—2015《电子图书标识》、CY/T 111—2015《电子图书质量基本要求》、CY/T 112—2015《电子图书版权记录》、CY/T 113—2015《电子图书阅读功能要求》、CY/T 114—2015《电子图书质量检测方法》、CY/T 115—2015《电子书内容版权保护通用规范》、CY/T 116—2015《电子书内容平台基本要求》和 CY/T 117—2015《电子书内容平台服务基本功能》。

《深化标准化工作改革方案》在分析改革的紧迫性时提出"标准体系不够合理","国家标准、行业标准、地方标准均由政府主导制定,且 70% 为一般性产品和服务标准,这些标准中许多应由市场主体遵循市场规律制定。"电子书标准项目组成员 50 余家,涉及电子书的内容生产、加工、传播、版权、检测和管理各个环节,企业成员接近 90%。可以说,电子书标准是发动全行业参与、从提案到研制均由产业一线企业提出和参与的标准项目,其研制意义在于对行业标准化工作机制的尝试和探索。电子书项目组对数字出版、电子书、网络出版、手机出版等层出不穷,让人眼花缭乱的新名词、新概念进行了梳理和分析,提出基于数字出版的术语定义,奠定了数字出版标准的概念基础。

(三)关于版权系列标准

《数字版权唯一标识符(DCI)》是版权标准体系的基础和核心,旨在有效适应 WEB2.0 时代数字版权保护的特性,实现数字作品版权登记、费用结算、监测取证等功能。该标准 2015 年初正式发布实施,并且已有接近 10 万的发码量。

此外,2014 年有 3 项版权方面的行业标准完成了意见征集工作,包括《版权服务基础代码集》、《版权服务基础数据元》、《版权权利描述元数据》。新立项版权方面的行业标准 4 项,《版权资产管理通用规范——基本规则》、《版权资产管理通用规范——软件资产管理》、《版权资产管理通用规范——作品版权资产管理》、《嵌入式版权服务接口标准》,版权标准体系逐步形成。

(四)关于新闻出版内容资源加工、存储、复用与交换规范

2014 年 1 月 29 日,《新闻出版内容资源加工规范》行业系列标准由国家新闻出版广电总局正式批准发布实施。该系列标准包括《加工专业术语》《数据加工及应用模式》《数据加工规格》《数据加工质量》《资料管理》《数据管理》《数据交付》《图书加工》《报纸加工》和《期刊加工》10 个部分。同期发布的还包括《数字内容对象存储、复用与交换规范》系列标准,包括《对象模型》《对象封装、存储与交换》和《对象一致性检查方法》3 个部分,旨在提

供一套能够用于数字内容资源的存储、复用和交换的统一格式。上述标准对规范新闻出版单位内容资源数字化加工具有重要指导意义，是新闻出版单位转型升级最迫切、最急需的标准之一。

（五）关于数字教材相关标准

我国教材出版占出版总收入的51%，抓好教材标准意义重大。2014年初由人民教育出版社提案，经国家新闻出版广电总局批准立项制定《数字教材加工及检测》行业标准。该项标准受到广泛的关注和支持，教育部在标准制定和审查过程中都提出了重要建议。该标准的制定可以为打造国家教材资源数据库以及建立教材资源评测体系奠定基础，2014年标准起草组高效地完成了标准研制工作，根据评审专家意见，标准名称调整为《中小学数字教材加工规范》，现已正式报批。

2015年新立项行业标准《中小学电子课本内容及应用规范》，旨在解决电子课本内容资源的基础开发规范以及跨平台跨终端使用的问题，拟基于HTML5技术并参考国际数字化学习相关技术标准，制定电子课本内容管理和媒体资源相关的内容及技术标准，为基础教育类数字出版提供基本的技术规范。

（六）关于绿色印刷标准

伴随整个社会环境保护意识的加强，绿色印刷标准成为印刷领域标准化工作的热点。2014年全国印刷标准化技术委员会先后启动了多项绿色印刷标准，包括《绿色印刷 标准体系表》《绿色印刷 术语》《绿色印刷 产品抽样及制样方法》《绿色印刷 产品合格判定准则 第1部分：阅读类印刷品》和《第2部分 包装类印刷品》《绿色印刷 通用技术要求与评价方法 第1部分：平版印刷》和《第2部分：凹版印刷》，围绕绿色印刷产品、技术要求、抽样和评定方法开展标准研制工作。

（七）关于标准符合性测试标准

在新闻出版标准化工作中，存在重制定、轻实施的问题，标准制定出来缺少宣贯、缺乏实施的保障措施和手段，标准符合性测试作为有效的促进标准实施的工具长期处于缺位状态。针对此情况,中国新闻出版研究院承担了科技部科研院所专项研究项目《数字出版标准符合性测试关键技术研究及应用》,项目任务包括制定标准符合性测试相关标准。根据项目任务要求,2014年中国新闻出版研究院通过全国新闻出版标准化技术委员会申报了4项行业,分别是《新闻出版标准符合性测试 一般规程》《新闻出版标准间标准符合性测试》《数字出版内容描述标准符合性测试规范》《数字版权元数据标准符合性测试规范》,同时为推广CNONIX国家标准,全国出版物发行标准化技术委员会申报立项了《CNONIX标准符合性测试规范》。伴随标准符合性测试工作在行业的推广,会有越来越多的测试标准列入制定工作日程。

二、关于国际标准化

(一)关于国际标准关联标识符(ISLI)

《国际标准关联标识符(ISLI)》英文全名为International Standard Link Identifier,是标识信息与文献领域中实体之间关联的全球通用标识符,由ISO第46技术委员会的第9分技术委员会制定和维护,ISLI是我国新闻出版业首个标识符国际标准,由我国提出提案并主导制定,2011年正式立项研制,2014年分别以91%和100%的高票通过DIS与FDIS阶段投票,2015年5月标准正式发布并进入出版阶段。

ISLI国际标准的提出和制定,旨在解决信息技术环境下资源关联应用的问题。ISLI是一项具备基础性和前瞻性的国际标准,将对催生新一代互联网环境下的产业新形态发挥重要的作用。

2015年3月12日,国际标准组织ISO技术管理局发布2015年第52号决议,任命由我国发起成立的国际信息内容产业协会(ICIA)作为《国际标准关联标识符(ISLI)》国际标准注册机构。这是我国首次承担国际标识符的国际注册中心,标志着我国已经跻身国际标识符注册、管理和应用领域的大国行列。

(二) 关于印刷国际标准化

我国印刷领域相对于整个新闻出版业而言，其国际标准化工作最先取得突破，在2012年德国由于经济危机无力承担国际印刷标准化组织TC130秘书处的情况下，我国凭借多年参与国际印刷标准化工作的经验，通过积极争取，于2012年11月通过ISO程序，2013年6月经国家标准委批准，中国印刷技术协会作为全国印刷标准化技术委员会秘书处承担单位和国家新闻出版广电总局管理的印刷行业协会，正式成为秘书处承担单位。

作为国际印刷标准化技术委员会秘书处承担单位，要管理13个工作组、确认各工作组标准制定修订进程、安排春季和秋季两次会议、联系ISO中央秘书处和相关兄弟秘书处等具体工作。2014年共开启6个NP投票、5个CD投票、8个DIS投票、4个FDIS投票、8个CIB投票。除了日常工作外，秘书处还承办了ISO/TC130第28届秋季年会，共有16个国家的96位专家分别参加了13个工作组的会议及全体会议。

根据国际标准化组织/技术管理局（ISO/TMB）2014年第89号决议，我国专家蒲嘉陵担任ISO/TC130下一届主席，任期为2015年1月1日—2017年12月31日。

(三) 关于发行领域的标准

全国出版物发行标委会虽然成立时间较晚，但也积极跟踪和参与相关的国际标准化活动，2010年10月首次以观察员身份参加国际书业标准化组织（EDItEUR）的ONIX国际指导委员会工作年会，2011年11月加入EDItEUR组织成为正式会员，并以中国国家工作组身份成为ONIX国际指导委员会成员之一，参与国际书业标准的工作与讨论并行使投票权。2013年10月，国际书业标准化组织建立THEMA（全球图书贸易主题分类表）联盟，目前已有加拿大、埃及、法国、英国、美国等12国家成为其国际组成员，2014年发行标委会承担了中国THEMA工作组的工作。2014年发行标委会根据ONIX在中国实施应用的情况，向国际组织提出了相应的补充修订需求，为完善ONIX国际标准，体现中国的产业诉求作出了积极贡献。

三、工程项目的有关标准

2014 年，重大科技工程项目标准是新闻出版领域标准化工作的一大亮点，工程和项目标准具有研制周期短、技术性和系统性强的特点，重大科技工程项目是国家新闻出版广电总局推动行业技术升级的重要举措，其标准化工作不仅对规范和引导项目技术开发具有重要作用，同样对行业的标准化具有带动和促进作用。

（一）关于中华字库工程

"中华字库"工程是中华民族有史以来规模最大的汉字及少数民族文字整理工作，2011 年正式启动，由中国出版集团具体承担，拟建立汉字及少数民族文字的编码和主要字体字符库，标准规范是"中华字库"工程研发的基本保障。

由于现有的文字标准和规范，主要针对日常使用的通用字层面，古汉字、未经整理的少数民族古文字等，大都没有相关的标准规范，无法满足"中华字库"工程需要。因此，"中华字库"工程根据工程开发的实际需要首先梳理出工程标准体系，包括基础类、资源类、文字整理类、编码与字库类、工程技术类、工程管理类，共 40 余项工程标准，目前都处于研制过程中。

（二）关于数字版权保护技术研发工程

"数字版权保护技术研发工程"是新闻出版领域重大科技工程项目，该工程旨在研发一系列版权保护关键技术与系统，并通过总集成和应用示范平台的搭建，形成数字版权保护技术整体解决方案和数字版权管理与服务技术体系，探索网络环境下的新型数字内容服务体系及灵活的数字出版商业模式。

为支撑版权工程的实施，中国新闻出版研究院承担了版权工程标准包的研制组织工作，截至 2014 年年底已全部完成。版权工程标准体系包括管理类、基础类、数据类、协议接口类、安全类 5 大类 25 项标准。

(三）关于国家数字复合出版工程

国家数字复合出版系统工程是是新闻出版领域重大科技工程项目，该工程旨在研发支撑数字出版转型的一系列技术工具和装备，提升传统出版单位数字出版和科技创新能力。国家数字复合出版系统工程将开创"科学策划，协同采编，多重标引，多元发布，互动服务"的新型出版业态，推动传统出版和数字出版在内容、渠道、平台、经营、管理等方面的深度融合，提高出版产业实力、传播力、公信力和影响力。

2014年9月国家数字复合出版工程正式公开招标，中国新闻出版研究院中标工程标准包，复合出版工程标准包涉及基础、数据、方法、技术、测试、服务和管理7类共38项工程标准的研制任务，以及开发接口类标准符合性测试工具35套、数据类标准符合性测试工具19套，并开展测试服务工作。工程标准研制将指导工程项目的建设，保证工程研发成果的规范性和可行性。预计工程标准的研制工作2015年年底基本完成。

（四）关于中央文化企业数字化转型升级

中央文化企业数字化转型升级由中宣部、国家新闻出版广电总局、财政部联合发起。2014年2月财政部拨付经费，启动标准的制定工作，全国出版物发行标准化技术委员会牵头组织协调，26家央企数字化转型出版单位、11家技术企业共同完成了项目管理、基础应用、数据加工、数据存储和流程接口5类23项标准的制定工作。

四、各项标准的实施

在新闻出版领域，标准实施工作一直是薄弱环节，很多标准在制定发布后就被束之高阁，宣传培训不到位，也基本上没有人用。《MPR出版物》和《中国出版物在线信息交换CNONIX》两项和行业发展密切相关的重要标准，在标准实施方面政府给予了大力的推动，2014年这两项标准都进入到示范应用阶段，年末国家新闻出版广电总局分别选取了 22 个 MPR 国家标准应用示范单位和 22 个 CNONIX 国家标准应用示范单位，在未来两到三年将落实一系列举措，建立全国统一的 MPR 出版产品发布平台及全国出版产品信息交换平台。标准带动产业发展的实际效果逐渐显现。

上述两项国家标准分别于 2012 年和 2013 年发布，在标准实施方面，国家新闻出版广电总局从一开始就提前设计好了工作思路。一是明确实施主体，MPR 的实施工作的推动主体是中国 MPR 中心，CNONIX 实施工作的推动主体是发行标委会，明确主体可以明确责任。二是先试点再示范，以点带面，逐步铺开，MPR 以人民教育出版社、陕西出版传媒集团、中原大地传媒股份有限公司、南方出版传媒股份有限公司作为试点单位，CNONIX 选定中南出版传媒集团湖南省新华书店作为试点单位，都是行业内具备相当实力和数字化基础的龙头单位。三是政策支持，2014 年 4 月，国家新闻出版广电总局与财政部联合下发的《关于推动新闻出版业数字化转型升级的指导意见》中，将支持企业对上述两项国家标准开展应用工作列入主要任务。四是统一部署，统一研制企业级应用标准；统一部署相应软件系统、技术工具，统一建设行业级的出版产品信息交换平台等

截至 2014 年 10 月，276 家国内出版单位完成了在 MPR 出版业务平台的单位注册，已出版 MPR 版图书约 1 600 种、期刊 95 种、报纸 1 种，图书码洋约 1 亿。

五、标准化科研工作

2014 年标准化科研工作重点放在标准的实施环节，主要集中在两个方面，一是围绕 ISLI 的产业应用，二是新闻出版标准符合性测试研究。

（一）ISLI 相关课题研究

ISLI 国际标准已完成研制，进入到出版环节，ISLI 的国际注册中心也已经明确要落户中国，下一步面临的最紧迫的工作就是 ISLI 的产业推广，为此国家

新闻出版广电总局数字出版司根据推广工作需要，委托出版标委会开展了 ISLI 相关研究课题。

《标识符互操作研究》，通过研究 ISBN、ISSN、ISRC 等国际标准标识符在数字环境下发展的内在需求、互操作模式和发展趋势，以及国内从政府管理、公共服务、产业应用等不同层次对标识符互操作的需求，提出 ISLI 与现有标识符互操作的模式和规则，为构建基于 ISLI 的国际、国内标识符互操作系统提供思路和路径。

《ISLI 综合标准体系表》，对 ISLI 产业应用的顶层的规划设计。但由于 ISLI 缺乏系列配套标准的支撑，作为一个相对孤立的抽象化标准，很难被市场参与者具象化理解。因此，需要采用综合标准化的方法，对 ISLI 进行整体性、系统性的标准体系建设。

《MPR 技术在文化、教育领域推广方案》和《ISLI/MPR 在广电、信息技术、现代物流领域应用研究》，这两项课题由中国新闻出版研究院联合国家图书馆、全国公共文化发展中心、北京奥鹏远程教育中心有限公司、工信部电子技术标准化研究院、广播电视规划院等单位共同研究，探索 ISLI、MPR 的产业应用的模式、场景等。

（二）新闻出版标准符合性测试研究

随着新闻出版业转型升级步伐的加快，数字出版的国家标准、行业标准、工程标准、项目标准纷纷研制、发布，但众多标准之间是否协调？实施情况怎样、实施效果如何检验？成为亟待解决的问题。标准符合性测试作为促进标准实施、规范标准应用的重要工具，越来越成为行业发展的迫切需要。中国新闻出版研究院在国家新闻出版广电总局数字出版司的大力支持下，积极开展标准符合性测试方法研究，标准符合性测试工具开发，并积极筹建标准符合性专业的实验测试机构。

科技部课题《数字出版标准符合性测试关键技术研究及应用》，该项目旨在了解行业对开展标准符合性测试的需要和方法，摸清应具备的条件和要求。现已完成研究报告的草稿和部分工具开发工作，包括截至 2012 年底发布的国家标准、行业标准的可测性梳理、3 项标准草案、3 项测试用例集、测试集成系统和工具的需求规格说明及前期开发。

财政部修缮购置项目《新闻出版标准符合性测试管理服务系统》，2014年研究院获得财政部修缮购置项目经费，用于开发"新闻出版标准符合性测试管理服务系统"，主要包括标准符合性测试管理服务系统、数字出版标识、元数据，以及音视频制作质量标准符合性测试工具、用例集，以及作为标准间测试依据的标准数据库等等。

六、标准化机构建设

标准化机构包括技术委员会以及标准相关机构，标准化技术委员会是标准制修订的归口管理组织，标准相关机构包括标准的实施机构、测试机构、试验机构等等。例如，中国ISBN中心，是负责《中国标准书号（ISBN）》的注册管理的专门机构，类似的还有中国ISRC中心、中国ISSN中心和MPR注册中心等等。2014年之前新闻出版领域共有5家国家级标准化技术委员会，包括全国新闻出版标准化技术委员会、全国印刷标准化技术委员会、全国出版物发行标准化技术委员会，和筹建中的全国新闻出版信息标准化技术委员会、全国版权标准化技术委员会，在组织建设方面基本建成了较为完备标准化体系。

2014年10月16日，国家标准化管理委员会在官网就全国新闻出版信息标准化技术委员成立公示，12月4日，国家标准委正式批复同意成立全国新闻出版信息标准化技术委员会，编号SAC/TC553，历时五年的信标委筹建工作圆满成功。

2014年4月中国新闻出版研究院牵头，联合方正阿帕比和北京印刷学院申报了北京市科委的重点实验室，获得认定，名称为"数字出版标准符合性测试北京市重点实验室"。该实验室将瞄准数字出版内容、产品、服务标准的符合性测试开展前沿性研究和应用性测试工具开发。2014年7月在北京市科委的支持下，实验室承担了"科技创新基地培育与发展工程"项目《数字出版元数据共享数据集及支撑系统研制》，现已启动，正在开展相关调研和数据收集工作。

七、标准化工作的主要亮点

回顾2014年出版标准化工作,整体上有非常大的进步和突破,主要体现在几个方面。

(一)在政策、经费上政府支持力度空前

长期以来国家新闻出版广电总局在新闻出版领域标准化方面的专项资金每年只有100余万,平均补贴到5家标准化技术委员会的每一项新标准上不足两万,标准经费长期处于捉襟见肘的状态。近两年,由于政府部门加强了标准实施的力度,特别是对于重点标准,在政策和经费方面都给予了大力的支持。如《MPR出版物》和《中国出版物在线信息交换CNONIX》国家标准,国家新闻出版广电总局制定了具体的实施方案,从试点到示范,逐步全面推开,并且通过财政部、科技部、发改委等渠道,积极地为应用标准的出版单位争取资金支持,促进标准在出版单位的落地应用。随着标准的实施,其牵动产业发展的力量逐步显现。

(二)重大工程项目成为带动标准化工作的重要引擎

新闻出版重大科技工程项目是推动行业转型的重大举措,按照规划共包括四大工程,中华字库工程、数字版权保护技术研发工程、数字复合出版工程、国家知识资源库。目前四大工程中前三项已经启动,工程建设内容中都包括标准制定任务,中华字库工程标准项目49项、版权工程标准项目27项、复合出版工程标准项目38项,重大工程项目是复杂的综合系统,伴生出的标准也相互配套形成一个个标准体系。这些工程标准在工程开发阶段对工程建设发挥着支撑、规范作用,工程开发完成后,将伴随工程成果的实施,应用到行业的数字化转型中去。重大工程是推动行业数字化转型的强劲引擎,也成为了推动行业标准化工作的重要力量。

（三）国际标准化工作迎来新突破

2014年对于《国际标准关联标识符 ISLI》而言具有关键意义，在这一年，不但分别以91%和100%的高票通过了 ISO 组织的 DIS 和 FDIS 阶段投票，而且在香港成立了国际信息内容产业协会 ICIA。2015年5月经 ISO 程序确认，ICIA 获得了国际 ISLI 注册中心承办权，成为我国承担的第一个国际标识符注册机构。在印刷标准化方面，根据国际标准化组织/技术管理局（ISO/TMB）2014年第89号决议，我国专家蒲嘉陵在2015年1月1日—2017年12月31日担任 ISO/TC130 下一届主席。这些都是新闻出版领域国际标准化工作前所未有的突破，不但提升了中国在国际标准化领域的地位和作用，使中国在标准化方面可以逐步比肩英、法、德、美等大国，而且把握住了国际标准化工作的主导权。

八、存在的问题及对策建议

（一）研制标准一致性测试工具来解决标准间不协调的问题

近几年，新闻出版标准制定项目数量明显增加，每年新发布的行标加国标的数量都超过30项，工程或项目标准更是以百项计，相关标准内容之间是否协调？术语是否一致？功能或性能指标是否统一？往往缺乏检验，标准之间内容重复甚至于矛盾的情况时有发生，导致使用者无所适从。为解决这一问题，正在着手研制标准一致性测试工具，未来可以提供给标准的起草者或管理、发布机构，作为检验新标准与相关已发布标准是否协调的手段。

（二）建立协调机制解决标准与法规概念体系不一致的问题

标准具有成熟的更新修订机制，往往随着技术的发展能够较为及时的进行调整完善，而法规修订的程序更加严格，不能轻易进行修改，因此有时会出现同一个术语，标准和法规给出定义的内涵和外延不一致的情况，或者同一对象，标准和法规把划定在不同的术语范围里。例如，电子出版物、电子书、数字出版产品等概念。建议建立标准与法规的协调机制，最大限度地保证两者的一致性。

（三）采取多项措施来解决标准实施工作薄弱的问题

尽管国家新闻出版广电总局近两年下大力气推动标准实施工作，但毕竟能够依靠政府力量推动的标准还是极少数，大部分标准的应用效果并不理想。这里面的原因很多，既包括标准本身的立项必要性不强，也包括没有相应的配套政策，更重要的原因是缺乏有效的标准实施机制。应从行业的高度建立标准实施机制，包括标准的宣传、标准的实施检查、标准的符合性测试、符合标准的产品或服务认证等等。

（刘颖丽　中国新闻出版研究院）

第九节　出版走出去的亮点与突破

一、2014年中国出版走出去基本情况

（一）数量基本保持稳定，版权输出结构进一步优化

2014年，全国累计进口图书、报纸、期刊、音像制品、电子出版物、数字出版物数量2 552.3万册（份、盒、张），较2013年增长6.8%；额49 381.7万美元，增长2.7%。进出口总额59 426.6万美元。全国共输出版权10 293种，降低1.0%，其中输出出版物版权8 733种，较2013年增加289种，增长3.4%；引进版权16 695种，较2013年降低8.1%，其中引进出版物版权16321种，较2013年降低7.3%；全国版权输出品种与引进逆差进一步减小，品种比例由2013年的1∶1.7提高至1∶1.6。版权输出的区域结构、内容结构、语种结构、形态结构不断优化。一批反映中国梦、承载社会主义核心价值观、阐述中国道路、中国模式、中国经验的主题图书相继走向国际市场，提升了我国出版业的国际地位。

在各大国际书展上，我国版权输出成果丰硕。第66届法兰克福书展上中国展团举办了多场组织了版贸洽谈、专题研讨、作家交流等丰富的活动，成为继2009年中国担任法兰克福书展主宾国后，中国出版代表团最大规模的一次参展。此次书展上中国展团共输出版权2 600余项，与2013年基本持平。第21届北京国际图书博览会共达成版权协议4 346项，比去年增长18.5%。其中引进1 752项，同比增长11.1%，输出2 594项，同比增长24%，引进版权与输出版权比为1∶1.48。同时，在本届北京国际图书博览会（BIBF）上中国外文局宣布，旗下移动新媒体"中国文摘"正式登陆全球最大的社交新闻平台——

Flipboard。这是 BIBF 的移动新媒体海外版权输出第一单。第 42 届伦敦书展上，凤凰出版传媒集团、中华书局、孔子学院总部/国家汉办等展台在书展上格外显眼。仅中国国际出版集团就带来了 700 多种图书，其中首次亮相伦敦书展的新书就有 200 余种。在第 52 届意大利博洛尼亚童书展上，中国出版协会少儿读物工作委员会率领中国少年儿童新闻出版总社、二十一世纪出版社、浙江少儿出版社等 23 家专业少儿出版社集体亮相，其中中国少年儿童新闻出版总社独立设展。此次中国展团共计展出 3 563 册图书，其中原创图书占 85%。

版权输出图书中，中国主题图书、文学图书、少儿图书、对外汉语图书等类型占据了重要位置。中国主题图书备受关注，如多语种《习近平谈治国理政》《之江新语》《中国道路与中国梦》多语种版、《中华民族伟大复兴的中国梦》多语种版、《中国梦的世界梦和人类文明的转型》英文版、《中国共产党如何治理国家》英文版、《历史的轨迹：中国共产党为什么能》多语种本、《中国梦引导的新发展》英文版以及"解读中国系列"英文版等。文学图书持续发热。继 2012 年中国作协副主席莫言获得诺贝尔文学奖，2014 年 5 月阎连科获得捷克第 14 届卡夫卡文学奖，是中国作家首次获得卡夫卡文学奖，是继村上春树后第二位获此殊荣的亚洲作家。莫言、麦家、阎连科等作家的作品在海外翻译出版，引领了海外对中国文学、中国作品的进一步关注。麦家的《解密》一书已相继与西班牙、法国、俄罗斯等 13 个国家的 17 家出版社签约。中国教育图书进出口有限公司与全球知名科幻出版社托尔出版公司签订了著名科幻作家刘慈欣的科幻作品《三体》三部曲的英文版全球出版合同。对外汉语教材版权输出规模日益增长，2014 年 4 月，在"中尼汉语教材出版合作签约仪式暨河南省汉语国际教育研讨会"上，河南科学技术出版社与非洲的尼日利亚相关公司签订中尼汉语教材出版合作协议。此次签订的谅解备忘录是近年来河南省对外文化交流和出版合作中的最大项目，中尼双方将在三年时间内向包括尼日利亚在内的非洲国家推出图书、光盘、电子书、电子词典和视频教学软件等 300 多种出版物，其中汉语国际教育出版物占三分之二。同时，"高铁外交"也引发了商机，激发了海外对我国高铁技术、机械制造、通讯、建筑等领域科技类图书的兴趣。

（二）利用国际展会平台，推动企业走出去

2014年我国出版企业通过主办国际书展主宾国活动，不断推动推动我国出版业品牌推向国际。2014年恰逢中塞两国建立战略伙伴关系5周年之际，中国首次在中东欧地区规模最大的贝尔格莱德书展上担任主宾国，在主题为"书香增友谊，合作创未来"主宾国活动上，不仅充分展示了改革开放以来中国出版业的成就，促进两国文化交流，也进一步巩固和加强了两国战略伙伴关系，增进两国人民友谊。截至2014年10月，我国已有十本新书被译为塞语出版，其中包括莫言的《红高粱家族》《生死疲劳》、余华的《许三观卖血记》、刘震云的《温故1942》、王安忆的《长恨歌》、张悦然的《十爱》等等。此次书展上，余华、刘震云、阿来、张悦然、麦家等知名作家携其被译为塞文的作品亮相贝尔格莱德，与广大读者交流。中国作为2014年第十六届斯里兰卡科伦坡国际书展的首任主宾国，主宾国活动为书展注入了丰富多彩的中国元素，为中斯文化丝路增添了书香墨彩。作为中国出版界文化丝路的"第一棒"，本次中国主宾国活动共展览展示了6 000多种中国优秀图书，集中反映了中国的文明史、文化史、科技史，以及中斯多层次文化交流的轨迹。活动期间，阿来、徐则臣等中国作家与斯里兰卡作家进行面对面交流，并参加了"中国当代文学生活"等创作交流会。主宾国活动为斯里兰卡人民近距离认识和感知中国文化打开了一扇重要窗口，也为中斯两国和中外各国开展出版交流与合作搭建了重要平台。同时，此次书展的中国主题馆充满了中国元素和中斯交流印记，展馆以活字印刷为主要文化元素，以中国园林为设计理念，以海上丝绸之路所传承的中斯文化交流和友好往来为切入点，书展由经典中国、科技中国、美丽中国、翻译中国、文化中国、追梦中国6个部分组成。2014年，我国还与印度签署了2016年印度德里书展主宾国协议。

（三）走出去重点工程持续扩大，政府推动效应逐步体现

2014年，"中国图书对外推广计划"已实施10年。10年来，在提高中国图书版权输出的数量和质量，推动中华文化走出去内容建设，提高新闻出版业国际竞争力、传播力、影响力等方面取得了显著成效。据"中国图书对外推广

计划"工作小组第十一次工作会议发布的数据显示，2014年工作小组成员单位全年共向国外输出版权4 254种，创"两个工程"实施以来历史新高。"中国图书对外推广计划"共与68个国家544家出版机构达成资助协议1345项。"中国文化著作翻译出版工程"与12个国家16家出版机构达成资助协议17项，涉及10个文版。2014年有110项"两个工程"已资助项目由海外合作出版机构出版，在国际图书市场与海外读者见面。经典中国国际出版工程已资助2 827种图书，累计资助金额超过1.45亿元。借助中国出版物国际营销渠道拓展工程，已有23.39万册图书进入法国拉加代尔集团遍布全球的3 100多家实体书店销售网络；通过举办百家海外华文书店联展活动，数十万册图书在全球180家海外华文书店销售；中国国际图书贸易集团有限公司和美国亚马逊公司联手启动的亚马逊中国书店合作项目，已累计上线图书31万种；同时，2014年吸纳了云南新知集团参与其中，该项目在东南亚地区建设的6个华文书局，已经成为我国新闻出版对东南亚走出去的桥头堡。为贯彻落实习近平总书记提出的"丝绸之路经济带"、建设21世纪"海上丝绸之路"重要战略构想，发挥新闻出版业在面向沿线国家营造"讲信修睦、合作共赢、守望相助、心心相印、开放包容"的文化舆论氛围的独特作用，2014年启动实施了"丝路书香工程"。工程实施以来，我国先后与斯里兰卡、科威特签订了合作备忘录和互译出版协议。

二、关于出版走出去面临的困难

（一）对走出去的规律认识和把握不够，影响了走出去的效果

首先，对境外受众与我政治文化差异还缺乏深刻的理解和认识，在走出去过程中还没有充分考虑到受众的接受心理和接受习惯，常常把走出去等同于对外宣传，把"我想让你知道的"等同于"你想知道的"，导致部分出版物"自说自话"，缺乏针对性、吸引力、感染力。目前，"走出去"主要还是依靠国家推动、政府投资，很多企业积极性不是很高，内在动力不足。

（二）出版物出口量虽然较大，大多还难以进入国外主流渠道

我国出版产品出口数量虽然较大，但大多所输出的图书出版物缺乏国际竞争力，还难以进入境外主流渠道。所输出的图书由于语言、文化的差异，一般外籍读书不好阅读，只能被图书馆、研究机构和华人书店等收藏或选购，基本上游离于主流渠道，在大型书店中难以看到。根据中国新闻出版统计资料显示，近年来对欧美的版权输出有较大增长，但港澳台与东亚、东南亚等国家和地区仍然是版权输出的最大市场。特别是反映我国当代改革开放和社会主义现代化建设的作品少之又少，大多还是中医、武术、烹调、体育等传统文化方面的书籍。

（三）对出版产品国际竞争力的科学评估也显欠缺

在选择输出出版产品时，需要对引进国出版市场进行充分的调研，做到有的放矢、因地制宜。如《于丹〈论语〉心得》之所以能够在西方社会引起关注，主要是其哲学思想对于西方人的生活与工作同样具有参考价值。而据了解，目前不管是管理部门还是企业或是研究机构都还未建立起对出版产品国际竞争力进行专业评估的信息反馈系统，对境外读者的接受能力缺少准确的研判。

（四）尚未形成具有国际影响力的骨干企业，难以与国际出版传媒大鳄抗衡

目前，我国大型骨干企业还难以与国际传媒巨头抗衡。当今，任何企业如若在国际上具有影响力，享有话语权，必须融合多种业态，形成业务多元、实力雄厚的"航空母舰"。而我国出版企业无论是独资或合资或合作到境外办企业的，还是通过上市、参股、控股境外投资的，都乏善可陈，与国际出版传媒大鳄相比，所生产的产品竞争力差距十分明显。

（五）外向型出版人才，尤其是高水平翻译人才缺乏

由于涉足境外市场不多，国内出版单位的主要精力集中在国内市场，使得

既熟悉国际贸易、出版、版权专业知识，又精通外语及能开拓国际出版市场的骨干人才缺乏。目前，我国高水平翻译人才也十分欠缺，特别是既深谙本国文化，又喜欢中国文化，同时具有较强的语言表达能力的外籍译者更是凤毛麟角。莫言获诺贝尔文学奖背后的功臣，瑞典译者陈安娜以及英语译者葛浩文都是国际人才本土化，本土人才国际化的代表。他们的译作往往获得国外主流受众的认可。

三、关于出版走出去对策与建议

当今世界，综合国力竞争中，出版物作为文化产品的重要组成部分，在地位和作用日益凸显，越来越多的国家把提升出版产品国际竞争力作为提升文化软实力的重要途径。目前，我国日报总发行量居世界第一位，在世界日报发行量百强中我国大陆占了25席；图书出版品种和总印数居世界第一位；电子出版物总量居世界第二位。由美国《出版商周刊》、英国《书商》杂志、法国《图书周刊》、德国《图书报道》和巴西《出版新闻》等5家国际出版媒体共同发布"2014全球出版业50强排行榜"显示，中国出版集团名列第14位，中国教育出版传媒集团位居第21位。但与世界上发达的出版强国相比，我国出版业无论发展规模、发展格局，还是发展方式、发展质量，都存在着较大差距。这就迫切需要增强紧迫感、责任感、使命感来提升我国出版业国际竞争力，把更优秀的出版物输入国际市场，把更多中华文化在世界范围内得以传播。为此，提出以下几点建议：

（一）加强走出去的针对性、时效性、艺术性

应依据不同国家、不同情况、不同需求，采取不同的策略和不同方式。对于经济发达、购买力强，对世界经济政治文化等有重大的影响的欧美等发达国家和地区，应采取政府推动、企业主体、市场化运作的方式；对于经济相对落后，购买力低，市场分散的非洲、拉美等发展中国家以及周边的一些国家，应以政府为主，企业为媒介，侧重于非贸易方式。对于多数能够直接阅读中文出

版物海外的华人华侨，多采取出版物直接出口的方式；对于其他在中文方面存在语言障碍海外读者，应以版权贸易方式为主。在进一步加强对泰国、缅甸、越南等周边国家影响的同时，加强对阿拉伯国家以及非洲国家国产卡通及影视产品出口。在继续巩固传统出版物输出的同时，要高度重视对外汉语教材的走出去。

（二）打造中国自己的国际出版传媒旗舰

国际出版传媒市场的大量事实表明，左右国际舆论的似乎都是具有强大实力和竞争力的大型传媒集团。因此，提升我国出版产品国际竞争力，必须集中各种优质资源，打造数个具有世界影响的跨国的大型传媒集团。

（三）实施本土化发展战略

积极推进本土化传播，根据境外不同读者的价值取向和接受心理要将出版物的选题组稿、编辑加工、印刷制作、推广营销等过程全方位地融入所在国的经济、政治、文化之中。本土化还要通过新设、并购、合作等方式培育境外实体，通过上市、参股、控股等形式扩大境外投资以及在境外收购知名品牌、营销网络和研发机构。

（四）加快发展数字化读物的生产和传播

以互联网尤其是移动互联网为代表的新兴媒体的全球性传播，在国际话语权竞争中显示出特有的优势。可以预测，未来数字化的出版物是我国出版产品进入境外市场的主渠道，其意义重大。因此，要高度重视数字出版产品版权输出，以多种形式对出版内容进行全方位和深层次的开发，实现由传统出版向现代出版转变。

（五）加大财政经济政策扶持力度

当前，国家出台一系列支持文化企业发展的财政、金融、税收政策，以及国家文化产业发展基金、国家出版基金、国家文化出口重点企业和项目扶持资金、民族文字出版专项资金等项目。出版企业要积极争取，将上述经费用好用足。特别要注意与银行合作，争取更多金融支持。国家有关部门也应注意将经典中国国际出版工程、中国图书对外推广计划、中国出版物国际营销渠道拓展工程、重点新闻出版企业海外发展工程、两岸出版交流合作工程、中国国际图书销售中心建设项目的有关政策加强解读，充分优化出版资源配置。

（六）大力构建"外向型"的人才队伍

提升我国出版产品国际竞争力的关键是人才。应构建"外向型"人才培养，引进选拔使用的工作机制。有意识地开展多层次、多领域的专业人才互用、互培，有计划地培养一批具有国际视野、通晓东西方文化、熟知国外读者思维方式、阅读习惯和语言特点的国际翻译人才。2014年今年7月国家外文局成立中国翻译研究院，组建了翻译国家队。这对于提升我国对外话语能力和翻译能力，提高出版走出去将具有十分重要的意义。

（范军　刘莹晨　闫鑫　中国新闻出版研究院）

第十节　出版科研热点议题的分析与评介

2014年，出版科研立足出版业改革发展的伟大实践，深入探讨出版业改革发展的重大现实问题，充分发挥了应有的智力支持作用。本文以出版界7类专业期刊发表的研究论文为主要考察对象，[①] 少量涉及其他报刊，对2014年度出版科研的研究热点作一番概要性的梳理，以期展示出版科研的最新成果，进而明确出版科研的发展方向。

一、"出版质量"成热点议题

中共中央政治局常委、中央书记处书记刘云山在参观第21届北京国际图书博览会时指出，出版战线要积极适应新形势新任务对出版工作的新要求，努力实现由规模数量向质量效益的升级。国家新闻出版广电总局原党组书记、副局长蒋建国在第三届中国出版政府奖表彰大会上也指出，出版行业进入新的阶段，管理工作要从以数量增长为主转变到以质量提高为主上来。2014年，随着中央领导相关指示精神的贯彻落实，加强出版质量管理，成为出版业研究者关注的一个重要问题。

中国出版集团总裁谭跃提出，在出版集团质量管理体系中要明确四级责任，即明确集团、各单位、编辑室、责任编辑四级责任，总编室、印制部等都承担相应责任。把质量管理作为"一把手工程"，分管领导负直接责任。在此

---

① 它们主要包括《出版发行研究》《中国出版》《中国编辑》《出版科学》《科技与出版》《编辑之友》《出版广角》。

基础上，一级管一级，层层抓落实。

上海世纪出版集团总裁陈昕表达了对建立健全质量保障体系的思考，主要包括重视出版规划，转变经营理念和增长方式，健全体制机制，强化奖惩考核，严格执行重大选题备案、专题报批等制度，规范合作出版，加强队伍建设等内容。①

浙江出版联合集团总裁童健提出，在全面深化改革的新形势下，出版工作者必须认真学习贯彻习近平总书记系列重要讲话精神，自觉坚持质量第一，为社会为人民出版更多精品力作，要不断完善具体措施，以制度落实质量、以投入强化质量、以特色提升质量、以责任促进质量、以队伍保障质量。②

崔青峰认为，面对当前图书质量不高的现状，除加强宏观图书质量监管外，更重要的是出版社要更加重视质量工作，特别是质量检查制度。文章分析了当前图书质量的现状、成因以及加强出版社内部质量管理的必要性，结合工作实践，对出版社图书质量检查制度、图书质量检查的依据和原则以及质量激励约束制度做了探讨。③

吴明华提出，解决图书质量问题的关键在于出版社管理者。管理者必须平衡社会效益与经济效益、长期发展与短期发展的关系；必须明确出版社的定位和发展思路；必须明确谁是最合适的作者；必须明确谁最适合担任责任编辑和责任校对；必须制定长期发展规划和科学、合理、公平的规章制度，确立以人为本的发展理念，营造积极向上、和谐发展的企业文化。④

何强从加强出版物质量检测的角度来探讨加强图书质量问题。他认为，出版物质量监测工作是保证新闻出版事业顺利发展的重要一环。做好这项工作，需要做到"四个一"，即：建设一支专兼合一的高素质队伍、制定一套科学务实的工作方法、创新一系列数字化质量监测手段、明确一条以服务为立足点的工作路径。⑤

赵晖提出，加强总编室管理是提升图书质量的有效途径。在他看来，总编

---

① 郭义强等. 增强行业质量意识 加强出版质量管理［N］. 中国新闻出版报，2014-4-14（2）.
② 童健. 为社会为人民出版更多精品力作［J］. 出版发行研究，2014.6.
③ 崔青峰. 加强和完善出版社图书质量检查的思考［J］. 科技与出版，2014.7.
④ 吴明华. 确保图书质量的管理层作用之思考［J］. 出版发行研究，2014.12.
⑤ 何强. 出版物质量监测勿忘"四个一"［N］. 中国新闻出版报，2014-01-22（4）.

室既是图书质量管理规章制度的起草者、制定者，又是图书出版全程管控的监督者、执行者，充分发挥总编室质量管理职能，能有效保证图书质量。①

许志敏、贺忠英对出版物质量进行了个案考察。文章从早教背景下专门针对婴幼儿出版物所存在的诸如数量繁多、内容重复、创新不足、装帧过度、性价比不高等问题，提出提高婴幼儿出版物编辑质量要做好市场细分，明确读者定位；要充分理解和掌握早期教育理论，将"天性教育"的理念真正融入出版物中，寓教于乐；要努力追求内容与形式的有机统一，让童真、童趣贯彻始终。②

二、"互联网思维"呈现新亮点

郝振省提出，传统出版的数字出版转型，建立互联网思维是重中之重，转型不是转场，转型不是转移，而是一场革新。要认清数字出版与传统出版是两种经济发展模式下的产物，它们从内容生产方式到管理运营模式、传播发行方式、商业赢利模式完全不同。未来，依托互联网思维，传统出版数字化将呈现三大转向，即：从版权售卖模式走向内容增值模式、由生产管理走向服务运营、由激烈竞争走向合作共赢。③

曹继东考察了基于数字化技术和互联网思维的"融合出版"。在他看来，近年来，数字化技术、互联网思维逐步渗透到中国出版发展的各个环节，成为中国出版流程再造和组织重构的关键技术和核心理念。在传统出版和数字出版融合发展过程中，互联网平台是核心技术支持，互联网的平台思维是融合的关键。论者提出，"融合出版"是建构在数字化技术和互联网平台基础上的新兴出版范式，互联网思维是探索"融合出版"各类商业模式的核心命题，层出不穷的各类新兴商业模式是"融合出版"动态变化过程中出版业阶段性发展成果。"融合出版"范式下出版规制、产业和组织将迎来一次革命性的变革，传

---

① 赵晖. 总编室管理：提升图书质量的有效途径［J］. 出版广角，2014 年 6（上）.
② 许志敏，贺忠英：早教背景下婴幼儿出版物现状及其质量提升［J］. 重庆工商大学学报（社会科学版），2014.4.
③ 郝振省. 互联网思维下数字出版发展新趋向［J］. 出版发行研究，2014.4.

统出版单位将在经历转企改制的阵痛后，通过"融合出版"这一新兴出版范式实现中国出版业的整体涅槃和浴火重生。①

崔恒勇认为，由于传统业务模式的束缚，传统出版机构难以独自承担全媒体出版的整体运营，全媒体出版的现有主体也只是传统图书出版机构与数字运营商的简单组合。在这种背景下，以互联网思维观照全媒体出版的内涵正当其时。互联网思维下的全媒体出版正朝着以用户为中心、以大数据为技术保障、以媒介矩阵为环境保障、以内容和服务为核心竞争力、以共享为原则的模块化平台建设、动态及时出版的方向发展。在互联网思维日益深入影响传统出版业的今天，只有以更具竞争力的思维方式来完成出版业的自我颠覆与变革，适应时代需求，才能提升出版业的发展空间。②

魏玉山对互联网思维本身进行了辩证思考。他认为，在出版业纷纷讨论如何用互联网思维，促进传统出版转型升级的当下，尤其应注意用辩证思维来看待互联网思维。在新闻出版行业，提倡互联网思维，目的在于改变出版单位人员原有的事业意识甚至行政意思，树立起企业意识、市场意识和服务意识；但同时也应看到，由于新闻出版行业在意识形态安全、文化传承方面所具有的特殊性，强调互联网思维，并不意味着只有市场逻辑起作用，并不意味着一切出版行为都以市场为指挥棒。互联网思维的核心，不是如何思维，而是如何行动。因此，出版业学习互联网思维也好，实践互联网行为也好，切忌概念化、口号化、盲目化，而要具体化。要考虑出版行业每个环节的不同业态独有的特点，既要遵循互联网思维的一般要求，又不能僵硬地照搬互联网思维，笼统地学习互联网思维。③

余庆、彭文波以华中科技大学出版社淘师湾网站为案例，分析了互联网思维下的传统教育出版转型问题。论者提出，教育信息化背景下的互联网思维，就是在互联网、大数据、云计算等科技不断发展的背景下，对教育行业的市场、用户、产品、企业价值链乃至整个商业生态进行重新审视的思考方式。在互联网时代，传统出版单位要增强竞争力，就应该用互联网的思维和策略来运营。传统教育出版平台转型实践其实是一个不断融入互联网思维的过程，在这

---

① 曹继东. 基于数字化技术和互联网思维的"融合出版"[J]. 科技与出版, 2014.9.
② 崔恒勇. 互联网思维下全媒体出版的内涵[J]. 现代出版, 2014.6.
③ 魏玉山. 互联网思维辩证谈[J]. 出版广角, 2014.13.

个过程中，产品和服务正融合为一体，使整个平台服务朝着新型的基于互联网与知识管理的体系转变。数字化并不是数字出版的终点，通过信息技术手段提供更好的服务，才是数字化转型的目的。①

三、"数字出版产业"研究逐步深入

王萱关注的是我国数字出版产业集群建设策略问题。论者认为，当下，我国各地初步建设了许多数字出版产业集群。这些集群的建设有力地带动了我国数字出版产业的发展，但是这些初步建设的数字出版产业集群距离真正的强势集群还有一定的距离，企业之间还缺乏深度的协作，没有足够的实力研发新产品，融资和产品输出还存在一定的难度。为了解决这些问题，需要整合现有数字出版产业集群的主管和领导权，优化布局配置和产业链利益分配，并通过政策引导促成企业之间实现深度合作，共赢发展。②

任殿顺、张博将数字出版进行了"广义"和"狭义"的概念区分，总结了目前我国数字出版产业统计所存在的问题，如：对于数字出版的外延和内涵缺乏准确的界定和描述，导致相关性不强甚至缺乏相关性的产业被统计在内；一些子分类的数据在征集上存在较大难度，几个局部数据失真，导致总体产业数据偏差较大；在"局署合并"的大背景下，原有统计框架缺乏延展性，不能适应行业的新发展和新变化；反映发展状况的产值和规模数据预测机制不完善，等。据此，论者在对数字出版的核心层、相关层和外延层进行界定的基础上，从营收指标体系、用户指标体系、综合指标体系三个方面提出了数字出版统计指标体系的基本框架，并提出构建分层的发布机制和发展预测模型的设想。③

侯欣洁、乔兰对当前我国数字出版产业所面临的发展环境进行了分析。文

---

① 余庆、彭文波. 互联网思维与传统教育出版转型——基于淘师湾网站运营的思考[J]. 科技与出版，2014.8.
② 王萱. 当前我国数字出版产业集群建设策略探析[J]. 出版发行研究，2014.1.
③ 任殿顺、张博. 构建我国数字出版产业统计指标体系的几点设想[J]. 出版广角，2014.4（上）.

章认为,当下数字出版产业发展迅速,但数字出版内涵的界定仍具有阶段性特点。界定的重心从印刷发表扩展到复制传播与新技术存储层面,专业性编辑"去中心化"现象明显,由此,出版产业链条中的不同企业格局和地位发生较大变化。从微观产业环境角度来看,数字出版产业链条中的各个环节出现了主体身份单一化和多元化同步的情况。而数字出版产业的发展逻辑也与世界范围内的经济导向博弈、社会阶段更迭、经济结构调整以及低碳经济选择产生共鸣,呈现出一定的战略必然性。①

吴江文探讨了我国数字出版产业的分类方法。他认为,对数字出版产业分类是对数字出版产业统计的基础,对帮助界定数字出版产业边界和厘清数字出版产业链条具有重要作用,也是实施数字出版产业统计的基础和衡量数字出版产业对国民经济贡献的前提。文章着眼"数字文化",以数字出版产业的产业特性为出发点确定数字出版产业分类的基本思路,对数字出版产业类别进行精细分类,构建数字出版产业分类表,对国家编制数字出版产业分类表提供基础资料。②

关于我国数字出版产业的发展潜力问题,王斌、程静薇认为,通过对产业发展潜力的科学评价,可以促进产业现实竞争力的提高。论者采用多元统计方法,确定数字出版产业发展潜力评价的四大层面共13个指标,应用SPSS17.0对中国大陆31个省级区域数字出版产业发展潜力的影响因素进行因子分析、综合评估与分类。因子分析表明,影响我国数字出版产业发展潜力的主要因素按重要程度分为:经济基础与信息化水平、用户规模与数字化程度以及内容生产能力。在现阶段我国数字出版产业的推动主要应依赖于基础设施信息化建设和终端普及推动,我国数字出版产业中的上游环节—内容提供的作用还没有充分发挥出来。③

肖洋对数字出版产业结构调整与经济增长之间的关系进行了实证研究。他认为,业界对借助数字出版实现资源在出版产业间的重新合理配置寄予厚望。但数字出版产业结构本身也表现出产业构成和产业关系复杂的显著特点。文章从我国数字出版产业结构调整对出版业的影响入手,运用产业结构理论深层次对数字出版产业结构调整的速度、进程及其与出版经济增长间的关系进行定量

---

① 侯欣洁、乔兰. 中国数字出版产业发展环境分析 [J]. 创新, 2014.3.
② 吴江文. 我国数字出版产业分类方法初探 [J]. 编辑之友, 2014.2.
③ 王斌、程静薇. 我国数字出版产业的发展潜力研究 [J]. 经济研究参考, 2014.10.

研究，构建数字出版产业结构演变的动力模型，客观、全面、清晰地揭示我国数字出版产业结构调整的特征与规律。[1]

陈邦武提出，数字出版产业升级对于我国文化产业发展具有重要的战略意义，其升级路径主要包括行业层面的竞合、区域层面的聚合、社会层面的合作、国际层面的拓展，而其基本目标是供给升级以创造市场需求。[2]

聂震宁从狭义的数字出版（即与传统出版内涵相对应的网络数字技术条件下的内容传播行为）出发，选取了微信、微博、移动阅读、网络出版、电子书等五种目前已经成为热点或正在形成热点，对数字出版展开讨论。文章认为，在一个和谐开放的社会，中介式出版和自助式出版将相辅相成，但社会出版传播的自主性需求显示了第三方中介式出版不可动摇的主流地位。移动阅读只是阅读生活中一种有限度的理想状态。在普及阅读的基础上大力引导深度性阅读、整体化阅读，强化阅读的价值选择，是出版界的历史责任。出版中介的选择性、规范性是网络出版真正的价值所在。电子书则是图书出版业最具有发言权的领域。无论是逆袭还是融合，传统出版与数字出版都将以人类文化传播交流的全面需求为目标，形成新的出版传播规范和交易标准。[3]

储涵秋、袁勤俭在网络问卷调查的基础上，采用主成分因子分析和K-均值聚类分析，对数字出版物市场细分进行了研究，发现数字出版物市场可细分为家庭务实者市场、乐观易变者市场、时尚休闲者市场、能力环保者市场和敏感理性者市场5类，并指出不同细分市场有不同的特征，适合不同类型的数字出版物选择其作为目标市场，并应采取相应的市场促销策略。[4]

四、"自出版"研究有新的突破

肖东发从传播学、出版学的视角对自媒体进行了分析。他认为，从传播学5W模式来解读自媒体的传播特征，可以发现，自媒体传播主体多样化，自媒

---

[1] 肖洋. 数字出版产业结构调整与经济增长关系实证研究 [J]. 中国出版, 2014.1（下）.
[2] 陈邦武. 浅析我国数字出版产业的升级路径与基本目标 [J]. 编辑之友, 2014.1.
[3] 聂震宁. 我看当前数字出版热点 [J]. 现代出版, 2014.6.
[4] 储涵秋、袁勤俭. 数字出版物的市场细分 [J]. 编辑之友, 2014.5.

体体现了内容的个人化和表达方式的个性化,自媒体的传播平台具有易用性的特点,自媒体的传播对象比较灵活,自媒体让人的信息行为由主动接受变为主动参与,让人的社会交往从人际交流变为网际交流。从出版学的角度看,自媒体平台对出版业产生了较大的影响,简化了出版流程,降低了出版门槛,改善了作者在出版环节中的话语权,也导致了编辑把关人权利的丧失。[1]

刘千桂从自媒体出版的发展迷局切入,探讨了在自媒体作为一种出版形态表现不尽如人意时如何结合出版业传统优势资源,实现与相关产业融合发展的问题。文章认为,自媒体带给出版业的价值,不应当只是出版形态上、出版方式上和推广方式上的,更应当是融合业态层面的。文章从传播活动的融合、商业活动的融合、传播活动与商业活动的融合、出版与吃住行游购娱等相关产业的融合、出版主业与新技术的融合这五个方面,考察了自媒体带给出版业的影响。论者坚信,当出版业与相关产业融合发展,不管图书的形态是纸质还是电子书,图书皆可以免费派送给目标消费者,在相关产业收费,主业免费,这种模式在很多行业广泛存在,出版业迟早会采用。[2]

陈邦武撰文认为,包括微博、博客、播客、维客等在内的自媒体传播开创了个体传播时代,社会大众的群言群策经由自媒体的汇聚功能而形成的群体智慧与群体民意暗合了数字出版的开放、参与、交互、共享等价值理念,因而极大地开拓了数字出版"去中心化"的创新空间。主要表现在:其一,全景式的内容生产;其二,关系式的内容营销;其三,数据式的内容管理;其四,自组织式的内容运营。这些表明,自媒体时代的数字内容处于快速交流状态,因此数字出版企业应该从内容提供商向内容交流者与内容组织者转变。[3]

随着以博客、微博、微信以及智能手机APP应用为代表的自媒体平台的快速兴盛,由文学创作者、文学编辑、文学期刊、文学出版、文学传播等构成的文学生态受到相当大的冲击。有论者认为,传统文学出版通过借力自媒体平台,可焕发出新的生机和活力。这主要表现在:文学新人借助自媒体发表作品、收获读者、自我经营,自媒体与碎片化阅读的无缝对接有助于扶持短篇小

---

[1] 肖东发.从传播学、出版学的视角看自媒体[J].出版广角,2014.4(下).
[2] 刘千桂.自媒体:激活出版业与相关产业融合发展[J].出版广角,2014.5(上).
[3] 陈邦武.自媒体:后网络出版时代的新宠[J].出版发行研究,2014.1.

说，凭借自媒体平台积攒的人气实现图书大卖。①

五、"众筹出版"研究方兴未艾

相对传统出版而言，众筹出版已显示出一定的影响力，成为传统图书进入市场的试金石。张立红对众筹出版的概念进行了界定；分析了适合众筹出版的图书类型，包括网络红人和名家名作、被策划编辑拒稿的好书、学术出版和小众出版，等等；对传统出版、电子书、众筹出版三种模式进行了比较，总结出众筹出版应该规避的风险，如市场盲目性、投机因素、法律风险、金融监管风险。②

众筹是大数据时代背景下互联网金融的新商业模式，其中文化创意产业融资是众筹商业网站平台上的主要项目内容。通过分析众筹出版融资模式的运营机制，张书勤提出，众筹是我国出版业可以采用的融资手段，传统出版单位对众筹出版的深度参与也将改善我国出版产业的生态环境。③

徐琦、杨立萍通过对国内已开展出版项目的四家众筹平台的整站数据进行了抓取与分析，以"大数据"的方式还原了国内众筹出版发展的真实现状与存在问题，针对众筹出版中的"互联网思维"进行了深入剖析与反思，指出当前众筹出版发展事实上是盛名之下其实难副，要谈颠覆，为时尚早，而未来众筹出版若要实现可持续发展，一方面依赖于国内众筹行业的整体成长，另一方面有待传统出版业与之深度融合。④

众筹出版项目成功的关键在于用户的信任与支持。蒋骁以信任理论为基础，提出了众筹出版用户支付意愿模型。其研究结果表明，用户支付意愿受到众筹出版项目信任的直接影响。而众筹出版项目信任同时受到对互联网的信任、对众筹网站的信任、对作者的信任等因素影响。根据对研究结果的分析，进行了讨论并提出，众筹网站一方面应该对出版项目进行筛选审核，重点考虑

---

① 刘莹. 自媒体平台对当前文学生态的影响 [J]. 出版发行研究, 2014.5.
② 张立红. 众筹出版：互联网助力纸媒出版 [J]. 科技与出版, 2014.5.
③ 张书勤. 众筹出版运营机制探析 [J]. 科技与出版, 2014.5.
④ 徐琦、杨丽萍. 大数据解读国内众筹出版的现状与问 [J]. 科技与出版, 2014.11.

作者的声誉、专业背景和经验，具有较高声誉和专业资历的作者应优先安排众筹，提高用户的信任和支付意愿；另一方面应努力提高平自身的信誉和质量。①

罗雪英、周淑云分析了众筹出版的概念、特征与优势，梳理了我国目前众筹出版存在的问题，诸如众筹网站无起色、盈利模式尚不完善、暗含非法集资的法律风险、众筹出版项目营销推广不力、众筹出版的回馈缺乏足够吸引力、众筹出版的图书类型差异、"图书预售骗局"的掺杂、部分项目回馈服务缺失等等，提出要宣传众筹投资理念，打造有影响力的众筹平台；建立信用体系，完善盈利模式；解决法律风险，落实服务项目等对策建议。②

目前，国内尚有许多隐性问题制约着众筹出版的良性发展。更好及更大范围地运用众筹模式进行书籍出版生产，构建以出版社为主导的书籍众筹出版传播模式，十分重要。有鉴于此，武小菲勾勒了理想构建的流程图，并提出了应构建以出版社为主导的书籍众筹出版传播新模式。这一新模式的发展思路包括：对众筹模式进行推广，引导受众参与众筹；对出版社自有网站的长期维护；强化对众筹栏目参与者（作者和读者）的服务意识，实现线上与线下的全方位交互；重视利用众筹栏目实现多样化出版。③

白志如通过对众筹网等众筹平台上200多个出版项目案例的研究，得出如下结论：现有众筹出版的规模不大，但在增长中；优势品牌资源依然具有出版优势，但项目主题、发起方、发起地点和资助情况等都表现出分散化、多元化和小众化趋势；成果回报在"出版之外"，包括交流、资源共享等多方面；创意和特色项目越来越多，但面临市场的考验。未来，众筹出版既需要调用既有资源，又需要孵化独立的创意品牌，从而建立个性化的供求关系和独立的众筹出版平台。④

郭泽德分析了众筹出版模式对出版业创新的启示。他认为，作为出版方通过众筹平台向社区成员进行小额筹资的商业模式，众筹出版对传统出版业的影响表现在延伸了传统出版的产业链、为传统出版的市场渠道提供新路径、促进

---

① 蒋骁. 基于信任的众筹出版用户支付意愿研究 [J]. 科技与出版, 2014. 5.
② 罗雪英, 周淑云. 中国众筹出版何处去——对国内众筹出版热的冷思考 [J]. 出版广角, 2014. 11.
③ 武小菲. 书籍众筹：问题与对策——基于构建以出版社为主导的书籍众筹出版传播模式的思考 [J]. 编辑之友, 2014. 9.
④ 白志如. 国内众筹出版项目的内容分析与发展建 [J]. 出版科学, 2014. 5.

传统出版业社会资本的增长等方面。众筹出版模式带给传统出版业创新的启示是：要把握社交网络时代的创新路径，实现出版产品"人格化"转型，重视在线社区的建设和维护。①

六、"大数据"研究取得新进展

崔恒勇、范钦儒探讨了数字出版平台与大数据结构的关系问题。论者认为，大数据在数字出版中的实际应用，是一次行业生产模式的转型。海量的传统结构化数据与非结构化数据的互相融合，跨行业间的数据交换，产业链各环节本身与其链条触到的周边数据的整合，以消费者为中心的消费行为数据和社交数据的交融，真正阐明了大数据的深层内涵。因此，大数据技术中数据结构的研究显得极为重要，尤其在新兴的数字出版平台中，数据结构整合程度的高低直接影响着数据价值的挖掘与利用程度。应通过技术分析，把这种数据结构的关联和结合变得不止单层相加的那么简单，深化合作，以此来彻底改变传统的生产方式和内在商业逻辑。②

柴英、马婧关注的是大数据对学术期刊功能的影响。他们认为，大数据对于数据处理的理念是要全部数据、要及时有效和揭示相关关系。这些正在引发学术期刊的功能变革。主要表现在：（1）在大数据时代，学术期刊可深入了解读者的个体需求，为其提供个性化的服务；（2）大数据促使无障碍、无延迟的跨国界、跨学科学术交流成为现实；（3）大数据时代学术期刊传播媒介将多样化，整合化，传播范围全空间化；（4）基于海量定性评价数据的定量化评价方法，真正客观公正地对学术研究成果作出价值判断，揭示各学科学术研究的质量，并在此基础上对未来作出预测。③

周小华指出，从表面上看，"大数据"的概念及其价值更多的是为IT业和企业营销领域所关注，但从深层次看，传媒业将是受到大数据时代冲击较大的

---

① 郭泽德. 众筹出版模式对出版业创新的启示［J］. 出版发行研究，2014.8.
② 崔恒勇，范钦儒. 试析数字出版平台与大数据结构［J］. 出版发行研究，2014.4.
③ 柴英，马婧. 大数据时代学术期刊功能的变革［J］. 编辑之友，2014.6.

行业。在大数据时代,与学术期刊处于同一环境体系的学术创新模式、学术研究范式、知识形态、知识获取、知识交流及处理机制的改变,将直接影响着学术期刊的生存和发展。"大数据"深刻地改变着学术期刊的边界,使学术期刊面临新的挑战和机遇,"大数据"将造就新意义上的中国学术期刊。我们必须积极探索以学术期刊为纽带的大数据全产业链和新业态发展路径,应用大数据技术,跳出传统学术期刊的编辑出版流程局限,实现以学术期刊为纽带的学术研究全流程传播。①

胡守文提出,要出版数字产品,前提是要有足够的资源数据库,要有足够具有商业应用价值的资源数据库。现在看,单个出版社的资源数据库达到这样的要求还有不小的距离。第一,如何积聚行业的数据资源为我所用,这是转型期必须解决的问题。第二,数字产品的表现形态究竟是怎样的?除去它的文字、图形图像、音频视频结合外,篇幅呢?第三,一个社的数字产品,如何达到互联网所要求的量产规模?出版企业是否具备了量产产品的先进技术手段?第四,当新媒体兴起,浅阅读流行,传统图书有了怎样的客观需求变化?我们的认知是否及时调换了频道?书籍的变化和分化,呈现出怎样的发展趋势?新媒体无疑在颠覆着传统,从而也在颠覆着我们思想深处的某些东西。②

刘银娣探讨了基于大数据的传统出版模式变革。论者提出,大数据引发信息技术变革的重点由"技术"逐渐转向"信息",必然也将会对以"信息"为主要工作对象的出版业形成直接而巨大的冲击。大数据环境下我国传统出版产业面临的困境包括:①出版信息交流和共享缺失使得图书库存量居高不下;②读者需求预测失效引发图书供给结构性矛盾;③数字化思维缺乏导致出版业数字化转型遇困。大数据对传统出版模式的变革表现在:①用户行为数据而非编辑经验主导图书生产;②全国性发行平台而非分散渠道整合图书销售;③"需求"而非"供应"或"直觉"驱动图书营销;④知识而非技术推进我国出版产业的数字化转型。因此,应真正将大数据技术融入出版产业变革中,从而实现数据驱动出版,推动出版业的转型升级。③

---

① 周小华. "大数据"时代中国学术期刊的转型与发展机遇 [J]. 科技与出版,2014.4.
② 胡守文. 书籍以痛吻我——大数据面前,我的灵魂挣扎 [J]. 出版广角,2014.7(上).
③ 刘银娣. 数据驱动出版:基于大数据的传统出版模式变革研究 [J]. 中国出版,2014.8(上).

七、"学术期刊"广受关注

杨春兰从数量与结构、类型、国际影响力等方面对中国学术期刊出版的整体状况进行了梳理，数据显示：被国际权威数据库收录的期刊数量在不断增加；期刊的影响因子总体有所提升，个别期刊进步显著。从对外学术交流看，英文学术期刊成为提升我国期刊国际影响力的重要载体。中国学术期刊通过组建国际化的稿件编审人员和吸引海外优质稿源来提高期刊质量。论文归纳了中国学术、科技类期刊在媒介融合中谋求数字化转型的几种途径，包括：加入大型数据库；开放获取；优先数字出版；利用自身专业优势组建数字化期刊集群；与博客、微博、微信等社交媒体联姻；进行学术论文数字化发布平台建设的尝试。[1]

尹玉吉、杨爽提出，学术期刊评估改革的必由之路是进行坐标式评估。他们认为，以往我国学术期刊评估只是进行了纵向考察和评估，即仅仅进行期刊本身质量的纵向评估，并且这种纵向考察往往局限于对学术期刊客体的评估，缺乏对学术期刊编辑主体的评估；以往我国学术期刊的评估更没有进行横向的、相对的质量评估。以后的学术期刊评估应当补充主体评估，更要进行数学坐标式的纵横双向的科学评估，即补充进行横向评估。[2]

韦家朝对近年来业界关于要求学术期刊全面市场化的声音提出了质疑。他提出，学术期刊特别是人文社科期刊不全然适宜进行市场化。要维护民族文化、区域文化以及某些学科的发展，必须有资金、政策保证这些期刊的生存。要提高学术期刊质量、增强我国科研和文化实力，也不宜把所有学术期刊全面市场化。因此，应根据不同期刊类型进行改革，以引导和鼓励为主，区别对待。从繁荣国家文化角度考虑，坚持把社会效益放在首位，兼顾经济效益，找出学术期刊发展的最佳路途。[3]

---

[1] 杨春兰. 中国学术期刊国际化及数字化发展状况 [J]. 传媒，2014.12（上）.
[2] 尹玉吉，杨爽. 学术期刊评估改革的必由之路：坐标式评估 [J]. 中国科技期刊研究，2014.25（1）.
[3] 韦家朝. 对要求学术期刊全面市场化的质疑——以人文社会科学类期刊为例 [J]. 广西大学学报（哲学社会科学版），2014.3.

康军从促进学术资源全社会共享，推动创新型国家建设出发，分析了我国学术期刊开放存取的现状和阻力，结合国内学术期刊出版业态和社会制度的特点，提出应构建具有中国特色的学术期刊开放存取模式：认同数字期刊，为学术期刊开放存取提供宏观制度保障；明确学术成果公共品属性，合理定位数据库企业性质，实现学术期刊和数据的无缝连接；加大经费投入，引入社会资本参与学术信息服务行业，激发市场活力。[①]

为了回应网络兴起环境下各种"唱衰传统媒体"的言论，解读学术期刊编辑应该具备哪些基本素质，赵文义、赵大良从学术研究行为和学术期刊出版行为的基本特征出发，梳理学术期刊编辑素质的内在要求，即学术素质、市场素质和宣传素质；提出学术期刊编辑自身的责任意识和担当精神以及学术期刊编辑职业的制度安排是学术期刊编辑素质的重要内生条件，据此，论者提出，应从学术期刊出版制度这个根源出发，在学术期刊出版的正式制度和非正式制度中凸显学术期刊编辑的价值和功能，让学术期刊编辑的创造性劳动能够获得社会学意义上的合法性，能够取得全社会的认可、认同和尊重。[②]

刘辉等人通过对我国当下学术期刊出版产业化发展存在的问题进行分析，探讨了学术期刊产业化发展的各种过程，构建了学术期刊出版产业发展的逻辑。研究表明：学术期刊出版产业化发展必须经历企业化、市场化，当下的学术期刊的转企改制只是学术期刊出版产业化发展的开始。在学术期刊企业化之后，学术期刊出版需要进行市场化运作，只有这样才能使学术期刊出版真正达到优胜劣汰的良性循环。[③]

王浩斌以期刊影响因子为考察中心，探讨了社会转型期的学术生产方式与学术评价问题。他主张，"科学引文索引"是西方学术处于"科学范式"阶段的产物，基于引文统计的影响因子等量化评价方法必须与高度的学术专业化分工和成熟的学术共同体联系在一起才能有限度地运用于学术评价中，即使如此，其在人文学科评价中的作用仍十分有限。当今中国学术特别是人文社会科学承担着启蒙与科学两种使命，在社会转型期启蒙的功能更为突出；同时，许

---

① 康军. 构建中国特色学术期刊开放存取模式 [J]. 中国出版, 2014.3（下）.
② 赵文义，赵大良. 学术期刊编辑素质的内在要求与内生条件 [J]. 出版发行研究, 2014.6.
③ 刘辉，田华，赵文义. 企业化、市场化、产业化——学术期刊出版发展的逻辑建构 [J]. 科技与出版, 2014.1.

多学科尚处于初创期，学术分工和学科边界并不清晰，学术共同体还没有真正形成。因此，在应用引文计量数据进行学术评价和期刊评价时，需要正视这一现状并以此为分析基础加以改进。①

八、"编辑素养"研究开拓新视角

曾建辉对"编辑资源"进行了理论探讨。他认为，编辑资源是编辑活动中涉及的社会资源的总和，是包含"物质资源"和"非物质资源"的综合体，主要由作者资源、内容资源、平台资源和受众资源四要素组成。在数字化背景下，编辑资源四要素发生了相应变化，表现在作者资源的多元化与竞争化、内容资源的海量化与碎片化、平台资源的网络化与融合化、受众资源的细分化与个性化。这些重大变革，呼唤并推动着"大编辑"思想理念和行为模式的产生。②

靳青万认为，编辑用体需求问题，与编辑活动的科学发展及编辑活动效益的实现紧密相关。它是编辑用体研究的最核心与最精彩的部分，具有重要的理论意义与实践意义。影响编辑用体需求的主要因子有需求类型、需求层次、需求背景、需求基础、需求心理、需求动力等。编辑用体研究的方法有需求调研法、换位感受法、信息推衍法、信息捕捉法和需求测算与数学建模法等。③

唐晓云考察了上海书店出版社的"编辑沙龙"，认为上海书店出版社把"编辑沙龙"看成是青年编辑成长的一个园地、一所学校。"编辑沙龙"致力于引导青年编辑面对快速多变的市场环境，努力打造出版企业的核心竞争力。通过形式多样的沙龙式学习，使青年编辑获得自我提高、自我更新的能力，实现个体与工作的真正融合。④

禤胜修通过对编辑基本规律已有研究的考察，对编辑基本规律的研究范

---

① 王浩斌. 社会转型期的学术生产方式与学术评价——以期刊影响因子为中心［J］. 南京大学学报（哲学人文社会科学版），2014.2.
② 曾建辉. 对"编辑资源"的理论思考［J］. 出版科学，2014.1.
③ 靳青万. 编辑用体需求研究［J］. 中国编辑，2014.1.
④ 唐晓云. 编辑沙龙：建设学习型编辑团队的一种尝试［J］. 编辑学刊，2014.4.

畴、理论界定、数量构成、语言表述四个问题进行讨论，认为：编辑基本规律的研究范畴应限定在编辑活动本身；编辑基本规律是编辑活动的普遍规律，是运用各种编辑形式的总原则，决定各种编辑形式的具体规则并体现在各种编辑形式之中；"编辑基本规律只能有一条"的说法过于武断，无益于编辑基本规律的深入探讨；"内容＋规律（律）"的格式是编辑基本规律的最优表述形式。①

李金正、陈晓阳提出应对编辑活动的精神生产特性进行再认识。他们认为，全面深入地理解编辑活动的科学内涵，须认清其精神生产本质，但编辑活动在马克思"全面生产"知识谱系中的确切定位却是一个理论难题。文章通过对精神生产主要类型和层次的逐层厘清指出，编辑活动突出地表现为一种广义的艺术生产活动。这种理解在不失精神生产一般原则的前提下，合理地兼容了编辑活动的科学理性特点，不仅显示了学理上的必然，也体现了结合当代社会语境的必需，达到了理论和事实的统一、逻辑和历史的统一。②

聂震宁梳理了编辑人员在行业的文化属性和经济属性产生错位的形势下所面临的内在困境，如出版理想与经营任务常常处于矛盾之中；编辑人员责任太大而权利有限；不同专业的编辑必须面对同一把经济尺子；治学者一为编辑，便面临失却专业的危机；激烈竞争的出版业已经容不下一张平静的课桌。据此，论者提出，在行业转型任务空前繁重、市场竞争空前激烈、坚守文化本位愈发困难的形势下，应进一步强化编辑职业自豪感和自信心，强化出版业的文化价值，探索完善出版业内考评办法，优化编辑人才结构；重视出版文化建设。③

周琳达撰文认为，随着社交媒体发展，编辑工作面临挑战和机遇。社交媒体编辑岗位的出现，编辑力的内涵也有所革新，基于大数据分析、全媒体到达的编辑"新四力"：判断力、决断力与发现力、呈现力，可通过传统编辑工作与社交媒体操作实现对接。④

---

① 褟胜修. 编辑基本规律研究的几个问题 [J]. 出版科学，2014.1.
② 李金正，陈晓阳. 编辑活动的精神生产特性再认识——基于马克思"全面生产"的理论视野 [J]. 编辑之友，2014.10.
③ 聂震宁. 关于当前编辑困境的思考与对策 [J]. 中国出版，2014.5（上）.
④ 周琳达. 社交媒体环境中编辑力的开发 [J]. 编辑学刊，2014.1.

朱湘铭分析了编辑学养对古籍编校工作的影响。他认为，古籍的整理出版通常会涉及天文、地理、历史、文学等多学科知识，需要编辑具备深厚的学养。编辑学养既包含多学科的知识储备，又包含敢于质疑、严谨对待工作的精神，以及勤于思考、经常翻检工具书或向他人请教等良好习惯。此外，在平常的工作与学习中还要善于积累相关的知识、经验，惟其如此，才能不断增加自己的学养。[①]

李金正提出，面对当前编辑主体性的困境，有必要建构一种契合于当前语境的编辑主体性理论。文章从哲学的角度来建构编辑的主体性，强调编辑的主体性构成包括三个方面的矛盾统一，即工具理性和价值理性的统一、市场意识和审美意识的统一、个体主体和交互主体的统一。这三重对立、六个方面不仅是对既有编辑主体性特点的有机整合，也是对当前编辑主体性困境的一种系统的理论回应，具有整体关联性和现实针对性的特点。[②]

九、"出版走出去"研究更具全球视野

加强图书版权输出，不但对于我国出版业在国际图书市场立足有着极为重要的意义，更关乎中华文化在全球的影响力。金元浦、崔春虎总结了2003年—2012年10年间我国版权输出活动的现状与主要特点，分别分析主要输出地的基本情况，指出我国当前版权贸易中的主要问题有：版权资源合理利用率低，版权贸易结构不合理，版权贸易的市场定位模糊不清，操作模式不灵活，引进与输出比例严重失衡，运营思路和手段与国际惯例相冲突，版权贸易从业人员素质偏低，量质失衡等，并据此提出如下三点建议：在政府层面，重点要放在政策倾斜和促进建立市场体制上；在行业层面，重点要放在版权机构、版权代理和人才培养上；在出版社层面，重点要放在经营管理战略和策略分析上。[③]

---

① 朱湘铭. 编辑学养对古籍编校工作的影响［J］. 出版科学，2014.1.
② 李金正. 论编辑主体的三个二重性——建构编辑主体性的理论尝试［J］. 中国编辑，2014.1.
③ 金元浦，崔春虎. 中国对外出版及版权交易年度发展研究——现状、问题、特征与趋势［J］. 湖南社会科学，2014.3.

周蔚华、钟悠天认为，自2003年新闻出版走出去战略实施以来，我国出版业走向国际图书市场的步伐不断加快，成绩斐然。但是，我国出版业的走出去现状与我国的整体对外开放水准显然还不相配，我国出版业在国际出版市场上的市场份额以及影响力与我国在当代世界格局中的政治经济地位极不相称，这就要求我国出版业走出去发展战略不能满足于目前较低水准的走出去，要从数量增长转向质量提升，实现走出去战略发展方式的转变，具体地说就是要实现"六大转向"：从出版走出去转向文化走进去；从走出去转向"扎下去"；从周边输出转向全球流动；从人文知识表达走向多元知识传播；从知识传播转向价值认同；从单载体输出转向多载体互动。①

张梅芳、刘海贵通过对政府扶持的"会展平台"样本数据发现，虽然博览会交流方式对于我国出版业"走出去"有着重要的平台支撑作用，但近两年来法兰克福书展和北京书展两大书展对全国版权输出的贡献比例出现了较大幅度的下滑。以政府为主导的博览会模式，重在国际贸易环节的便利性支持，博览会的集聚和辐射作用没有扩展到全国产业竞争力培育当中，对迈克尔·波特提出的"钻石模型"的四要素之间关系结构的优化缺乏关联性。政府对企业参与博览会的扶持政策与国内产业竞争的既有格局脱节，国内产业竞争力培育政策之间存在割裂。为此，应该有进一步的配套政策推动我国出版产业形成全国性统一市场，形成产业要素的集群化聚合，发挥我国超大规模国内市场的天然优势。②

范军对出版走出去进程中的译介工作进行了探讨。他认为，应充分肯定译介在出版走出去的重要作用，也要清醒认识出版译介工作存在的问题，如没有充分考虑境外受众的接受心理和习惯，影响了出版译介的效果；缺乏政府管理部门、翻译界、出版界、学界的联动机制；翻译人才的缺乏导致许多图书还难以进入国外主流渠道。据此，应加强统筹协调，建立联动机制；科学制定规划、认真加以落实；把握发展规律，实施本土化战略；加大政策扶持，优化资源配置；构建人才体系，建设人才队伍。③

---

① 周蔚华，钟悠天．中国出版走出去要有六个转向［J］．中国出版，2014.4（上）．
② 张梅芳，刘海贵．基于"博览会模式"的我国出版业"走出去"政策反思与优化［J］．新闻大学，2014.12．
③ 范军．关注出版走出去进程中的译介工作［J］．中国翻译，2014.4．

胡兴文、巫阿苗提出，中国文化走出去是一个庞大的系统工程，涉及政策制定、项目策划、受众分析、语言转换、出版发行、效果评估等各个方面。中国文化走出去，必须在翻译出版过程的各个环节面向受众，根据受众的不同，在翻译选材、译者模式、翻译方式、翻译策略、翻译方法、翻译出版等翻译过程的各个环节面向受众，惟其如此，翻译才能在受众心中为中国文化走出去架设沟通的桥梁，才能更好地跨越语言的鸿沟，在国际社会树立中国良好的国家形象，扩大中华文化影响力，进一步提升中国的文化软实力。[①]

崔斌箴对美、英、法三国出版业"走出去"的政府推动因素进行了分析。研究表明，美国政府对出版走出去的推动主要表现为通过行业协会等间接机构来实施隐性政策，法律方面抓市场管理手段；在税收方面，实行图书进出口免税；在财政方面，通过投资和基金等方式鼓励图书出口。英国政府主要借助语言优势，倡导"出版无国界"观念，设有多个机构合力支持图书国际版权输出和出口。法国政府除了设立主管机构和行业协会之外，还通过政府财政拨款资助、减免税收、低息贷款、海外知识产权维权等方式来鼓励出版走出去。[②]

（冯建辉　中国新闻出版研究院）

[①] 胡兴文, 巫阿苗. 中国文化走出去: 面向受众的翻译出版路径 [J]. 中国出版, 2014.1（下）.
[②] 崔斌箴. 美、英、法出版业"走出去"的政府推动因素分析 [J]. 对外传播, 2014.4.

第四章 港澳台地区出版业发展报告

第一节 2014年香港特别行政区出版业发展报告

一如预期，2014年香港特区图书出版业本身没有让人感到惊或喜，不景气已成为业界的"新常态"，包括出版量大概与前几年持平、新书印量越来越少、重印更少、没有超级畅销书、整体销售下跌等。最大的意料之外，应只有9月底突如其来的"占中"风波，令位于旺区的书店经营更加困难。业界对香港特区书业本身的总体感觉是很平淡、很平静。这种看似平淡平静的现象，希望是业界自我稳固与调整的反映，是为了进行转型而过渡。但平静不等于没有变化。2014年我们也看到了近年来香港特区图书市场的一些变化，可值得留意。

一、图书阅读趋势

香港特区的书店经营，过去几年都格外艰难。一是出版品种不够丰富，市道低微，业界也缺乏特别进取的精神，对出版新书或再版加印仍偏向保守；同时市场又缺乏引起关注的畅销书。因此，努力维持长销品种，以及开拓新板块，显得更加迫切。

（一）童书市场持续扩大

综观各个类别，2014年童书市场持续扩大，中英文读物皆呈现高增长。迪斯尼电影小说 *Frozen* 及其中文版《魔雪奇缘》（香港新雅）获空前成功，销售分别以万册计；向来归入童书类的青少年小说，受电影及学校阅读报告推荐书单等影响，也获得不错成绩；绘本类以往并没有太突出成绩，而2014年台版及外文版的优质绘本，开始受到更多家长欢迎。除了书店的大力推广，家长对孩子阅读的要求及读物素质不断提高，也直接带动了销售。

近年来出现不少为儿童开设的英语学习课程。例如牛津、剑桥等著名出版品牌早有相关业务，并逐渐得到家长认同；香港商务印书馆下属机构 EdFun 增拨资源，定期举办讲座及工作坊，以老师及学生为对象，推广英语学习，乃至坊间许多学习中心都增设儿童英语课程。这些都有利于童书销售。

（二）港版书重见增长

近年来港版书销售放缓，2014年则重见明显增长。香港特区的财经类阅读市场，曾以实用性的股票投资图书为主，后因大市波动，此类图书的销售热潮逐渐减退，有好几年甚至没有任何一本投资图书能登上年终畅销榜。2014年受财经市场新兴投资项目带动，《楼换楼》（三次坊）、《买起日本楼——不动产致胜策略》（博颢出版）、《买起英国楼》（三次坊）等图书都颇受欢迎。

（三）流行读物的新型态

值得一提的是，过去两三年，网络小说销售不断扩大，许多新作者在网络讨论区连载小说。这与传统媒体如期刊及报纸专栏稍有不同，其创作时间及空间相对更加自由及自主，又多以香港城市为小说背景，或以广东话入文，随即吸引大量读者。这些小说后转回纸质本出版，仍然大受欢迎。2014年这类图书进入调整巩固期，销售虽不及最初时期，但个别作者的创作及出版频率逐渐稳定，还是吸引了一定的消费者。

2014年香港特区还有一批极受欢迎的流行书作家，如邝俊宇、Middle、孤泣等。这些作家群的文字简洁、容易吸收，并以爱情或城市触感为主题，常被称为"治疗系"写作人。擅长作多方位宣传推广也是他们的特色，例如在脸书上分享创作，或举办 talk show 及唱歌活动，与读者紧密互动等。然而，这些作品的内在质量，读者评价参差不齐。一方面作品吸引了大批读者，如邝俊宇和 Middle 的书，2014年均打入香港商务小说及散文创作类前三名，同时也有其他创作人以戏谑的方式，模仿他们的写作风格，或分析这种阅读从何而来。

（四）人文社科类图书与社会关怀

2014年人文社科类图书受到更多关注。香港社会经历巨大变化，皆引起不少讨论。各出版社适时推出相关的话题性图书，捕捉当下的时事议题；与此同时，偏向深层次讨论或严肃的政治哲学类图书，也有一定销量。

（五）历史类图书出版量丰富

2014年为第一次世界大战发生100周年，华文世界及英美都有大量出版物问世，战役图书（包括第一二次世界大战）大行其道。英文著作如 *The Guns of August*、*Storm of Steel* 等经典重现，吸引了当代的新读者。本地学者的作品也受到高度重视，例如邝智文的《老兵不死》（香港三联）以及《孤独前哨》（香港天地）等，既叫好又叫座。

（六）生活类图书进入深度调整期

以往以经典及养生传统食谱为主的生活类图书，逐渐进入调整期。近年来，此类图书以年轻人为读者目标的出版物占多数，例如《日日煮食谱——60道新手都煮得到的简易菜式》《小厨房煮大餐》（香港青马文化），部分作者先由部落格（博客）走红，后在出版社出书。销量很好的还有快餐制作，提倡素食及健康烹调等图书，还有以单一煮食工具为内容的食谱，如铸铁锅等。这类作品既围绕精细巧手煮食方法，同时展现生活品味。

二、出版及零售情况

（一）门市营运的新模式

继2013年香港三联书店"元朗文化荟"、中华书局"慢读时光"概念店先后成立后，2014年，一些新模式的书店继续出现。在壹叶堂（PageOne）海港城店扩充成占地两层、面积达3.5万平方呎的概念店中，除了一般卖书区域，还有平台花园、礼品部、家具部、餐厅和Cafe烘焙店等，比香港诚品更具规模。虽然壹叶堂一直以销售外文书为主，但从海港城概念店的布置，例如在店中央，左面是村上春树的英文书，右面是村上春树的中文译本，形成中英对照，店内的墙身书架也是这样分布，左英右中，反映出壹叶堂加强中文阅读，突出香港强调"两文"的特色。

一些书店在传统书店之外，努力摸索针对特定读者群的经营方针。香港商务印书馆2014年进驻香港历史博物馆，开办全新风格的主题图书礼品店"Passage"。"Passage"含"篇章""通路"之意，目标是与读者一同翻开千年的历史篇章，通往寻求知识的道路，吸引对本地历史文化感兴趣的读者。店内图书以本地及华南史地著作为主，同时引入多款具本土特色的创意礼品，例如电车及巴士模型、香港特区街景文具、怀旧铁盒和购物袋等，打造一家以本地意念为核心的概念书店。此外，香港商务印书馆继进驻香港城市大学、香港科技大学及香港中文大学后，又到香港理工大学书店开新店，占地2 200呎，提供海内外优秀学术出版物、大专用书及最新中英文图书，为该校师生营造一个充满文化氛围的聚集地。

（二）生活类图书何去何从

"吃喝玩乐"是香港人一向追求的生活享受。据一些生活类图书出版社所做的读者问卷调查，发现香港人对饮食的追求始终是排第一，玩乐排第二，购物排第三。这项调查结果与畅销书榜的排名大致吻合。生活类图书是继小说之后最受读者欢迎的类别，而饮食类则一直是生活类的销售首位。尽管如此，生活类图书却面临着严峻的挑战。

随着互联网技术的发展，读者极易获得日常生活信息，例如可以在Youtube上搜寻到许多教授厨艺的影片，相比传统的纸本食谱更具吸引力，更有真实感，又可以重复观看。又如旅游信息在互联网上更丰富，相比纸本旅游书更新数据更快。可见生活类图书正处在互联网冲击的十字路口上，需要寻求转型与创新。一些出版生活实用类的出版社正寻找新路，例如，香港联合出版（集团）有限公司下属的万里机构出版有限公司就提出以版权合作为基础，在出版的主体板块上，不限形式、灵活多样地与各地伙伴合作经营，以大版权经营的构想和格局，延伸和拓展核心业务的范围与效益，与不同地区的出版社共同建立一个生活出版国际合作大平台。

（三）本土题材有待深化

上世纪九十年代，自香港三联书店锐意开拓香港题材的出版物，以适应本地社会需求开始,本土题材已成为香港不少出版社的重点选题板块。例如香港联合出版(集团)有限公司下属的三联书店、中华书局、商务印书馆都以本土题材为开发的重点。目前,本土题材出版物仍然受到读者追捧,每年香港书展都可尽览无遗。

2014年香港书展,本土题材仍然是各大出版社的重点项目。香港商务印书馆、中华书局、三联书店等都分别推出了超过十种的本土主题的出版物,例如《香港指南》《四分之三的香港》《得闲去饮茶》《老兵不死:香港华籍英兵》等。在各出版社努力下,本土题材出版物依然吸引着大众读者的眼球,例如三联书店的《猫猫圆圆正好眠》、商务印书馆的《香港指南》以及中华书局的《港岛海岸线》等的销售都相当可观。

本土题材出版物一直为香港读者所接受,销售也十分理想。但近年来本土题材已开始有"泛滥"迹象,品种多而质量不一定好,所以出版社应深思未来本土题材出版物应如何深化,逐步向专题及细化转型。

(四) 电子书业务新动向

2014年6月,香港青年协会访问了522名年龄介乎10～24岁的本地年轻人。结果显示,绝大部分受访者都有运用电子产品进行阅读的经验,一些出版商曾努力推动电子书业务。

继2013年联合出版集团推出集实体书店、网上书店和文化活动于一身的电子平台"超阅网",以及"Google Play图书"与本地大型出版社合作,推出一系列电子书服务之后,2014年,互联网技术在出版业得到了进一步扩展与深化,出现了跨网络媒体平台。联合出版集团下属的云通科技就是这样一个多元化平台。该机构为客户提供系统集成、软件开发、网站设计、运维服务、在线营销、电子商务集成等一站式解决方案。

香港联合出版(集团)有限公司下属各出版社已实现新书电子和纸本同步出版、同步上线。此外,专门出版电子期刊的Allmag与香港大渡出版社合作,推出电子应用程序"大渡漫画APP",免费提供多版本漫画,电子与纸本同步推出,每周更新,供读者在不同平台下载阅读。

有业内人士根据欧美国家的经验估计,香港特区电子书市场在未来三至五年会快速完善,而未来十年会出现电子书和纸本书比重的"黄金交叉点"。

三、教育出版

(一) 两大出版商会合并,增强实力

香港课本出版两大商会——香港教育出版商会与香港中英文教出版事业协会,经过多年酝酿,于2014年暑假正式合并,定名为"香港教育专业出版商会"。两个商会同是1975年成立,时值本地教科书发展的黄金时期,两家分别代表当时众多的外资及华资书商。时至今日,由于经历中小学生人数先后下跌、高中选修科目繁杂令课本市场萎缩等状况,香港特区现存活跃的出版社不多,加上两商会在架构及职能上有重迭,合并确能提升效率及功能。

合并后的出版商会,仍会就课本价格、"五年不改版"的规定,以及加入电子教科书适用书目表等议题为业界向有关部门代言。随着时代发展,出版商会不仅团结传统书商,也欢迎出版电子教科书的开发商加入。

(二) 电子课本适用书目表首次推出

特区政府教育局于2014新学年首次推出"电子课本适用书目表",19套送审的电子书中有3套未获通过。获通过的有13套小学电子书及3套初中电子书。电子教科书业界希望以前获资助铺设无线网络的100所学校中,有一半会使用电子课本。但教育界对采用电子课本仍有保留。一是各科可供的选择不多,有些主科如小学数学科、初中中文科及数学科等仍不好沟通,二是部分电子课本在制作上仍有不少纰漏,须待改善。不少校长均表示不会在新学年采用电子课本,会在日后了解其他使用学校的评价后再作考虑。

教育局积极推动电子课本,本欲透过扶持新竞争者令书价下调。综观适用书目表,整体电子课本的平均售价较传统印刷课本便宜约30%,个别科目如初中地理科及初小普通话科电子课本平均售价更比印刷本便宜接近70%;但也有个别电子课本的售价高于印刷本的最低价格。部分校长对电子课本能否解决书价问题不寄厚望,认为发展电子课本困难重重,未必可以维持低售价。

事实上,电子课本缺乏传统出版商的参与。参与者即使有高水平的制作技

术，但对教学需要了解不深，也未必能达到学校的要求。因此，教育局批准传统出版商最快在2015年可提供开拓计划外科目的电子课本。传统出版商会响应，但要看成效再决定是否参与，并已表明他们的电子课本未必保证能比实体书便宜。

（三）适龄入学儿童人数及高中应考生的增减

2014～2015新学年，香港特区升中学适龄学童人口再减少3 000多人。全港更有9所中学因生源不足面临着停办；反之，因跨境学童的关系，升读小一适龄学童持续上升，比往年增加2 000人，预计2018～2019年度会达到高峰。为适应上述中小学童人口及应考生人数的变化，教科书出版商均制订出相应的出版策略，包括调节中学，尤其是高中课本类及参考书类的出版品种和出版量，并严控成本以抵御市场萎缩所造成的影响；另一方面，出版商积极开发小学补充练习类及儿童书类产品，抢占扩展中的小学市场，增加收益。

（四）课程及考评修订影响教育出版

特区政府教育局及考评局于2012年开始咨询和检讨新高中课程及文凭试内容，并于2014年开始陆续落实相关的修订，例如高中中文课程将于新学年加入12篇文言指定学习材料，而考核内容，2016年将取消卷二及卷四，并合并为新卷三。

以上论述，反映出2014年香港特区出版业界的一些深度的状况，包括出版版块的重新定位和思考（如本地题材、生活实用类图书等）；电子出版的尝试转型，包括综合类出版、教育出版和期刊；本土题材及童书的增长；新形式书店的应运而生；行业商会机制改革等。在不景气的"新常态"中，业界面对眼前的经营压力，更重要的是思考未来的生存问题。我们深切期待深度的调整，是为了转型和巩固，香港特区图书出版业不久即会出现一些新面貌。

[李家驹、刘美儿、梁伟基、潘浩霖　香港联合出版（集团）有限公司]

第二节 2014年澳门特别行政区出版业发展报告

近年来，澳门特区政府为了避免博彩业独大，积极采取各种措施，以实现经济多元化，如大力推动文化创意产业及会展业发展，同时加强人才培育及引入专才，以迎接进入国际城市的机遇。2014年由于受到国内政治环境的影响，博彩业收入出现下滑现象。基于上述的新形势，澳门特区出版业将面临哪些挑战，又有哪些新发展，成为本文探讨的主要内容。

一、澳门特别行政区出版业发展概况

(一) 出版物的基本情况

本文的主要统计数据来自澳门中央图书馆、澳门大学图书馆以及几家主要出版机构的网上目录。澳门回归以来，15年来共出版了9 496种书刊，分别为新出版图书8 854种、新创刊期刊642种，平均每年约有590种图书出版，42.8种期刊创刊。参见表1。

表1 2000~2014年澳门特区图书出版数量统计

年份	图书（种）	期刊（种）	总计（种）
2000	506	47	553
2001	527	33	560
2002	582	51	633
2003	581	48	629
2004	702	48	750
2005	584	40	624

(续前表)

年份	图书（种）	期刊（种）	总计（种）
2006	619	44	663
2007	606	50	656
2008	639	48	687
2009	674	45	719
2010	626	45	671
2011	636	49	685
2012	591	51	642
2013	546	24	570
2014	435	19	454
总计	8 854	642	9 496

截至2015年5月1日的调查统计，澳门特区2014年共出版具有国际书号、国际期刊号及较重要的出版品458种，包括普通图书、特刊、期刊等。在这个小城市，每天约有1.25种书刊出版。参见表2，2014年澳门特区出版书刊主题分析。该表显示，各主题书刊的出版量与2013年相比有较大的差异。2013年列第一位的艺术类书刊，在2014年仍稳居第一位，共计58种；第二位是由2013年的第九位攀升的文学类，共计52种；政治及公共行政类列第三位，共计48种；第四位为经济及历史类，各39种；第五位为法律类，共计35种；第六位为社会类，共计29种；第七位为教育类，共计23种；第八位为综合及科技类，各13种；第九位为通讯类共计10种；第十位为体育类共计8种。

表2 2014年澳门特区出版书刊主题分析

排名	主题	出版数量（种）
1	艺术	58
2	文学	52
3	政治及公共行政	48
4	经济	39
4	历史	39
5	法律	35
6	社会	29
7	教育	23
8	综合	13

（续前表）

排名	主题	出版数量（种）
8	科技	13
9	通讯	10
10	体育	8
11	宗教	7
11	旅游	7
11	饮食	7
11	语文	7
11	医学	7
12	博彩	6
12	摄影	6
13	统计	4
14	地理	3
14	音乐	3
15	哲学	2
15	图书馆	2
15	戏剧	2
16	人口	1
16	心理	1
16	书目	1
16	电影	1
16	舞蹈	1
	总计	435

以下对排名前十位的主题图书的出版内容进行分析。

排名第一位的艺术类图书，引证了近年来得益于澳门特区政府大力推动文化创意产业及展览业的发展成果，主要以民政总署出版国内外知名的艺术家、博物馆等来澳门特区展出的作品集及场刊为主。此类图书由于设计精美、内容充实的专刊特色，成为澳门特区图书市场的热点，除在两岸出版业界中获得良好的口碑外，境外市场销售也不错。另外，澳门基金会也出版了本地艺术家作品系列，使本地艺术家的作品得以结集出版。

第二位为文学类图书，是另一类文化创意作品。此类图书由2013年的22种，急升至52种，增长了一倍多。其主要原因是澳门文化局及澳门基金会分别推出不同的文学系列作品集；其次是文学社团及机构，累积了新的作家作品结集出版，如澳门故事协会、澳门近代文学学会、澳门日报出版社等均出版了大量书刊。

第三位为政治及公共行政类。其作品内容以澳门特区政府部门的年度工作报告、立法会选举以及政府倡导政制为主。本年度由于受到新的行政长官选举等较大的政治活动影响，此类图书的出版量比往年有所增加。

第四位分别为经济类及历史类图书。前者以各类统计调查报告、商业机构或社团的年度报告及特刊为主，专著作品均不多，题材以澳门本地为主，未能在境外图书市场引起读者购买的意愿。至于后者，2014年度的历史类著作较2013年略微减少，共出版了39种，少了9种。历史类作品更专注澳门本地的历史，主要原因是澳门理工学院开展澳门地方史的研究工作，并将多种研究成果结集出版。此外，澳门大学也为推动澳门学研究出版了系列著作。澳门国际研究所出版了有关土生葡人的历史专著，澳门民政总署及文化局出版了大型历史展览及名家讲堂的特刊、澳门各区掌故及本地历史研究的新著作。澳门著名历史学者陈树荣，也将多年收集的澳门文献资源结集出版，为研究澳门历史的人士提供了不少第一手资料。归纳分析，虽然历史类题材以澳门为题，但是作者在内容上引入了较多新元素及第一手材料，加上排版精美悦目，有利于读者阅读及欣赏，预计历史类书刊会在市场上有较好的发展。

第五位为法律类著作。此类以往曾是著作较多的类别，近年来作品已逐步减少。究其原因，应为回归以来出版的澳门法律范畴书刊，基本上已填补了以往的空间，加上几家出版澳门法律专著的机构减产的缘故。由于法律书刊往往成为本地法律从业人士及修读法律系学生的教材与参考书，所以在内销市场有一定的需求。

第六位为社会类。主要是以社团特刊、社会调查及统计为主。

第七位为教育类。以学校年度特刊、校内通讯等内容为主。

第八位为综合类及科技类。其中后者以医学类为主，包括机构年度报告、统计调查及倡导教育等内容。

第九位为通讯类。如邮政局出版的图册、电讯公司的特刊等。

第十位为体育类。主要为各项大型比赛活动的场刊。

在出版语种方面，可参见表3的分析。2014年度出版共计中文220种、中葡英文 70 种、中葡文 40 种、中英文 39 种、葡文 37 种、英文 22 种、葡英及其他 4 种、葡英 2 种、中葡英德及中葡英法各 1 种等。虽然澳门特区定位为国际休闲中心，外资博彩业在此有一定的影响力，澳门又为葡语地区交流的平台，但图书出版仍以中文书为主，英文作品则集中在社会及旅游方面，葡语作品主要为艺术、法律及公共行政作品。澳门特区不少政府出版物以中葡或中葡英三语出版，多语种出版仍然是其在华文地区出版的特色，总计作品中有中文 371 种、葡文 154 种、英文 138 种。

表3　2014年书刊出版的语种统计

语种	2014年出版数量（种）
中	220
中葡英	70
中葡	40
中英	39
葡	37
英	22
葡英其他	3
葡英	2
中葡英德	1
中葡英法	1
总计	435

在出版机构方面，根据澳门中央图书馆 2014 年的统计报告，2014 年度，以不同类型的出版单位来计算，政府部门 47 个单位出版书刊共 264 种，占比最多；其次为社团组织，共 60 个单位，出版书刊 84 种；第三为私人出版单位，共 18 个，出版书刊 63 种；第四为学校，有 4 个单位出版书刊 14 种；最后为个人自资出版 8 个，出版书刊 10 种。2014 年度出版单位的特色是不再由几个大出版单位独占大部分的出版数量，反映出澳门特区的出版正在向多元化发展。参见表 4。

表4　2014年各类型出版单位数量及出版书刊数量统计

出版单位类别	2014年单位数量（个）	2014年出版数量（种）
政府部门	47	264
社团	60	84

(续前表)

出版单位类别	2014年单位数量（个）	2014年出版数量（种）
私人出版单位	18	63
学校	4	14
作者自资出版	8	10
总计	137	435

表5为特区政府出版单位出版数量排行。共有47个出版单位出版264种图书。排名前五位的依次为民政总署、文化局、统计暨普查局、澳门理工学院、澳门基金会及澳门大学。前五位的出版量为154种，占政府出版品数量的58.33%，接近60%。

表5 2014年特区政府部门出版数量排行榜

排名	单位名称	出版数量（种）
1	民政总署	33
2	文化局	32
2	统计暨普查局	32
3	澳门理工学院	24
4	澳门基金会	21
5	澳门大学	12
6	教育暨青年局	8
7	行政公职局	7
7	法院	7
8	法律及司法培训中心	6
8	社会保障基金	6
8	邮政局	6
9	房屋局	5
9	金融管理局	5
9	财政局	5
10	澳门旅游学院	4
10	廉政公署	4
11	社会工作局	3
11	旅游局	3
11	新闻局	3
11	经济局	3

（续前表）

排名	单位名称	出版数量（种）
11	体育发展局	3
12	科学技术发展基金	2
12	负责任博彩推广活动筹委会	2
12	劳工事务局	2
12	审计署	2
12	卫生局	2
12	澳门生产力暨科技转移中心	2
12	澳门政府有关部门	2
13	司法警察局	1
13	立法会	1
13	印务局	1
13	防治艾滋病委员会	1
13	治安警察局	1
13	法律改革及国际法事务局	1
13	个人数据保护办公室	1
13	海事及水务局	1
13	消防局	1
13	能源业发展办公室	1
13	妇女事务委员会	1
13	推动构建节水型社会工作小组	1
13	贸易投资促进局	1
13	澳门科技发展基金会	1
13	澳门科学馆	1
13	澳门健康城市委员会	1
13	澳门监狱	1
13	检察院	1
	总计	264

表6为社团机构出版数量排行榜。共60个单位出版84种图书。澳门国际研究所出版5种书刊，位居榜首；第二位为澳门管理专业协会，出版4种；第三位为澳门街坊会联合总会，出版3种。

表6 2014年社团机构出版数量排行榜

排行	出版单位名称	出版数量（种）
1	澳门国际研究所	5
2	澳门管理专业协会	4
3	澳门街坊会联合总会	3
4	别有天诗社	2
4	利氏学社	2
4	松风文化艺术协会	2
4	云霓文化艺术传播协会	2
4	圣公会港澳教区	2
4	圣公会澳门社会服务处	2
4	澳门中华新青年协会	2
4	澳门中华学生联合总会	2
4	澳门扶康会	2
4	澳门辛亥、黄埔协进会	2
4	澳门防止虐待儿童会	2
4	澳门房地产联合商会	2
4	澳门明爱	2
4	澳门发展策略研究中心	2
5	中葡友谊促进中心	1
5	牛房仓库	1
5	官乐怡基金会	1
5	培正中学同学会	1
5	望德堂区创意产业促进会	1
5	善明会	1
5	聚艺会	1
5	澳门大学校友会	1
5	澳门工会联合总会	1
5	澳门中华文化交流协会	1
5	澳门中华文化艺术协会	1
5	澳门中华诗词学会	1
5	澳门仁协之友联谊会	1
5	澳门公民素质发展研究中心	1

（续前表）

排行	出版单位名称	出版数量（种）
5	澳门心理学研究学会	1
5	澳门文物大使协会	1
5	澳门文遗研创协会	1
5	澳门付货人协会	1
5	澳门出版协会	1
5	澳门生态学会	1
5	澳门地产发展商会	1
5	澳门成人教育学会	1
5	澳门作家协会	1
5	澳门法学协进会	1
5	澳门近代文学学会	1
5	澳门故事协会	1
5	澳门记者联会	1
5	澳门基督教青年会	1
5	澳门教区	1
5	澳门望厦坊众互助会	1
5	澳门终身学习者协会	1
5	澳门创新科技中心	1
5	澳门创新发明协会	1
5	澳门视觉艺术协会	1
5	澳门顺德北滘同乡会	1
5	澳门新文化研究会	1
5	澳门业余艺苑	1
5	澳门经济学会	1
5	澳门剧场文化学会	1
5	澳门写作学会	1
5	澳门紫笙辉曲艺会	1
5	澳门濠江摄影学会	1
5	澳门讲播网青年会	1
5	澳门聋人协会	1
	总计	84

表7为私人出版数量排行榜。共63种，来自18个单位。前五位的出版数量合计为39种，占61.90%。澳门日报出版社排名第一，出版12种；第二为澳门科技大学，出版6种；第三为国际港澳出版社及澳门电讯有限公司，出版5种；第四为中华出版社及东方文粹，各出版4种；第五为Praia Grande Edições，出版3种。鉴于出版事业发达及发行网络完善的优势，澳门特区不少个人著作分别在境内外出版，或与社团合作自行出版。以往出版量较多的澳门学人出版社、当代中国艺术出版社、澳门出版社有限公司、澳门出版社、国际炎黄出版社、东望洋出版社等，出版量均有大幅下降，全年只出版一两种书刊，甚至没有书刊出版。出版社没有书刊出版就无法维持生计，所以部分出版社转以协助本地机构排版及制作工作。

表7　2014年私人出版数量排行榜

排行	出版单位名称	出版数量（种）
1	澳门日报出版社	12
2	澳门科技大学	6
3	国际港澳出版社有限公司	5
3	澳门电讯有限公司	5
4	中华出版社	4
4	东方文粹	4
5	Praia Grande Edições	3
6	中西文艺出版社	2
6	君亮堂出版社	2
7	iFoodMacau	1
7	Marshall Cavendish Business Information	1
7	土木工程实验室	1
7	大西洋银行	1
7	大丰银行	1
7	中国太平保险（澳门）股份有限公司	1
7	中国保险（澳门）股份有限公司	1
7	太阳城集团	1
7	利达通黄页有限公司	1
7	富记出版社	1
7	银河出版社	1

(续前表)

排行	出版单位名称	出版数量（种）
7	澳亚卫视	1
7	澳门人民美术出版社有限公司	1
7	澳门自来水股份有限公司	1
7	澳门讯息制作中心	1
7	澳门商业银行	1
7	澳门博彩年鉴	1
7	澳门电力股份有限公司	1
7	澳门银河综合渡假城	1
7	澳门镜湖医院	1
	总计	63

表8为学校出版单位出版数量排行榜。2014年度的学校出版品数量不多，可能是因为各大图书馆仍没有收到书刊的缘故，暂时统计到4所学校。以澳门培正中学出版8种最多；其次为澳门粤华中学4种；第三为澳门化地玛圣母女子学校及澳门培华中学各1种。

表8　2014年学校出版单位出版数量排行榜

排名	学校名称	出版数量（种）
1	澳门培正中学	8
2	澳门粤华中学	4
3	澳门化地玛圣母女子学校	1
3	澳门培华中学	1
	总计	14

2014年，澳门特区出版的报纸及期刊约有200种，大部分以机构的通讯为主。较重要的报刊有报纸10种及期刊30种，题材以澳门特区旅游、时事为主。学术期刊有60多种，内容以文史研究、法律、经济、教育等类别为主。2014年创刊的期刊有36种，包括澳门乐活展场刊展会日报、电报行动特刊、博彩与旅游休闲研究、反思、法律等期刊。

（二）　出版业界的交流

澳门特区从事图书出版业的人员不足2 000人，分别在近300个出版单位工作。其中有约40%为社团及业余性质的出版人，另有约500人从事报刊的出版与编辑工作。至于从事图书销售的人员不足300人。近年来，澳门基金会、澳门大学、民政总署、文化局及印务局均联合到澳门特区之外发行新书，2014年度澳门理工学院加入。但各单位仍在起步阶段，发行经验尚不足，主要是依靠香港特区的书商协助推广市场。

澳门特区每年的三次大型书展，分别在4月、7月及11月举行，先后由澳门出版协会及一书斋举办，每次均展出超过1万种图书，平均每次入场人数约有2万人，主要客源为图书馆及个人读者。在4月及11月举行的书展名为书香文化节，由澳门出版协会主办。前者由澳门星光书店承办，后者由澳门文化广场承办，并与台湾图书出版事业协会合作，展出台湾地区出版及教育用品1 000多种。

澳门业界也参加了"2014香港书展"，由澳门基金会及澳门文化局合办，澳门出版协会承办，销售情况一般。澳门大学出版中心曾先后三次参加"美国亚洲研究学会年会书展"。该书展聚集了约4 000名相关学科的与会者，加上数百位美国大学的东亚图书馆馆员参加，是一项非常重要的展览活动。此外，该中心及澳门国际研究所也参加了在澳门特区首次举办的国际性书展——第八届中国学者会议年会的书展。以上的参展单位均努力开拓区际图书市场，可成为澳门特区其他业界的榜样。

在法制方面，新闻局已修定澳门《出版法》及《著作权法》。澳门特区政府已逐步完善出版与著作权的法制建设，促进业界的发展。

此外，澳门基金会在其虚拟图书馆网页上加入了一项新的澳门出版物检索服务。读者可在此库搜寻2000年至今约9 000条澳门特区出版物的目录，供各图书代理商查找及了解澳门特区出版业的概况。

2014年度，在出版合作方面，澳门特区先后有近30种书刊是本地出版单位委托，如香港大学出版社、香港三联书店、从心会社以及内地的中国社会科学出版社、社会科学文献出版社、科学出版社、人民教育出版社、人民出版社、广东人民出版社等出版的。

（三）书店业

2014年澳门特区共有门市书店及代理公司33家，包括澳门文化广场（3

家分店)、宏达图书中心(2家分店)、澳门星光书店(2家分店)、葡文书局、文采书店、边度有书、一书斋、珠新图书公司、环球书局、耶路撒冷书城、浸信书局、浸信会书局、圣保禄书局、活力文化、新城市图书中心、环亚图书公司、大丰啤令行、竞成贸易行、ABC计算机公司、学术专业图书中心、创意文化、Bloom、澳门政府书店、乐知馆、大众书局、悦学越好有限公司、Milestone及愉阅屋等。二手书店约有10家、漫画店约50家、报刊批发商有6家。此外,澳门特区也有便利店30家及书报摊30家分销图书及报刊。澳门特区80%的书店设于中区,形成澳门特区独有的书店街,其对象是游客及年轻人士。近年来因人手不足、租金昂贵等因素,有多家书店停业,包括商务印书馆澳门分馆、悦书房、科海图书公司、信息店、光启教育中心、宏达图书中心白马行分店、小河马等。此外,也有因租金或发展新业务而搬迁的,有二手书店、星光书店、珠新图书公司等,反映出澳门特区中小企业受到博彩业的影响,难以为生。

二、澳门特别行政区出版业发展的优势与面临的挑战

(一)出版业发展的优势

1. 旅客人数屡创新高,客源广阔

作为近代中西文化交流最为重要的一个交汇点,澳门以其独特的历史风貌、融合欧亚特色的建筑风格和历史城区,每年吸引着来自世界各地上千万的游客,旅游休闲业成为澳门经济中最重要的组成部份。2014年澳门特区入境旅客超过3 150万人次,比2013年增长7.5%。华人旅客超过2 800万人次,增长8.5%,内地、香港特区和台湾地区仍然是位居前三位的大客源。2014年澳门特区博彩业收入下降2.6%,为441亿美元,但仍是拉斯维加斯博彩业收入的7倍,旅游业也非常发达。所以澳门特区政府提出建设"世界休闲旅游中心"的目标,其带动的各项消费也非常可观。这让世界各地研究澳门经济、旅游业发展及城市定位的兴趣日渐浓厚。因此,以澳门研究为主题的具有本地特色的出版品也较受欢迎,直接推动了出版业的发展。同时,随着博彩业及酒店

业的迅速壮大，大量聘请欧美以及世界各地的外籍员工来澳工作，也使得外文书刊市场持续兴旺。由于受到本地历史背景的影响，不少书刊以中英葡等多语种出版，与其他地区相比更显示出其独特性，有利于打开国际图书市场。

2. 可作为葡语国家出版物的翻译平台

澳门曾长期受葡萄牙人的殖民统治，其公务员队伍具有使用中葡双语的能力。此外，澳门理工学院及澳门大学两所高校也提供中葡双语的翻译课程，澳门特区教育暨青年局设有奖学金来鼓励赴葡升读大学的人士。这些措施均为澳门培育了大量的中葡翻译人才，成为中国与葡语国家之间的重要桥梁，并因此得以出版大量中葡双语、中葡英三语种的书刊。澳门也因此成为世界出版中葡语种最多的地区。只要在葡语地区建立销售据点，坐拥世界第五大书种——葡语的优势，澳门特区应在葡语图书市场上有一定的拓展空间。

3. 出版方便，申请国际书号程序顺通

澳门特区地处中西文化交流的重要之地，书刊出版方便。而澳门文化局下辖的中央图书馆，是负责发放澳门特区国际书号的单位。为鼓励出版业的发展，该机构向出版者提供免费的申办服务，其服务承诺为三天，申办程序顺通，相当具有效率。

4. 实体书店聚集，类型多元化

澳门特区的中区，除化妆品店、礼品店以外，在商业与游客中心的黄金地带，还有很多家书店开业，而且各店仅相距三至五分钟的步行时间，其分布密度甚高。书店的类型也多元化，如有葡文及外文的专门图书店、艺术书店、基督教及天主教的书店、传统的休闲图书书店等。

5. 出版物内容地方色彩甚浓

有统计数据显示，在澳门特区出版的书刊约有80%是以澳门为题。以2014年为例，在435种书刊中以澳门为题的有357种，占了82%。可见本地出版物极具地方特色，成为研究澳门历史、澳门经济、澳门社会及政治等领域的重要参考文献。

6. 特区政府积极资助出版物的出版

澳门特区政府的相关部门，包括澳门基金会、文化局、教育暨青年局均积极推动澳门特区出版事业的发展，对出版物出版有一定的资助。这对出版机构及个人是莫大的财政支持，推动了出版业及印刷业的发展。资助对于没有充裕出版经费的作者而言，的确是优势。此外，自 2007 年起，澳门中央图书馆下设国际书号中心，设有国际书号查询系统，网址为：http://isbn.library.gov.mo/Topic_04/Topic_04_03.asp；澳门基金会也于 2011 年起在澳门虚拟图书馆网站设立澳门出版物检索系统，每年更新一次数据，网址为：http://www.macaudata.com/publication/publicationAction/publication? headType=11。这两个网页均是读者选购图书的主要来源及平台。

7. 设立教学辅助队伍，积极推广阅读普及

澳门特区政府教育暨青年局根据近年来中小幼学教学人员的情况，日益增加在非教学方面的工作，于 2007 年起推行学校专职人员资助计划，设立若干名中小学教学协助的专职人员。其中包括：信息科技教学人员、学校医护人员、余暇活动人员、阅读推广人员以及实验室管理人员等，作用是减轻教学人员在非教学方面的工作。其中阅读推广人员的设立理念早在 2004 年度澳门特区政府行政长官所作的施政报告上提出。即"将阅读纳入教学规范，透过课程推广阅读风气，培养学生终身阅读的兴趣及习惯"。学校方面对于阅读推广的重视可见一斑。

8. 资助学校购书，繁荣出版物市场

除了在人力资源方面的配合外，该局于 2014 年度设立每所学校均可获得的约人民币 3 万元的购买图书资金，学校图书馆可在本地及邻近地区各大书店购买藏书。这也间接推动了学校与出版社之间的关系。但遗憾的是，因对本地出版物并不了解，图书馆主要购买澳门之外的出版物作为馆藏。澳门特区图书市场的收入除门市销售以外，主要依靠举办书展以及促销摊位、教科书销售、图书馆及学校团体批量订购等。据估计，澳门特区每年图书馆的本地购书经费约为 1 600 万元人民币，而书展及门市的收益约为 500 万元人民币，教科书销售约为 1.5 亿元人民币，合计总收益约为 1.8 亿元人民币。以澳门特区现约 60 万人口计算，平均每人每年的购书费用约为 300 元人民币（含教科书）。澳门特区出版单位每年在印刷方面等的开支约为 1 000 万元人民币。这些费用大部分由政府或基金会承担，缺乏必要的良性竞争机制，不利于图书市场的长远发展。因此澳门特区出版行业的市场化进程还有很长的路要走。

9. 合作出版书刊渐渐成为风气

澳门特区有着优越的地理位置，毗邻内地及香港特区，为本地私人出版社

搭建了一条联系各地作者及开拓稿源之路。部分出版单位（作者）与外地出版单位（作者）合作出版图书，保证了新题材的引进，并且扩大了图书市场的影响力。例如澳门基金会与广东人民出版社，澳门特区政府教育暨青年局与人民教育出版，文化局与上海古籍出版社，澳门大学与上海古籍出版社、复旦大学出版社等不同内地出版单位都有合作。

（二）出版业面临的挑战

1. 小中企经营困难，人手不足、租金昂贵

由于澳门特区经济发展带动了地产市场，人力资源费用不断上涨，对于需要较大面积经营的书店业，形成了巨大的压力。店面租金高昂、员工薪酬上升、工作时间较长等不利因素，导致近年来先后有4家书店关闭。

2. 书店店面面积较少，书店拒收学术性图书

书店在有限的存货空间中，希望陈列较多的畅销书以维持生计。由于内地及香港特区、台湾地区的出版业较发达，读者喜欢购买外地出版的书刊，本地读者对澳门特区出版的书刊没有太大的需求，长期陈列在书架上的澳门出版物常常无人问津。近年来，半数以上的书店拒收澳门特区出版的学术性图书，出版业的生存空间再次被挤压。

3. 翻译人材集中在政府公务员系统，人手不足

虽然澳门特区拥有不少翻译人材，但大部分位于较高薪与稳定的公务员行列，协助政府出版物的翻译工作或向澳门法律领域发展，导致私人出版商无法找到合适及有经验的翻译人才，不利于图书翻译市场的发展。

4. 出版物内容单一，影响了销售市场

澳门特区出版物的内容大多以澳门为题，内容较单一，题材狭窄，加上不少书刊是年度的出版品，如年报、工作报告、年度统计调查等，又以政府出版品为主，且大部分以赠送形式分发，本来澳门特区阅读人口就不多，内销市场局限，因此制约了本地的销售市场。

5. 印刷制作成本偏高

澳门特区出版业与邻近地区相比，大部分澳门的出版人均没有接受过编辑、校对以及发行等相关的专业培训，因此在书刊出版的质量与效率上水平参差不齐。业界现有的出版技术与知识大多是从工作中累积经验，也有一部分工

作是外包给内地或香港特区的制作公司，加上印刷成本日益上涨，令出版经费增加，很大程度上阻碍了出版产业的发展。

6. 境外发行渠道不顺畅，运输成本高

澳门特区并没有一个统筹的单位来代理全澳的出版物，各出版单位的出版物非常分散，既给特区政府统一管理出版产业带来一定的难度，也增加了出版成本。由于业界难以掌握行业信息，更不利于学者及出版从业人员对本地出版产业的宏观调查与研究。

三、关于澳门特别行政区出版业发展的建议

（一）制订季度好书清单

澳门特区出版业或供货商应适应市场的需求，将有利于外销的图书编制成季度的清单，向境外发行，让外地读者获取新书的信息。

（二）组织业界代表参加各类书展

鉴于出版业的出版经验不足，建议由澳门基金会及文化局主导，带领业界参加各地书展，建立良好的沟通平台，促进各方合作。

（三）做好社会媒体的基础建设

社会媒体已成为新一代的沟通平台。业界应做好准备，特别针对年轻人群关注新媒体的状况，在各类媒体上发布不同的出版讯息，利用其网络推广新书讯息。

（四）打造中区成为书店街，提供多方面与图书周边产品的服务

业界应针对图书销售的从业人员，开办图书市场、图书情报、图书欣赏、采购渠道、书店管理、书店设计、顾客心理、工作态度等方面的培训课程，争取特区政府支持从业人员外出观摩考察及邀请其他地区业者来访交流，从而提升业界的质素。澳门特区每年约有3 000多万游客到访，其中不乏爱书之人。

所以，建议澳门特区政府应打造中区成为书店街，让来澳旅游而不去赌场的客人，找到另一个消闲及品味生活的亮点。

（五）开办出版及发行课程，提升编辑水平

建议邀请两岸三地的同行来澳开办出版及发行课程，并动员相关业界来上课，避免以往开课的学员不对口现象。课程更应每年开办，以承接每年新从事编辑工作的人士。此外，业界应计划长远的培养人才方案，如开办本科或硕士课程，以利于业界日后的长远发展。

（六）引入外地出版社在澳门特区开办分社

由于短期内无法解决人手不足的问题，业界可邀请各地出版社来澳设立分社或办事处，担当制作机构的角色。这些机构在澳接到项目后，可将稿件传回总公司进行编辑排版工作，待编辑工作完成后，客户可选择在澳门特区或在其他地区印刷，出版单位还是以本地付款单位名义出版，作者也可保留自己的版权。据悉，香港三联书店已动触先机，于2014年3月正式在澳门特区开办分社。

（七）与国内外电子书商合作，在其平台上加载澳门特区出版物

为了使国内外读者随时随地能够查找澳门特区的出版物，建议本地出版单位从速与国内外的电子书平台合作，将澳门特区出版物上传，提升澳门特区的影响力，同时也增加论文被引用的机会。

2014年，澳门特区传统的图书出版没有显著突破点，书店业基本上没有因为澳门特区每年有近3 000万的游客到访，而使业绩大幅增长。相反，出版对象为游客的旅游指南及黄页，地图及期刊的从业者，主要得到商号的赞助，刊登各种广告，取得了良好的业绩。此外，澳门特区政府非常关注本地文化及创意产业，多次向业界进行咨询。预计在2015年，澳门特区出版及图书市场将承接大量游客到访，有较好的业绩。

附录

附录1 2014年新出版机构名录及出版数量

出版单位类型	出版单位名称	出版品类型	出版数量（种）	是否申请 ISBN 或 ISSN
私人出版单位	iFoodMacau	期刊及图书	2	N
私人出版单位	Hello 进修网	期刊	1	N
私人出版单位	Boson Media & Communication Company Ltd.	期刊	1	Y
私人出版单位	Pretty Woman	期刊	1	N
私人出版单位	澳门华视国际集团有限公司	期刊	1	N
私人出版单位	科技报	期刊	1	N
私人出版单位	浩枫地产	期刊	1	N
私人出版单位	名智市场推广及顾问有限公司	期刊	1	N
私人出版单位	澳门光明报	期刊	1	N
私人出版单位	数澳科技	期刊	1	Y
社团	聚艺会	图书	1	Y
社团	澳门公民素质发展研究中心	图书	1	Y
社团	澳门文遗研创协会	图书	1	Y
社团	澳门望厦坊众互助会	图书	1	N
社团	澳门终身学习者协会	图书	1	Y
社团	澳门创新发明协会	图书	1	Y
社团	澳门顺德北滘同乡会	图书	1	N
社团	澳门讲播网青年会	图书	1	Y
社团	吴国昌、区锦新议员办事处	期刊	1	N
社团	别有天诗社	期刊	1	N
个人自资出版	李惠芬	图书	1	Y
个人自资出版	梁自然	图书	1	Y
个人自资出版	黄兆焜	图书	1	Y
个人自资出版	简万宁	图书	1	Y
个人自资出版	苏嘉豪	图书	1	Y
学校	澳门培正中学义工队	图书	1	N

附录2　2014年新创刊期刊名录

期刊名称	出版单位
Hello 进修网季刊（Learning quarterly magazine）	Hello 进修网
iFood magazine	食在澳门有限公司、滢广告制作有限公司
Magazine & more	Boson Media & Communication Company Ltd
MO 886	澳门中华新青年协会、澳门中华学生联合总会
Pretty Woman 会讯	Pretty Woman
Your star：experience begins here	星际酒店（StarWorld Hotel）
民主派	吴国昌、区锦新议员办事处
城市生活（City life）	澳门华视国际集团有限公司
城与书（Os livros e a cidade，Books and the city）	文化局澳门中央图书馆
故事	澳门原创小说协会
科技报（Science techology news）	科技报
浩枫地产	浩枫地产
纯粹	别有天诗社
善传	善明会
雅 young	澳门大学郑裕桐书院院生会
微乐志（Mino magazine）	名智市场推广及顾问有限公司
数字澳门（DG Macau）	施能鹏
澳门文化及购物指南（Macau culture and shopping highlights）	澳门置地广场酒店
澳门光明报	许荣聪

（王国强　澳门大学）

第三节 2014年台湾地区出版业发展报告

一、台湾地区出版产业概况

根据台湾"国立中央图书馆"书号中心的统计分析，台湾地区杂志出版机构超过7 000家，有声出版机构超过9 000家，图书出版机构则超过12 000家。每年向"国图书号中心"申请ISBN的出版社约5 200家，每年约出版42 300种新书。近年来，出版社略微增加（每年增加约0.65%），但是出版图书的数量略微下滑。近年来每年出书数量约减少187～452种。从每年出版42 300种新书的出版机构来分析，一般出版社所出版的比例为87.6%；其次为"行政机构"占比为10.1%，个人出版则是2.3%。此外，申请ISBN的电子书占全年所有新书出版总数的2.8%。其中，又以"儿童读物""文学及小说（含轻小说）""休闲旅游"以及"商业与管理"等类别的电子书申请ISBN最多。由于台湾地区的《儿童及少年福利与权益保障法》第44条规定，出版者应对出版物进行分级，因此根据"国图书号中心"汇集出版从业者自行填写新书的"分级注记"的数据，在所有申请ISBN的新书中，注记"限制级"的图书约占全部新书总数的3.2%。

台湾地区出版产业的产业链包括上游的创作端（包含支持创作服务的版权经纪公司）；中游的生产端，如负责编务与发行的出版社，以及负责制版、印刷、装订的印刷厂；中下游的图书经销公司，台湾地区重要的图书经销公司包括联合发行、黎明、红蚂蚁、高见、如翊等；以及下游的销售端，如连锁书店、网络书店、独立书店、小说（包括漫画及杂志）出租店、Google图书等。

在图书实体渠道方面，目前台湾地区的书店仍以连锁书店为主。其中诚品

（诚品书店共有42家，其中北部26家、中部6家、南部10家，另有一家开在香港特区铜锣湾）与金石堂书店（金石堂共有59家，其中北部39家、中部7家、南部13家）是台湾地区最重要的两大连锁书店体系。其他如何嘉仁、垫脚石、三民书局、诺贝尔等也是常见的连锁书店。国外书店在台设点则依附在百货公司的卖场中，如纪伊国屋与微风广场合作、淳久堂书店与SOGO合作（淳久堂书店在台北有两个据点，其中位于忠孝东路的据点于2015年3月31日结束营业）、PAGE ONE与台北101合作等。

独立书店是近年来台湾"文化部"相当关心的议题之一。但是近年来消费者在独立书店购书的比率有明显的下滑，目前在独立书店购书的比例大约只有2.6%。有别于传统位于台北重庆南路的书店街，目前台北比较有名的独立书店街位于台北温罗汀街区（温州街、罗斯福路、汀州路）。著名的独立书店有小小书房、女书店、天母书庐、茉莉二手书店、水牛书店、水平书局、有河book、唐山书店、书林书店、南天书店、台湾e店、东海书苑（台中）、阔叶林（台中）、洪雅书房（嘉义）。在独立书店的分布方面，北部地区约有50家独立书店、中部约有10家，南部约有15家。

网络书店则以博客来网络书店独大，金石堂网络书店居次，读册生活则是台湾地区最大的二手书买卖交易平台。表1是近三年来台湾地区主要网络书店的销售所占比重。由便利商店提供的"在线购物、超商取货付款"服务平台是台湾地区网络书店最重要的金物流服务机制。台湾地区所有网络书店有超过90%以上的订单都是通过便利商店所提供的金物流服务平台完成的。目前台湾地区通过网络书店平台，大约每天可以销售超过2.6万本图书，在平均交易金额上，以博客来网络书店最高（每笔订单平均客单价约为新台币700元）；诚品网络书店次之（每笔订单平均客单价约为新台币400元）；金石堂网络书店以及三民书局的平均客单价约为新台币350元；其他网络书店的客单价则多为新台币300元。由表1可以知道博客来网络书店在台湾地区占有超过65%的绝对市场优势。网络书店市场排名第二的金石堂与第三的读册生活（读册生活是由博客来创办人张天立离开博客来后所成立的网络书店）两个网络书店相加的营业额约为博客来的三分之一。

表1 近三年台湾地区主要网络书店销售所占比重

	2014年	2013年	2012年
博客来	66.5%	68.3%	66.9%
金石堂网络书店	14.7%	14.1%	15.0%
读册生活	8.3%	7.9%	8.3%
灰熊爱读书	4.5%	4.3%	4.4%
诚品网络书店	1.5%	1.4%	1.2%
三民网络书局	2.8%	2.7%	2.8%
其他	1.8%	1.3%	1.5%

数字出版流通方面，除了Google图书外，其他数字阅读通路还包含Hami书城、mybook书城、远传e书城、随身e册、POPO原创、PUBU、UDN、Readmoo（Readmoo电子书店社群阅读创新服务获得获得台湾地区2014金鼎奖中数字出版类的数字创新奖）等。虽然数字出版的崛起以及移动阅读终端的普及势必会冲击到纸本（纸质，下同）出版产业，但目前这样的冲击在台湾地区不是非常明显。目前在图书类别上，只有轻小说和漫画类的冲击对于纸本出版较大。根据Readmoo的报告，台湾地区读者在午夜读书的时间，以Readmoo自身为例，最多人读书的时段是深夜睡前时段（23:00—01:00），其次读书的时间则是下午到晚餐前的小休时间（15:00—18:00）。该站读者在2014年的全年阅读时间达到168万7796分钟，比2013年增长了1.83倍；最喜欢读的书前三名是《当头棒喝》《羊毛记》《格雷的五十道阴影》系列；2014年最受读者关注的作家，则是在2015年1月去世的知名作家施寄青。

二、台湾地区图书出版与销售轮廓

根据"文化部"的调查报告，若以台湾地区出版业常用的18种"主题类型"来描绘台湾地区图书出版的轮廓，可以发现台湾地区每年的新书出版仍以"文学及小说（含轻小说）"图书最多，占全部新书总数的20.4%；其次分别为"社会科学（含统计、教育、礼俗、社会、财经、法政、军事等）"占7.6%，"人文史地（含哲学、宗教、史地、传记、考古等）"占7.3%，"艺术

（含音乐、建筑、雕塑、书画、摄影、美工、技艺、戏剧等）"占7.2%，"漫画"占7.20%，"儿童读物（含绘本、故事书等）"占6.8%。其他类型的新书占比分别为："考试用书（含升学、'国家'考试、就业、自修等参考用书）"占6.16%，"科学与技术（含自然科学、计算机通讯、农业、工程、制造等）"占5.96%、"文学（含文学史、文学评论、散文、诗、剧本等）"占5.86%，"教科书（含各学程、领域教科用书）"占5.67%，"医学家政（含医学、保健、家事、食品营养、食谱等）"占4.82%，"心理励志"占4.37%，"商业与管理（含工商企管、会计、广告等相关用书）"占3.6%，"休闲旅游"占3.50%，"语言（含语言学及世界各国语言学习读本）"占3.48%，"字典工具书（字典等参考类工具书）"占0.68%，"'政府'出版品"占0.24%，"其他"占5.28%。

目前在台湾地区每年出版的40 000多种新书中，有21.90%的图书为翻译图书，占全部新书总数的1/5以上。进一步分析，翻译图书的来源主要是日本（占所有翻译图书的56.60%），其次分别为美国（占翻译图书的23.10%），英国（占5.56%）以及韩国（占6.80%）。近年来，来自日本、美国、韩国的翻译图书均有略微增长，唯一下跌的是英国。

根据"内政部户政司"发布的户口统计资料分析，全台湾地区依年龄三段组观察，幼儿人口数（0—4岁）占总人口数比例为14.32%，15—64岁人口数占总人口数比例为74.15%，65岁以上人口数占总人口数比例为11.53%，老年人口数比例逐年升高。对比出版界自行填写新书的"适读对象"分类，属于"成人（一般）"图书的最多，占全部新书总数的62.70%；其次为"成人（学术）"图书，占16.7%，"青少年"图书占12.10%。而属于"乐龄"族（60岁以上年龄段）专属图书最少，仅占全部新书总数的0.10%。由于台湾地区已经进入老龄化社会，65岁以上人口数占全台人口数达到11.53%，但是在图书出版方面，标示符合"乐龄"的新书仅占0.10%。这个市场缺口是台湾地区图书出版产业应该注意的。

除了上述有关新书出版的轮廓外，通过对实体书店、网络书店以及电子书销售等三个不同型态的图书销售通路进行分析，将有助于了解台湾地区图书市场的销售概况。根据诚品书店公布的2014年度台湾畅销书排行榜，人文科学、心理励志和休闲趣味图书，分别是成长速度最快的前三名。其中，心理励志类与健康生活类图书位列十大畅销书前四名；而网络文学、博客创作也使出版业出现了与传统图书选题策划不同的现象。此外，有关商业沟通、人际说话术、食谱、手工料理等类型的图书也是2014年台湾地区实体书店的销售重点。

电子书方面，根据Google公布的台湾地区2014年度图书Top 10畅销图书排行，前十名的电子书分别是《安心亚"单身极品"》（滚石移动）、《饥饿游戏》（大块文化）、《说出好人缘》（春光出版）、《21天正能量》（Red Publish）、《Evernote 100个做笔记的好方法》（创意市集）、《格雷的五十道阴影》（春光出版）、《29张当票》（麦田）、《王道剑：乾坤一掷》（远流）、《因为我喜欢你，笨蛋》（要有光）、《3天就有感觉》（麦田）。

博客来网络书店是台湾地区最重要的单一销售渠道。根据博客来公布的2014畅销书排行榜可以了解2014年台湾地区图书的销售轮廓。表2与表3为博客来网络书店2014年TOP10书单（包括繁体与简体书）。通常，繁体书的平均价格约为350元新台币，而简体书的平均价格约为250元新台币。

表2　博客来网络书店2014年TOP 10书单（繁体书）

书名	作者	出版社	价格（新台币，元）	原文
S.	J. J. 亚伯拉罕、道格·道斯特	寂寞	900	英文
解忧杂货店	东野圭吾	皇冠	320	日文
爱德华的神奇旅行	爱德凯特·狄卡密欧	台湾东方	280	英文
梦想这条路踏上了，跪着也要走完	Peter Su	三采	320	中文
可不可以，你也刚好喜欢我	肆一	三采	320	中文
蔡康永的说话之道2	蔡康永	如何	330	中文
跟任何人都可以聊得来	莱拉·朗德丝	李兹文化	360	英文
青春第二课	王溢嘉	野鹅	200	中文
静坐的科学、医学与心灵之旅	杨定一、杨元宁	天下杂志	380	中文
欧阳靖写给女生的跑步书	欧阳靖	大块文化	350	中文

表3　博客来网络书店2014年TOP 10书单（简体书）

书名	作者	出版社	价格（新台币，元）	原文
小时代1.0折纸时代	郭敬明	长江文艺出版社	197	中文
日本语句型辞典	徐一平、陶振孝译	外语教学与研究出版社	288	日文

（续前表）

书名	作者	出版社	价格（新台币，元）	原文
我对时间有耐心	林志颖	中信出版社	252	中文
小时代2.0 虚铜时代	郭敬明	长江文艺出版社	197	中文
小时代3.0 刺金时代	郭敬明	长江文艺出版社	215	中文
囚徒健身	威德	北京科学技术出版社	474	英文
穿布鞋的马云	王利芬、李翔	北京联合出版公司	252	中文
韩国语·1	韩国首尔大学语言教育院	外语教学与研究出版社	299	韩文
妖绘卷：东方古代妖怪绘卷	SHEEP	湖南美术出版社	199	中文
长歌行（第六卷）	夏达	广东新世纪出版社	119	中文

表4根据博客来网络书店公布的2014各类图书销售排行榜的数据，描述台湾地区各类型图书的主要或重要出版社，各类型的图书均列出十家主要或重要的出版社。从中可以知道，远流、时报出版、圆神、天下文化、先觉、三采、圆神、大块文化、尖端、皇冠、台湾角川、盖亚、商周出版、联经出版公司、天下杂志、新经典文化、尖端等多家出版社均在多种不同类型的图书出版领域扮演重要的出版角色。

表4 台湾地区各类型图书主要或重要出版社

图书类别	主要或重要出版社
商业理财	大乐文化、先觉、智言馆、三采、时报出版、圆神、天下文化、天下杂志、大块文化
翻译文学	三采、鹦鹉螺文化、木马文化、高宝、时报出版、大块文化、尖端、春天出版社、远流
华文创作	商周出版、春天出版社、印刻、皇冠、城邦原创、远流、天下文化、三采、盖亚、新经典文化
悬疑推理小说	时报出版、寂寞、皇冠、春天出版社、独步文化、爱米粒、新经典文化、圆神、漫游者文化
轻小说	台湾角川、盖亚、平装本、东立、天使出版、魔豆文化、春天出版社、尖端、四季出版、三日月
漫画	新经典文化、盖亚、东立、尖端、世茂、青文、时报出版、台湾角川、长鸿出版社、普天出版社
艺术设计	邦联文化、写乐文化、积木、推守文化、汉湘文化、远流、漫游者文化、野人、脸谱、原点

（续前表）

图书类别	主要或重要出版社
人文社科	天下文化、三采、平安文化、皇冠、圆神、商周出版、联经出版公司、究竟、卫城出版、雅言文化
科普	天下杂志、橡实文化、平安文化、先觉、商周出版、联经出版公司、枫叶社文化、漫游者文化、猫头鹰、汉湘文化
语言	国际学村、懒鬼子英日语、我识、柠檬树、ETS台湾区总代理、不求人文化、EZ丛书馆、笛藤、大田、圆神
计算机	碁峰、PCuSER计算机人文化、博硕、松岗、博悦文化、欧莱礼、上奇、经济新潮社、博志、尖端
身心灵	三采、如何、李兹文化、讯息工作室、天下杂志、野鹅、大田、采实文化、远流、马可孛罗
吃喝玩乐	大块文化、心版图文创、苹果屋、悦知文化、尖端、方智、如何、大大创意、商周出版、采实文化
童书	台湾东方、小鲁文化、大好书屋、天下杂志、风车、信谊基金出版社、上谊文化公司、耕寅、明天国际
亲子教养	时报出版、天下杂志、如何、推守文化、麦田、所以文化、野人、朱雀、平安文化

三、便利商店的角色日趋多元

（一）图书杂志的零售通路

近年来，便利商店已成为台湾地区杂志最主要的配销通路之一。其主要原因有：首先是台湾地区便利商店的密度已经超过日本而成为全球密度最高的地区。由于便利商店的经营特性，广告业绩占营收比例较大的杂志类型，均将便利商店视为主要的面向消费者通路，并以在便利商店的显著位置上架作为主要的销售策略。其次，付款机制是便利商店与在传统书店销售的另一个主要差异。传统委托经销商销售的货款，必须通过通路与经销商结算后，再由经销商开立支票给杂志商。在多阶通路的架构下，往往D月出版的月刊，有可能需要到D+2月才会收到经销商的付款（且未必是即期支票）。但是与便利商店建立的经销商合作，D月出版的月刊，在D+1月就可以收到便利商店的现金汇款。

这对于资金需求相当吃紧的杂志从业者而言,是相当重要且极具吸引力的金流服务机制。

统一超商(7-11)以"大智通文化物流"的名义与台英社成立"高见文化营销",以物流中心的角色向上整合供应链。随着统一超商成立高见文化营销,全家便利商店为了避免日后必须向高见文化营销采购杂志的窘境,便联合莱尔富超商与OK便利店,共同以全家便利店的物流公司(日翔文化)负责三家便利商店杂志商流的谈判。图1说明台湾杂志产业便利商店零售通路的商业架构与配送体系。

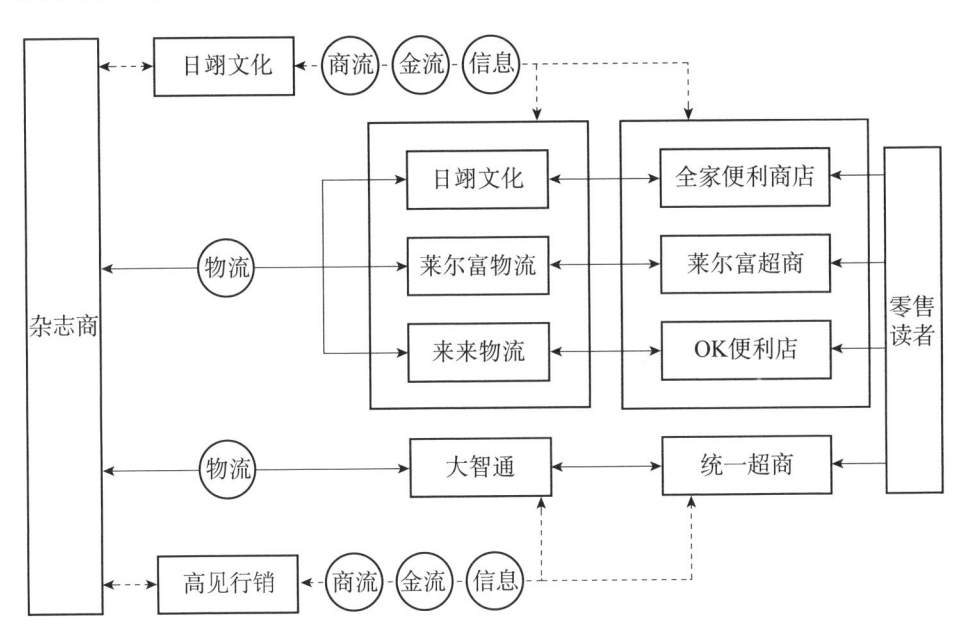

图1　便利商店杂志销售与配送体系

(二) B2C 网络书店的金物流平台

台湾地区网络书店的订单超过90%都是通过便利商店的金流与物流机制来完成的。这项服务便利商店早在1999年便开始提供。"在线购物超商取货"的金物流系统有两个重要的发展关键。其一是便利商店经过大量拓展商店数量、高度信息化以及发展出高频率的配送物流体系后,已经让便利商店具备提供"在线购物超商取货"物流服务平台的能力;其次是电子商务的兴起进一步带动了第三方物流的兴起,并通过电子零售店、第三方物流以及便利商店三个体系的共同努力，建构出"在线购物超商取货"的物流架构。

目前台湾地区提供"在线购物超商取货"物流服务的便利商店包括7-11、全家、莱尔富以及OK便利店等四家。其店配服务分别属于两个系统。第一是统一超商所属的"网络购物便"；其次是便利达康的"网络便利通"。超商数量接近1万家。这四家便利商店均由其文化物流担任在线购物超商取货的配送角色（大智通配送7-11、日翊文化配送全家便利商店以及OK便利商店、莱尔富物流配送莱尔富超商）。这两个系统均提供"取货付款""取货不付款"以及"付款不取货"等三项服务，交易条件分为"依据单笔交易金额抽成"以及"依据件数收取固定费用"两种方式。电子商务厂商可以依据自己的需要选择其中一种计费方式。费用所包括的服务内容为电子地图的使用、信息处理费、物流配送费（含进、退货物流费）、店铺的保管费用以及代收费用等。通过便利商店的物流与金流服务，可以让台湾地区网络书店的物流配送达到24小时配送的目标。博客来与金石堂都提供每日中午12点下单，隔日中午12点可以前往便利店取货的服务。

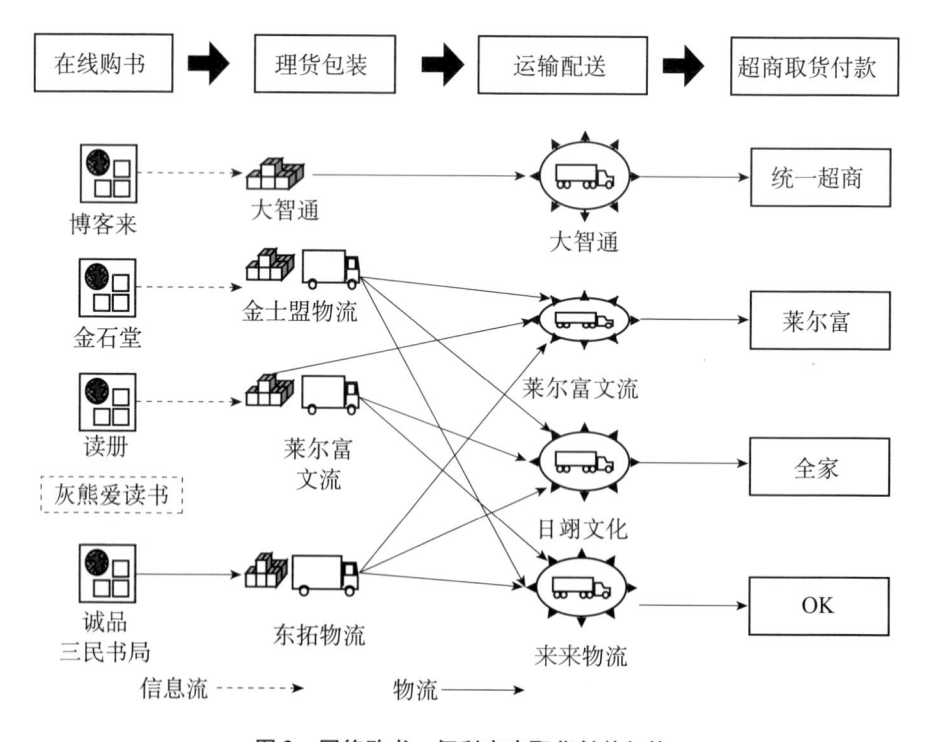

图2 网络购书、便利商店取货付款架构

(三) C2C 二手书的收书与销售物流服务

从 2005 年起,台湾地区的店配物流服务由原来的 B2C 服务通过多媒体事务机(MMK,Multimedia Kiosk)将店配取货的 B2C 物流机制延伸到封闭通路型态的 C2C "店到店寄件"(store-to-store)配送服务,进一步将原来的 B2C 物流服务拓展到 C2C 的范围。这是台湾地区便利商店在"在线购物、店配取货"的物流基础上进行的第一次店配物流创新服务。该物流服务的创新不但可以让 C2C 的买卖双方得以利用便利商店 24 小时营业的特性,让寄件与取件都可以没有时间限制;另一方面,利用便利商店的 MMK 来设定取货点,并由 MMK 来打印配送单据,让家中没有无线网络或打印机设备的消费者也可以利用店配的物流服务。店到店寄件分为封闭型与开放型。前者有统一超商与全家便利店所提供的店到店寄件服务等两家厂商;后者则是以由斗牛科技、全家、莱尔富与 OK 便利店所共同构建的。图 3 说明的是店到店寄件服务的物流与信息流架构。

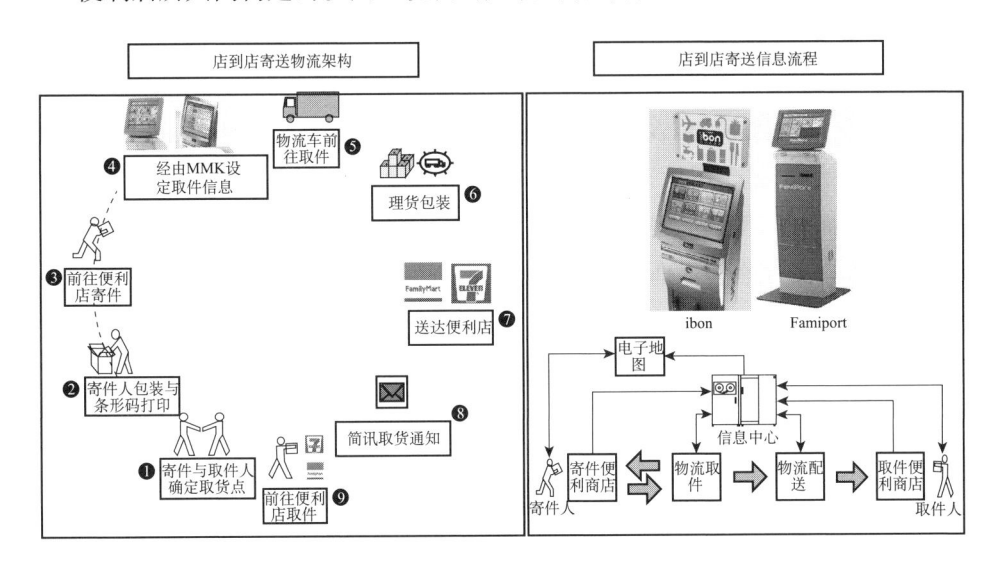

图 3 店到店寄件的物流机制

目前有关网络图书销售的店到店寄件物流服务,主要应用在 C2C 的二手书销售上。这方面的应用以读册网络书店(TAAZE)的应用最具有代表性。想卖二手书的读者,若每次想卖的图书数量低于 10 本时,可以选择到全家超商寄件,每箱(10 本)运费 40 元;若到莱尔富超商寄件则每箱(10 本)运费 30

元。超过 10 本则需由读者自行联系物流公司配送到读册位于莱尔富的物流中心。每位二手书读者在读册网络书店的贩卖所得，每月汇入该读者的 TAAZE 账户，可用于购买新书，或申请领回现金。除了读册网络书店是应用店到店寄件的物流平台来进行二手书的回收与贩卖外，台湾地区的网络拍卖（C2C 模式）如露天拍卖与在雅虎拍卖上销售二手书的卖家，也是使用店到店寄件来完成其二手书的网络销售物流作业。

（四）与两岸三地图书跨境流通的物流机制

2013 年可以说是天王地区店配物流服务迈向跨境店配服务的新纪元。台湾地区的全家便利商店于 2013 年分别与香港特区与大陆合作并发展出跨境店配的服务。分别是：（1）台湾金石堂网络书店与香港 OK 便利商店合作，提供香港特区消费者在台湾金石堂网络书店购书，香港 OK 便利商店取货的服务。负责此跨境店配物流服务的供应链成员除了金石堂网站、香港 OK 便利店外，还包括负责整合香港特区与台湾地区物流信息的和盟信息（台湾厂商）以及台湾全家便利商店的日翊文化物流公司（负责包裹贴标以及通关相关作业）。(2) 台湾全家便利商店以及台湾统一超商分别与大陆淘宝网合作，提供台湾地区消费者在大陆淘宝购物、台湾全家便利商店或统一超商取货的店配物流服务。负责此跨境店配物流服务的供应链成员除了台湾全家以及台湾统一超商之外，还包括负责整合台湾地区与大陆两端物流信息的信息商以及台湾端便利商店的配送公司（负责包裹贴标以及通关相关作业）。(3) 台湾统一超商与香港、澳门特区的 7-11 合作，提供香港、澳门特区读者可以在台湾地区的网络书店购书，香港、澳门特区的 7-11 取书的物流服务。图 4 以港澳特区读者在台湾地区网络书店购书、港澳特区便利商店取货为例，说明图书跨境配送的物流作业架构。

进一步以金石堂以及博客来为例，说明目前台湾地区图书跨境配送的现状。在图书可贩卖册数方面，金石堂为 40 万册，博客来为 150 万册，两者新书常态均打 79 折，其中金石堂还提供预购图书也可以在香港特区取货的业务。金石堂每次限购 13 册图书、博客来每次限购 10 册图书。香港 OK 便利店提供 209 家超商可以取货，香港 7-11 则提供 116 家便利店可以取货。金石堂的配送时间为 D+4 日到店（中午 12 点前订购），但是博客来则是提供 D+1 日到店

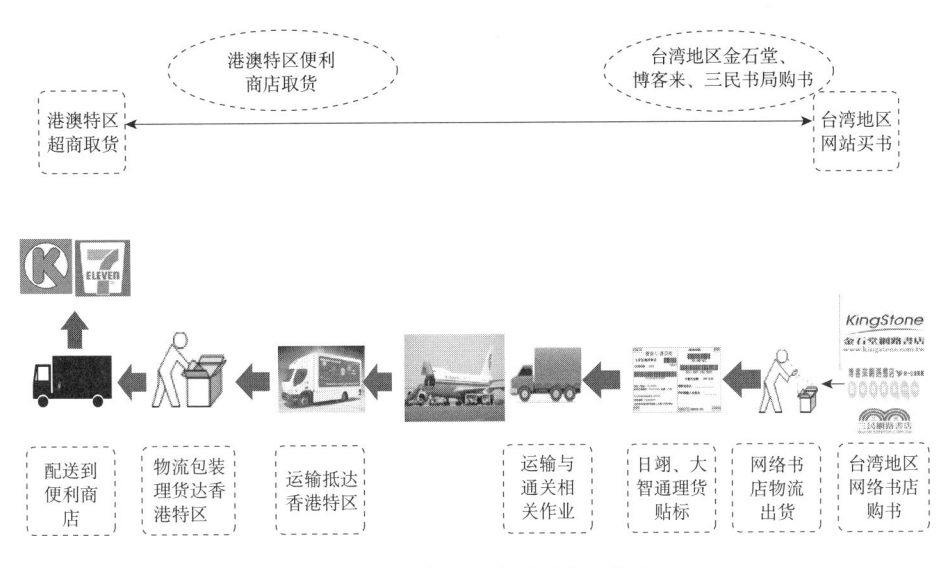

图 4　网络书店两岸跨境物流作业

(中午 12 点前订购)的快速物流服务。两家便利商店都要求消费者在到店三日内前往取货。在费用方面，金石堂与博客来都是 4 册内费用相同，但金石堂要求 5 册以上运费每册贵 10 元，博客来则是每册便宜 10 元。

台湾地区的图书市场已经波动一段时间。综观 2014 年的台湾地区图书产业，与近年来的变化差异不大，图书出版与销售均没有大的亮点。而电子书产业方面，除了电子书阅读终端不断成长外（主要是智能型手机以及平板计算机的普及），原来预计要进入台湾地区市场的苹果公司的 iBooks，也没有如期展开。而 Google 的图书在电子书的销售上仍属于尝试期，尤其是该平台尚未支持 EPUB 3.0 的格式也限制了目前 Google 图书的发展空间。但台湾地区的便利商店在近年来图书市场中扮演的角色却越来越多元，也显得日益重要，由原本提供图书与杂志等商品在便利商店进行实体销售，在经过自身的金物流机制发展出"在线购书、超商取货"的服务后，更进一步开发出"店到店配送"的物流机制，提供二手书网络交易的重要后勤支持。2014 年，台湾地区与两岸三地的便利商店更开始密切合作，让港澳特区的读者可以在台湾地区的网络书店购书、港澳特区的便利商店取货，而台湾地区的读者也可以在大陆淘宝网购书，选择台湾地区的便利商店取货。展望未来，在 2015 年，台湾地区的便利商店更可能与大陆的当当网或亚马逊中国合作，提供 O2O（线上到线下）的新型态购书服务，让台湾地区的读者可以在台湾地区的便利商店读取图书商品条形码后，在便利商店完成大陆图书预购与付款的作业，然后大陆的当当网或亚马逊中国会将台湾地区读者所订购的图书配送到台湾地区的便利商店。此类模式若发展成熟，将对于大陆图书市场走出去提供另一种尝试的渠道。这样的O2O模式将有助于协助两岸的华文出版用更多元的方式来开拓东南亚的华文图书市场。

（黄昱凯　台湾南华大学）

第五章　出版业大事记

第一节 2014年中国出版业大事记

1月

2日 "第三届中国出版政府奖"正式揭晓。本届中国出版政府奖共评出7个子奖项，236个获奖出版物、先进单位和优秀出版人物（优秀编辑）。此外，还评出229种优秀出版物奖提名奖。

同日 全国"扫黄打非"办公室公布了2013年度"扫黄打非"十大数据。2013年，全国收缴各类非法出版物2 053万件，查处各类案件1万余起。其中侵权盗版出版物案件3 567起，淫秽色情出版物案件1 129起。

3日~4日 全国新闻出版广播影视工作会议在北京举行。这是国家新闻出版广电总局组建后召开的第一次全国新闻出版广播影视系统工作会议。中宣部副部长、总局局长蔡赴朝出席会议并作主旨报告，总局党组书记、副局长蒋建国主持会议并作总结讲话。

4日 国家新闻出版广电总局在北京召开"第三届中国出版政府奖表彰大会"。总局党组书记、副局长、第三届中国出版政府奖评奖工作领导小组组长蒋建国出席会议并讲话。

7日 "第七届全国新闻出版业网站年会暨互联网发展论坛"在北京召开。本届年会以"战略致胜 管理创新"为主题，由中国出版协会、中国新闻出版研究院主办。年会发布了《2013全国新闻出版业网站年度报告》。

同日 以"全球视野下的中国学术出版与营销"为主题的"2014中国学术出版年会"在北京举行。本届年会由社会科学文献出版社、中国新闻出版研究院等共同举办，国家新闻出版广电总局副局长邬书林出席并讲话。

8日 由新华网与中国出版传媒商报社跨媒联合主办的"2013年度中国影响力图书"评选结果在北京揭晓。《带灯》等50种图书被评为"2013年度中国影响力图书"。

9日　为深化党的群众路线教育实践活动整改落实工作，推动解决群众反映强烈的新闻出版领域的突出问题，国家新闻出版广电总局定于1月～3月在全国开展新闻出版"五个专项治理"整改工作：打击新闻敲诈专项行动、打击假媒体假记者站假记者专项行动、深化整治少儿出版物市场专项工作、治理中小学教辅材料专项工作、规范报刊发行秩序专项工作。

9日～10日　出版传媒集团主要负责人座谈会在北京举行。国家新闻出版广电总局党组书记、副局长蒋建国出席会议并作重要讲话。

9日～11日　2014北京图书订货会在北京举办。本届订货会展馆面积5万平方米，图书展台2 263个，参展单位859家，8.5万人次前来参观，订货码洋达34.5亿元人民币。

11日　第八届中国期刊创新年会在北京召开。本届年会以"推进期刊改革，深化期刊经营"为主题，由中国期刊协会、中国新闻文化促进会和中国新闻出版研究院联合主办，出版发行研究杂志社承办。年会发布了《2012年非时政类期刊平均期印数Top10》和《2012年非时政类各类期刊平均期印数Top10》。

15日　第27次全国"扫黄打非"工作电视电话会议在北京召开。中共中央政治局委员、中宣部部长、全国"扫黄打非"工作小组组长刘奇葆在会议上指出，要把互联网作为"扫黄打非"主战场。

同日　国家文化科技提升计划项目——"全国少年儿童阅读推广服务平台"在北京通过验收。该项目自2011年开始实施，旨在构建覆盖城乡的全国少年儿童阅读资源及活动推广的服务体系。

24日　全国"扫黄打非"办公室曝光50种非法报刊目录，要求全国各地执法部门立即予以查缴并追查制售源头和网络。

27日　由国家新闻出版广电总局全民阅读活动组织协调办公室组织13家中央媒体和门户网站开展的2013年度"大众喜爱的50种图书"在北京揭晓。《理性看 齐心办：理论热点面对面·2013》等50种图书最终入选。

本月　在2014年北京市两会上，市政协委员、中央编译出版社总编辑刘明清联合新闻出版界委员提交了一份《关于设立北京全民阅读公益基金的提案》。

本月　《中国期刊年鉴》（2013年卷）出版发行。全卷约160余万字，

280余幅图片，系统记录了2013年度中国期刊出版行业的基本状况和发展态势，展示了中国期刊的整体风貌。

本月　《习近平关于实现中华民族伟大复兴的中国梦论述摘编》的蒙古、藏、维吾尔、哈萨克、朝鲜等五种少数民族文字版出版发行。

本月　天津市新闻出版局批准在由中国政府与新加坡政府合作共建的中新天津生态城中，设立天津出版产业园区，并对新设立的天津出版产业园区赋予了先行先试的职能。

本月　福建新华传媒发展有限公司正式揭牌成立。福建新华传媒发展有限公司的前身是"福建省外文书店"，2013年12月"福建省外文书店"整体改制为"福建新华传媒发展有限公司"。

2月

1日　国家新闻出版广电总局发布的《新闻出版行业标准化管理办法》正式施行，原新闻出版署于2001年1月6发布的《新闻出版行业标准化管理办法》同时废止。

5日~10日　由文化部主办，台北书展基金会承办的2014台北国际书展在台北市举办。本届书展以"阅读美好生活"为主题，首度将新加坡、泰国、韩国、日本列为主题国，来自全球60多个国家和地区的648家出版社参展。

12日　中美双方在北京签署《中国作为主宾国参加2015年美国书展全球市场论坛活动协议》。这标志着中国将以主宾国身份参加于2015年5月27日~30日在纽约举办的美国书展。国家新闻出版广电总局副局长邬书林出席签约仪式并致辞。

13日~23日　第20届卡萨布兰卡国际书展在摩洛哥举办。五洲传播出版社作为中国唯一一家代表参展。这也是卡萨布兰卡国际书展第一次迎来中国参展商。

14日　国家出版基金规划管理办公室在其官网发布公告，根据《国家出版基金资助项目管理办法》的规定，经报国家出版基金管理委员会批准，决定对已公示的《邓小平晚年思想研究》等317个项目给予资助。

同日　山东舜网传媒股份有限公司成功登陆新三板，在全国中小企业股份转让系统挂牌上市。舜网传媒成为继人民网之后全国第二家上市的新闻网站，同时也是山东传媒行业及互联网信息服务业第一只股票。

15日　国务院印发《国务院关于取消和下放一批行政审批项目的决定》，再次取消和下放64项行政审批事项和18个子项。其中，两项涉及新闻出版领域，一是取消出版物总发行单位设立审批；二是取消从事出版物总发行业务的单位变更《出版物经营许可证》登记事项，或者兼并、合并、分立审批。

16日　2014年全国报刊管理工作会议在北京召开。国家新闻出版广电总局副局长邬书林出席会议并发表讲话。

17日　《2013年出版物发行产业发展报告》由国家新闻出版广电总局印刷发行司发布。这是我国首部出版物发行产业年度报告。报告显示，2012年，全国共有各类发行单位125 467家，发行网点172 633处，从业人员94.7万人，全行业实现销售总额3 286亿元，实现利润总额196.03亿元，全行业平均销售利润率6.0%。

18日　国家新闻出版广电总局下发《关于做好2014年印刷复制发行监管工作的通知》，全面部署2014年的印刷复制发行监管工作。《通知》要求各地加强日常监管，并在全国两会和国庆期间开展专项检查行动。

22日　国家版权局发布2013年我国著作权登记的统计数据。2013年，我国包括作品登记、计算机软件著作权登记、著作权质权登记在内的著作权登记总量达1009 657件，首次突破百万件。

24日　国家新闻出版广电总局出版产品质量监督检测中心在北京召开"2013年出版物质量保障年"图书质量检查情况通报会，就中心抽查发现的12种不合格图书、各省出版行政部门抽查发现的72种不合格图书，向社会通报。

25日　北京出版集团与德国梅尔杜蒙公司共同投资组建的京版梅尔杜蒙（北京）文化传媒有限公司在北京揭牌。新公司注册资本3 000万元人民币，计划投资总额6 000万元人民币，经营范围横跨出版、旅游、互联网三个领域。

26日　天津出版传媒集团与我国最大的民营医药企业天士力控股集团签署协议，合资成立天津天使健康传媒有限公司，进军健康信息传播产业。

26日~27日　2014CPCC中国版权服务年会在北京举办。本届年会以"整合·共赢"为主题，由中国版权保护中心主办。会上发布了2013年度中国版权十大事件，并揭晓了2013CPCC十大中国著作权人年度评选活动评选结果。

28日　国家新闻出版广电总局下发《关于开展培育和践行社会主义核心价

值观主题出版活动的通知》，决定开展培育和践行社会主义核心价值观主题出版活动，组织出版界推出一批重点选题。

同日　国家新闻出版广电总局启动2014年"出版物质量专项年"活动。活动着重从选题审核、成书质量检查、质量保障体系建设三个方面对出版单位进行检查，总局和省级新闻出版行政部门每个季度检查并公布一批不合格的出版物及相关出版单位。

本月　2014"世界最美的书"评选在德国莱比锡揭晓。由"中国最美的书"评委会选送的两部作品《刘晓东在和田&新疆新观察》和《2010~2012中国最美的书》分别荣获铜奖和荣誉奖。这是我国图书参评该奖以来第一次获得双奖。

本月　由国家版权局组织编纂、中国人民大学出版社和中国人民大学国家版权贸易基地编辑出版的《中国版权年鉴2013》（总第五卷）正式出版发行。全书共设14个栏目，分列37个分目或次分目，全面反映了2012年我国版权行政管理、司法保护、产业发展及相关理论研究的基本状况。

3月

5日　第十二届全国人民代表大会第二次会议在北京人民大会堂开幕。国务院总理李克强代表国务院向大会作政府工作报告，强调发展文化艺术、新闻出版、广播电影电视、档案等事业，繁荣发展哲学社会科学，倡导全民阅读。倡导全民阅读首次写入政府工作报告。

7日　国内首例出版社状告百度文库侵权案一审宣判。北京市第一中级人民法院对中国青年出版社旗下中青文文化传媒公司诉百度文库侵权案作出判决。法院认定，百度公司在使用和传播中青文公司拥有信息网络传播权的《考拉小巫的英语学习日记》时，没有尽到相应义务，也没有建立起足够有效的著作权保护机制，行为已经构成了帮助侵权，应赔偿损失35万元。

10日　国家新闻出版广电总局下发《关于开展2014年全民阅读活动的通知》，决定在多年倡导并组织开展全民阅读活动，建设"书香中国"的基础上，2014年继续深入开展全民阅读活动，并从八个方面对开展好2014年全民阅读活动进行了部署。

14日~23日　委内瑞拉第十届国际图书节在加拉加斯举行，中国首次参加该图书节。

15日　中国新闻文化促进会与中国新闻出版研究院共同主办的第二届华文出版物艺术设计大赛颁奖典礼暨艺术设计大讲堂在北京举行。本次大赛分别评选出期刊、图书、报纸及音像制品等四类作品，共有1件图书作品获得金奖，74件作品入选银奖和铜奖。

17日　国务院审改办在中国机构编制网公开了国务院各部门行政审批事项汇总清单。根据清单，国家新闻出版广电总局共有行政审批事项53项，其中行政许可48项，非行政许可审批5项；与新闻出版相关的23项，与广播电影电视相关的30项。

同日　国务院印发《关于加快发展对外文化贸易的意见》，对加快发展对外文化贸易、推动文化产品和服务出口做出全面部署。

19日　国家公共文化服务体系建设协调组在北京举行第一次全体会议，这标志着国家层面的公共文化服务协调机制正式运转。国家公共文化服务体系建设协调组由中宣部、中央编办、中央文明办、国家发展改革委、教育部、科技部、财政部、人力资源和社会保障部、文化部、国家质检总局、国家新闻出版广电总局、国家体育总局、国家文物局、国务院扶贫办、全国总工会、共青团中央、全国妇联、中国残联、中国科协、国家标准委等中央20个部门组成，主要任务是负责全国公共文化服务体系建设重大事项的协商和部署。

同日　京东集团宣布自有品牌"京东出版"系列图书正式上线，并推出第一本力作——《大卫·贝克汉姆》。这标志着国内电商巨头正式踏入图书出版领域。

21日　青岛国家数字出版产业基地在青岛海尔文化馆授牌并正式运营。这是国家新闻出版广电总局成立后批准设立的第一家国家级产业基地。

21日~24日　第34届巴黎图书沙龙在法国巴黎举行，上海担任本届书展的主宾城市。中国展团共达成版权交易（含意向）94项。其中，上海出版团共达成交易（含意向）57项。

24日~25日　全国文化体制改革工作会议在北京召开。会议强调，要深入学习贯彻党的十八大和十八届三中全会精神，学习贯彻习近平总书记系列重要讲话精神，按照中央全面深化改革的总体部署，把抓落实作为深化文化体制改革的工作重点，紧紧围绕建设社会主义核心价值体系、建设社会主义文化强国，推进文化体制机制创新，推动社会主义文化大发展大繁荣。

24日~27日 第51届意大利博洛尼亚童书展在意大利博洛尼亚会展中心举行。由中国23家专业少儿出版社和2家非少儿出版社组成的中国少儿出版展团在书展上精彩亮相。本届书展上，中国展团签订版权输出合同153项，达成版权输出意向图书228种；签订版权引进合同15项，达成版权引进意向图书219种。

26日~27日 2014年数字出版管理工作会暨MPR技术产业推广应用工作现场会在西安举行。国家新闻出版广电总局副局长孙寿山出席会议并讲话。

27日 中宣部、工业和信息化部、公安部、国家税务总局、国家工商总局、国家新闻出版广电总局、国家互联网信息办公室、全国"扫黄打非"工作小组办公室、中国记协等九部门联合印发《中共中央宣传部等关于深入开展打击新闻敲诈和假新闻专项行动的通知》，决定在全国范围内开展打击新闻敲诈和假新闻专项行动。

28日 《内部资料性出版物管理办法》（修订征求意见稿）开始面向社会公开征求意见。为进一步规范内部资料性出版物的管理，国家新闻出版广电总局对《内部资料性出版物管理办法》（新闻出版署10号令，于1997年12月30日发布）进行了修订，起草了《内部资料性出版物管理办法》（修订征求意见稿）。

同日 湖北知音传媒集团、湖北长江出版传媒集团在武汉正式签订战略合作协议，携手投资《长江商报》，致力于打造全媒体湖北第一经济生活大报、长江流域第一财经全媒体信息平台，打造一个跨区域、跨行业的长江财经传媒集团。

31日 2014年全国各省（区、市）"扫黄打非"办公室主任会议在北京召开。会议指出，2014年全国以打击非法出版物、扫除淫秽色情文化垃圾、打击假媒体、假记者站、假记者为重点任务，开展"清源2014""净网2014""秋风2014""固边2014"四个专项行动。

同日 国家新闻出版广电总局通报了2013年~2014年3月查处的八起典型新闻敲诈案件。其中，《中国特产报》、《中国经济时报》、《西部时报》及其记者违法从事经营活动尤为严重。

本月 在2014年全国两会上，国家新闻出版广电总局副局长邬书林等48

名全国政协委员联合提案，建议尽快出台《全民阅读促进条例》；韬奋基金会理事长聂震宁等22名全国政协委员，提交了《关于大幅度提高稿酬所得税起征点的建议》的提案；中国新闻出版研究院院长郝振省等提交了《关于新版图书出版后一年内在零售终端禁止打折销售》等提案；中国出版集团公司党组书记、副总裁王涛建议完善和规范主管、主办制度，加快出版企业法人治理结构建设步伐；雅昌文化集团董事长万捷针对书画艺术品领域的盗版侵权行为，建议加大版权保护。

本月 2014年度全国图书选题分析报告出炉。报告显示，截至2014年2月17日，全国图书出版社共报送选题230 466种。相较于2013年，2014年的图书选题呈现出主题出版亮点纷呈、调整结构突出精品、提质增效形成共识、原创精品深耕细作等特点。

本月 国家新闻出版广电总局下发《关于开展中小学教辅材料专项治理工作的通知》，决定于3月~5月期间，在全国开展以出版规范、编校质量、印装质量、价格专项检查为重点的中小学教辅材料专项治理工作。

本月 国家新闻出版广电总局下发通知，在规范管理程序方面，加大对新闻出版展会的管理力度。通知强调从严格履行报批程序、严格履行主办责任、严格进行展会监管三个方面加强新闻出版展会管理。

本月 全国"扫黄打非"办公室、国家新闻出版广电总局联合启动"扫黄打非·秋风2014"专项行动，于3月中旬起至9月在全国组织开展集中打击假媒体、假记者站、假记者的活动。

本月 国家新闻出版广电总局下发《关于开展2014年向全国青少年推荐百种优秀图书活动的通知》，决定在前十次向全国青少年推荐百种优秀图书活动的基础上，继续开展2014年向全国青少年推荐百种优秀图书活动，引导青少年健康阅读，营造有利于青少年健康成长的社会文化氛围。

4月

1日 中国音像协会更名为中国音像与数字出版协会。

2日 2014年英国报业大奖颁奖仪式在英国伦敦举行。《中国日报》欧洲版被授予"最佳国际报纸奖"。这是中国媒体首次摘得这一奖项。

同日 国家新闻出版广电总局在北京召开出版物质量管理专题座谈会，对做好2014年"出版物质量专项年"各项工作作出部署。中国出版集团、上海世纪出版集团等出版单位负责人分别介绍了本单位在出版物质量管理方面的好经验、好做法。

3日 中宣部召开座谈会，就落实中宣部等九部门通知要求、深入打击新闻敲诈和假新闻进行专题座谈、专项部署，推动各地各部门采取切实措施、加大整治力度，深入推进打击新闻敲诈和假新闻专项行动。

3日～6日 第16届全国连环画交易会暨拍卖会在北京举办，众多老版书、文革书、80年代套书、连环画原稿等集中进行交流、拍卖。

8日 2014年国际出版业杰出奖颁奖典礼在伦敦举行。中国北京英捷特数字出版技术有限公司获得国际出版技术提供商奖项，成为获得此项奖励的第一家中国出版企业。

8日～10日 2014伦敦国际书展在伦敦伯爵宫展览中心举办，超过100个国家的1 500多家参展商参展。国家新闻出版广电总局组织的中国展区面积达105平方米，参展单位30余家，参展图书600多种。

10日 国家新闻出版广电总局和财政部在上海联合召开实体书店发展推进会，进一步研究推动实体书店长期健康发展的政策措施。会议指出，2014年实体书店扶持试点由12个城市扩展到北京、上海、江苏、浙江等12个省份，专项扶持资金可重复申请，并重点支持小微和民营文化企业。

11日 由国家新闻出版广电总局和北京市委宣传部指导，北京市新闻出版广电局和中国全民阅读媒体联盟主办的"2014北京书市"开幕暨"书香中国万里行"活动启动仪式在北京举行。国家新闻出版广电总局副局长孙寿山，北京市委常委、宣传部长李伟出席并讲话。

12日 由中国新闻出版研究院、山东省新闻出版广电局主办的第11届中国民营书业发展高峰论坛在山东淄博举行。本届论坛以"民营书业：升级创新、迎接变革、重新出发"为主题，发布了《2013年度中国民营书业发展调查报告》。全国人大教科文卫委员会主任委员、中国出版协会理事长柳斌杰出席并作主旨报告。

14日 推动媒体融合发展座谈会在北京召开。中共中央政治局委员、中宣部部长刘奇葆出席会议并强调，要着眼巩固宣传思想文化阵地、壮大主流思想舆论，积极推动传统媒体与新兴媒体融合发展，加快建设形态多样、手段先进、具有强大传播力和竞争力的新型主流媒体，努力达到世界一流水平。

同日 《2015年度国家出版基金项目申报指南》正式对外发布。2015年度《申报指南》总体框架基本延续往年模式，与前两年度申报工作有较大变化的是，2015年度不再采取按申请资助金额分级申报项目的办法。

同日 财政部在其官网发布《关于申报2014年度文化产业发展专项资金的通知》，就文化产业发展专项资金申报管理工作作出部署。同上一年相比，2014年文化产业发展专项资金的支持范围更广、支持政策更细。

同日 国务院办公厅通过中国政府网发布了《2014年全国打击侵犯知识产权和制售假冒伪劣商品工作要点的通知》。《通知》明确2014年将严厉打击利用网络侵权假冒违法犯罪行为，并围绕重点领域开展集中整治。

16日 国务院办公厅发布《关于印发文化体制改革中经营性文化事业单位转制为企业和进一步支持文化企业发展两个规定的通知》，对2008年国务院办公厅印发的支持经营性文化事业单位转制为企业和文化企业发展的政策文件进行修改、调整、补充，明确有关政策再继续执行5年，为新一轮文化体制改革提供了有力支撑。

18日 经过10天的24小时试运营，三联韬奋书店24小时书店进入常规运营。三联书店总经理樊希安代表三联书店就24小时书店开业情况及将于4月23日正式开业事宜，以写信的形式向李克强总理汇报。

同日 国家版权局公布了"2013年度打击侵权盗版十大案件"。这十大案件的共同特点为侵权很严重，行政处罚和刑事判决力度大，具有典型意义。

19日 "2014·书香中国"系列阅读活动暨"书香中国·第四届北京阅读季"启动仪式在北京举行。本届北京阅读季由国家新闻出版广电总局、北京市政府主办，以"共享全民阅读同绘中国梦想"为主题，从4月持续至6月。

同日 国家版权局发布"中国版权产业的经济贡献（2011年）"项目成果。数据显示，2011年，我国版权产业行业增加值为31 528.98亿元人民币，占全国GDP的6.67%，比2010年增加5 158.72亿元人民币，增长率为19.56%。

21日 《2014年新闻出版课题研究指南》公布，包括"出版权和制作权分开问题研究"、"重要国有出版传媒企业探索实行特殊管理股制度研究"等22个项目。

同日　中宣部办公厅和国家新闻出版广电总局办公厅联合下发《关于切实做好庆祝新中国成立 65 周年重点出版物出版工作的通知》，要求各地党委宣传部、新闻出版广电局和出版单位主管部门认真谋划、精心组织，指导出版单位紧紧围绕学习贯彻习近平总书记系列重要讲话、实现中华民族伟大复兴的中国梦、培育和践行社会主义核心价值观、展示新中国成立 65 周年的辉煌成就等重点方向，策划一批重点出版物，迎接新中国成立 65 周年华诞。

22 日　国务院总理李克强给北京三联韬奋书店全体员工回信，称赞三联书店创建 24 小时不打烊书店，为读者提供"深夜书房"很有创意，是对全民阅读的生动践行，希望把 24 小时不打烊书店打造成为城市的精神地标，引领手不释卷蔚然成风。当晚 7 时许，三联书店在其官网发布了李克强总理的回信。

同日　国家新闻出版广电总局在北京召开各省（区、市）打击新闻敲诈和假新闻专项行动工作汇报会，就贯彻落实中宣部等九部门联合印发的《关于深入开展打击新闻敲诈和假新闻专项行动的通知》精神，进行再动员再部署再落实。总局党组书记、副局长蒋建国出席会议并讲话。

同日　由上海报业集团联合阿里巴巴集团主办的 2014 中国报业新趋势论坛在上海举行。论坛上，上海报业集团等 52 家媒体与阿里巴巴签署合作意向书，加入到"码上淘"业务的试水行列中。

同日　由中国版权保护中心主办的"2014CPCC 十大中国著作权人年度评选"活动启动。"尊重原创"是本年度该项评选活动的主题。

23 日　北京三联韬奋书店 24 小时书店正式挂牌营业。中宣部副部长吴恒权，国家新闻出版广电总局党组书记、副局长蒋建国等出席揭牌仪式。

24 日　十二届全国人大常委会第八次会议表决通过，批准《视听表演北京条约》。

同日　国家新闻出版广电总局、财政部联合发布《关于推动新闻出版业数字化转型升级的指导意见》，提出主要目标是要用 3 年时间，支持一批新闻出版企业、实施一批转型升级项目，带动和加快新闻出版业整体转型升级步伐。

同日　全国"扫黄打非"工作小组组织全国 31 个省（区、市）统一开展了 2014 年侵权盗版及非法出版物集中销毁活动。同时，以"拒绝盗版，共筑未来"为主题的绿书签行动正式启动。此次全国集中销毁活动，共销毁侵权盗版音像制品、盗版图书、盗版电子出版物及非法报刊等 2 041.4 万件。

25 日　全国古籍整理出版规划领导小组办公室发布《2014 年度国家古籍整理出版专项经费资助项目评审结果公告》，决定对《中国地方戏曲剧本丛刊（第一辑）》等 90 个项目给予资助。

28 日　全国"扫黄打非"办公室在广东省珠海市召开 2014 年全国"扫黄打非·南岭工程"座谈会。会议通报了有害出版物相关案件的线索和情况，并围绕"清源 2014"行动相关任务，进一步明确了"南岭工程"各成员省（区、市）的职责分工。

同日中国书法出版传媒有限责任公司及中国书法出版社、《中国书法报》社揭牌仪式在北京举行。该公司由中国文联主管、中国书法家协会主办、财政部代国务院履行出资人职责，是中国文联系统第一家专业艺术门类的出版传媒单位，同时也是文化体制改革的试点单位。

4 月 28 日~5 月 3 日　由国家新闻出版广电总局、浙江省人民政府主办的第十届中国国际动漫节在杭州举行。本届动漫节包括会展、商务、赛事、论坛、活动五大板块，举办 53 项活动，共有 74 个国家和地区共计 602 家中外企业和机构参展、参会、参赛。

本月　国家新闻出版广电总局办公厅印发通知，对外公布了 2014 年新闻出版改革发展八项工作要点。这八项要点分别为：着力完善新闻出版管理体制、稳步推进经营性新闻出版单位体制改革、大力推动新闻出版企业兼并重组、建立健全多层次的新闻出版产品市场和要素市场、加快推进新闻出版产业转型升级、鼓励支持社会资本有序参与出版经营活动、构建和完善新闻出版现代公共服务体系、提升新闻出版开放水平。

本月《2014 年全国音像电子出版物年度选题分析报告》出炉。报告显示，全国 460 家音像电子出版单位共报送选题 25 785 种，其中音像选题 14 429 种、电子出版物选题 11 356 种。

本月　国家新闻出版广电总局新闻报刊司公布 2013 年"全民阅读报刊行"优秀书评作品推荐活动评选结果。《人类与癌症的千年战争》等 100 篇书评作品入选。

本月　国家新闻出版广电总局新闻报刊司启动 2014 年"全民阅读报刊行"优秀荐书平台推荐工作，凡持有国内统一连续出版物号的报纸、期刊所创办的推广优秀出版物以及倡导全民阅读的各类平台均可参加。

本月　中宣部、国家新闻出版广电总局联合下发《关于在出版行业深入开展马克思主义新闻出版观培训的意见》，决定在全国出版行业深入开展马克思主义新闻出版观培训。

本月　国家新闻出版广电总局下发《关于开展第二届向全国青少年推荐50种优秀音像电子出版物活动的通知》，启动第二届向青少年推荐50种优秀音像电子出版物活动。

5月

6日　全国文化行业首家企业集团财务公司——湖南出版投资控股集团财务公司正式挂牌运营。该公司注册资本为10亿元人民币，其中中南传媒出资7亿元，占比70%。

7日~9日　2014年北京·台湖全国图书馆采购订货会暨全国少儿图书订货会在北京举办。订货会上集中展销7万余种中外文少儿精品出版物，提供60余万种精品馆藏图书现场采购，近1 200家出版社、图书公司、图书馆、图书经销商到场交易交流。

12日　商务部、中宣部、财政部、文化部、国家新闻出版广电总局等5部门联合公布了《2013~2014年度国家文化出口重点企业和重点项目目录》。中国国际图书贸易集团有限公司等366家企业入选重点企业目录，国图海外华文书店营销网络计划、北京国际图书博览会等123个项目入选重点项目目录。

13日　江苏凤凰出版传媒股份有限公司发布公告，公司旗下全资子公司江苏凤凰教育出版社有限公司拟以8 000万美元收购Publications International，LTD.、JRS Distribution CO.及其某些关联方拥有的全部儿童图书业务资产及其经营童书业务的相关关联方100%的股权和权益。此次收购是凤凰传媒进军海外拓展市场的重要举措，凤凰传媒自称是"中国出版行业有史以来最大的一次跨国并购"。

15日　由国家新闻出版广电总局主办，总局数字出版司、中国新闻出版研究院承办的2014数字出版高端论坛在深圳举行。本届论坛以"转型促进发展、服务拓展市场"为主题，国家新闻出版广电总局副局长孙寿山出席论坛并作主题发言。

15日~19日　由文化部、商务部、国家新闻出版广电总局、深圳市政府等部门联合举办的第十届中国（深圳）国际文化产业博览交易会在深圳举行。本届文博会共设9个主展馆和54个分会场，展会配套活动、专项活动及分会场活动共620多项，实现交易额2 324.99亿元。

16日　国家新闻出版广电总局在北京召开农家书屋书目分析会。这是农家书屋工程实施以来第一次面向出版单位召开专题会议。10家出版集团和历年来入选农家书屋推荐书目数量最多的72家出版单位负责人与会。

18日　杭州首家24小时书店——杭州新华书店解放路店悦览树书房正式开业。

同日　福建新华传媒发展有限公司旗下四家国有全资子公司揭牌仪式在福州举行。由此，福建新华传媒发展有限公司正式完成母、子公司的整体改制。揭牌的四家子公司分别为福建省印刷物资有限公司、福建新华外文书店有限公司、福建新华音像复制有限公司、福建省优美办公设备有限公司。

20日　国家新闻出版广电总局在北京召开少儿文学读物出版座谈会。会上，总局决定5月下旬至9月底开展"百社千校书香童年"阅读活动，遴选出100家出版单位，与分布在全国各地，特别是老少边穷地区的1 000所小学共同开展阅读活动。总局党组书记、副局长蒋建国出席座谈会并讲话。

同日　全国新闻出版标准化技术委员会发出通知，就已完成的《学术出版标准体系表》、《学术出版规范 科学技术名词》、《学术出版规范 引文》、《学术出版规范 注释》、《学术出版规范 图书版式》、《学术出版规范 译著》和《学术出版规范 古籍整理》7项行业标准的征求意见稿向全行业征求意见。

21日　第20届世界美食美酒图书大奖赛在北京举行颁奖礼。中国轻工业出版社凭借一系列高水平的美食美酒类图书，斩获8项大奖，成为本届大奖赛的最大赢家。

25日　2014全国优秀少儿报刊推荐名单正式出炉。《中国少年报》等7种报纸，《学与玩》等53种期刊入围优秀少儿报刊推荐名单。

27日　中国出版集团与中国移动在杭州签订战略合作协议，双方意在手机阅读和数字出版领域树立新的产业标准、培育新的阅读品位、开拓新的业务领域。

29日　2014年"经典中国国际出版工程"终审会在北京举行。《大国综合优势》《我不是潘金莲》等418个品种、256个项目脱颖而出，公示结束后有望获得资助。

29 日~31 日　2014 年美国书展在美国纽约举办。由来自北京、上海、安徽、江苏、山东等地的 41 家出版集团、出版社组成的中国出版展团亮相本次书展。

30 日　2014 年向全国青少年推荐百种优秀图书新闻发布会暨出版座谈会在北京举行。这是国家新闻出版广电总局连续第 11 年开展向全国青少年推荐百种优秀图书活动，339 家出版社共报送 1 300 种图书参评。

本月　由人民日报社理论部主编的《深入领会习近平总书记重要讲话精神》一书由人民出版社出版，在全国新华书店发行。

本月　由中共中央文献研究室编辑的《习近平关于全面深化改革论述摘编》一书由中央文献出版社出版，在全国发行。

本月　由中国（武汉）期刊交易博览会主办，中国期刊年鉴杂志社承办的首届"中国最美期刊"遴选活动正式启动。首届"中国最美期刊"遴选活动主要关注期刊装帧设计和绿色印刷，以期刊设计的整体艺术效果和制作工艺与技术的完美统一为标准。

6 月

1 日　根据国家质量监督检验检疫总局、国家标准化管理委员会发布的中华人民共和国 2013 年第 27 号国家标准公告，《印刷技术术语 第 8 部分：数字印刷术语》等 7 项印刷国家标准正式实施。

同日　根据国务院打击侵权假冒工作的有关部署和要求，由国家新闻出版广电总局（国家版权局）制定的《新闻出版（版权）行政执法部门依法公开制售假冒伪劣商品和侵犯知识产权行政处罚案件信息的实施细则（试行）》正式实施。

3 日　在国务院总理李克强和科威特首相贾比尔的共同见证下，中国国家新闻出版广电总局与科威特文化艺术文学国家委员会在北京签署了《中科经典和当代文学作品互译出版项目合作议定书》。根据协议，双方将启动"中科经典和当代文学作品互译出版项目"。

5 日　中国印刷技术协会、中国印刷杂志社在北京召开第二次中国绿色印刷企业调查媒体见面会，宣布全面启动第二次中国绿色印刷企业调查。调查工作于6月~10月进行，调查对象为2013年12月31日前获得认证的400余家绿色印刷企业。

6日 国务院法制办就《中华人民共和国著作权法（修订草案送审稿）》向社会公开征求意见。送审稿规定，增加著作权行政管理部门的查封扣押权，并提高罚款数额，以强化著作权的保护力度。

同日 中国国家新闻出版广电总局与斯里兰卡出版商协会合作备忘录签署仪式在科伦坡举行。国家新闻出版广电总局党组书记、副局长蒋建国与斯里兰卡出版商协会主席魏吉塔·雅帕签署合作备忘录。

9日 首批11家试点媒体社会责任报告正式发布，对2013年度本媒体履行社会责任情况进行了全面梳理展示。报告重点公开了媒体履行正确引导责任、提供服务责任、人文关怀责任、繁荣发展文化责任、遵守职业规范责任等情况，同时还对履行社会责任方面存在的不足、改进的措施和努力的方向进行了阐述。

10日 "中华经典古籍库"捐赠开通仪式暨发布研讨会在北京举行。作为中华书局首次推出的大型古籍数字产品，该产品的问世标志着我国古籍数字化进入新的时代。国家新闻出版广电总局副局长邬书林出席捐赠开通仪式并讲话。

同日 纪念高等教育出版社建社60周年座谈会在京举行。教育部副部长李卫红，中国教育出版传媒集团有限公司党组书记、总经理李朋义，高教社社长苏雨恒出席会议并讲话。

同日 由时代出版传媒股份有限公司重点打造的中国首个以文化生活为主题的数字出版内容互动社交平台——"时光流影TIMEFACE"正式上线，并同时推出移动客户端。该平台集内容提供商、综合信息服务商、运营商于一体，所有原创作品都可以"半秒一键成书"。

12日 国家版权局、国家互联网信息办公室、工业和信息化部、公安部在北京联合召开全国版权执法监管工作座谈会，正式启动第十次打击网络侵权盗版专项治理"剑网"行动。

同日 人民日报客户端正式上线。这是人民日报社适应媒体变革形势，加快推进传统媒体与新兴媒体融合发展迈出的重要一步。国家新闻出版广电总局党组书记、副局长蒋建国，国家互联网信息办公室主任鲁炜，人民日报社社长

第一节 2014年中国出版业大事记 | 第五章 出版业大事记

杨振武，人民日报社总编辑李宝善出席上线仪式。

13日~15日 第七届南非书展在开普敦国际会议中心举办。由36家出版单位、46名出版人组成的中国展团，携1 000多种图书赴展，达成版权引进及输出（含意向）近20种。

16日 由中国开发性金融促进会和中国新闻文化促进会发起成立的文化与金融合作交流平台——文化金融俱乐部在北京成立。全国政协副主席、中国开发性金融促进会会长陈元出席并致辞。

同日 亚马逊中国发布年中图书排行榜，并首次根据2014年上半年的纸质书及电子书销售数据，发布中国最爱阅读城市榜单。最爱阅读城市榜单前10名的城市分别为宁波、合肥、重庆、济南、杭州、南京、苏州、青岛、长沙和郑州。

18日 继3月底公布2014年首批新闻敲诈案件之后，国家新闻出版广电总局再次公开通报了8起新近查办的新闻敲诈和假新闻案件，《南方日报》等8家新闻机构的相关违法违规人员被查处。

同日 "今日头条"与《广州日报》签署合作协议。此前因涉嫌擅自发布《广州日报》作品，"今日头条"运营者北京字节跳动科技有限公司，被拥有《广州日报》信息网络传播权的广州市交互式信息网络有限公司提起著作权诉讼，并已在北京市海淀区人民法院开庭。原告已正式就此案申请撤诉。

同日 人民交通出版社股份有限公司在北京揭牌。该公司承继人民交通出版社骨干企业、资质、主营业务，注册资本为3亿元人民币，具有图书、音像制品、电子出版物、互联网出版资质和国家甲级测绘资质，拥有北京中交盛世书刊发行有限公司等4家全资子公司。

23日 全国"扫黄打非"办公室在北京召开2014年全国"扫黄打非""珠峰工程""天山工程"座谈会。全国"扫黄打非"工作小组专职副组长李长江出席并讲话。全国"扫黄打非"工作小组副组长兼办公室主任、国家新闻出版广电总局党组书记、副局长蒋建国主持会议并作总结讲话。

同日 由中宣部组织编写的《习近平总书记系列重要讲话读本》由学习出版社、人民出版社联合出版，在全国新华书店发行。

同日 《深圳经济特区全民阅读促进条例》（征求意见稿）公布。《条例》草案共11章62条，通过确立"全民阅读决策指导制度"等十大制度的设计，希望切实推动全民阅读长效机制的建立。《条例》在7月22日前向社会公开征求意见，待意见汇总、修改后，进入立法程序。

同日　中文天地出版传媒股份有限公司发布公告，拟以26.6亿元收购互联网企业北京智明星通科技有限公司100%股权。此次并购重组正式宣告中文传媒跨入互联网国际化平台业务领域。

同日　国家新闻出版广电总局在陕西召开数字农家书屋建设推进会。国家新闻出版广电总局副局长阎晓宏出席会议并讲话，全国17个已将卫星数字农家书屋列入近期工作计划的省（区、市）相关负责同志参加会议。

24日　京东与青岛出版集团在青岛签署战略合作协议，双方将在生活时尚、少儿书刊等领域，为特定消费人群，定制推出更为精彩的书刊。

26日　国家新闻出版广电总局下发《关于认真组织学习宣传发行〈习近平总书记系列重要讲话读本〉的通知》，指出新闻出版广电战线肩负着学习贯彻和宣传阐释中央精神的双重责任，要高度重视《读本》的学习宣传发行工作，加强组织领导，完善保障措施，狠抓落实，既积极当好学习贯彻的表率，又努力为全党全社会学习贯彻提供优质高效服务。

同日　国家新闻出版广电总局在北京召开2014年出版物质量专项年少儿图书质量检查情况通报会，公布10种编校质量不合格的少儿图书，并给予相关出版单位警告的行政处罚。

26日~27日　2014年中国报业发行工作会议在杭州举行。会议对获得"2013~2014年中国报业发行工作创新奖"的单位和获得"2013~2014年中国报业发行工作先进个人"的获奖者进行了表彰。

27日　"2014全球出版业50强排行榜"发布。中国出版集团公司、中国教育出版传媒集团有限公司再度入选。中国出版集团排名由上一年的第22位上升至第14位，中国教育出版传媒集团由上一年的第30位上升至第21位。

27日~28日　中国出版集团与广东、江苏、上海、浙江、福建、安徽、湖北、湖南、山东、江西、青岛、广州、深圳等13个省市的新华发行企业签署战略合作协议，就打造出版营销合作双向一体平台，探索创造一种新的合作模式等方面达成共识，并就建立古籍精品书店、文化创意专营店等达成合作意向。

28日~29日　由中国出版协会少年儿童读物工作委员会主办的第29届全

国少儿出版社社长年会在江西南昌举行。国家新闻出版广电总局副局长邬书林出席会议并强调,要一手抓管理,一手抓繁荣,保证少儿出版健康发展。

29日 全国"扫黄打非"办公室通报了9起假媒体、假记者站、假记者案件。这是该办自2014年3月开展"扫黄打非·秋风2014"专项行动以来公布的第二批"三假"案件。

同日 经国家新闻出版广电总局批准,中国出版协会民营工作委员会成立暨第一次会员代表大会在北京召开。会议选举产生了中国版协民营工委第一届理事会理事、常务理事,审议通过了中国出版协会民营工作委员会规章、会费管理办法、选举办法等。

30日 《中印文化交流百科全书》中英文版出版发布会在北京举行。这标志着世界上第一部中印文化交流研究领域兼具查检功能和系统学习功能的大型学术文化工具书正式面世。国家副主席李源潮、印度副总统安萨里出席发布会,并为该书首发揭幕。

本月 《习近平关于实现中华民族伟大复兴的中国梦论述摘编》一书经中共中央编译局翻译成英、法、西、俄、日、阿等六种语言,由外文出版社正式出版发行。

7月

1日 第65届"美国印刷大奖"获奖名单揭晓,青岛出版社《中国木版年画代表作》同时荣获"班尼奖"艺术出版金奖和印刷金奖。

同日 广西师范大学出版社集团有限公司在澳大利亚墨尔本成功完成对澳大利亚视觉出版集团的收购。广西师范大学出版社集团有限公司将借助后者的品牌价值和海外销售渠道实现国内外联动,面向世界打造建筑设计类图书产品。

2日~5日 第21届东京国际书展在日本东京国际展览中心举行。由中国教育出版传媒集团等21家出版单位组成的中国出版展团亮相本次书展,共输出版权75项,取得近年来参加该展的版贸最佳成绩。

3日 第八届上海印刷大奖在2014年中国(上海)国际印刷周上揭晓。该活动最终评出印刷大奖3个、绿色环保大奖1个、金奖21个、银奖48个、铜奖66个。

4日　以"阅读点亮梦想、书香成就人生"为主题的"书香江苏·阅读论坛"在江苏苏州举行。国家新闻出版广电总局副局长邬书林、江苏省副省长曹卫星出席论坛并作主旨演讲。

9日　中国新闻出版研究院在北京发布《2013年新闻出版产业分析报告》。《报告》显示，2013年全国出版、印刷和发行服务实现营业收入18 246.4亿元，利润总额1 440.2亿元。新闻出版产业主要经济指标平稳增长，产业规模继续扩大，反映出新闻出版产业仍继续保持较强的可持续发展能力。

同日　国家版权局通报"剑网2014"专项行动第一批8起网络侵权盗版案件查办情况。同时，向效仿快播方式从事网络侵权盗版的网站、公司发出提醒与告诫。

同日　第八届中华图书特殊贡献奖专家评审会在北京举行，沙博理等10位在介绍中国、传播中国文化方面作出突出贡献的作家、翻译家、出版家获此殊荣。国家新闻出版广电总局党组书记、副局长蒋建国出席评审会并作重要讲话，副局长邬书林主持会议并宣布评审结果。

10日　中国国家新闻出版广电总局（国家版权局）局长蔡赴朝在北京向世界知识产权组织总干事弗朗西斯·高锐递交了中国政府《视听表演北京条约》批准书。中国由此成为继阿拉伯叙利亚共和国、博茨瓦纳共和国、斯洛伐克、日本之后，第五个正式加入《视听表演北京条约》的国家。

12日　广州首家"24小时不打烊"书店1200bookshop在体育东路开始营业。

14日　国家新闻出版广电总局公布第二届向全国青少年推荐50种优秀音像电子出版物目录，《永恒的雷锋》等50种音像电子出版物获选。

同日　国家新闻出版广电总局召开新闻发布会，宣布2014版新闻记者证换发工作全面启动。本次换发记者证的新闻单位首次增加了纳入试点核发记者证的新闻网站，首次要求新闻单位提供申领人员与所在新闻单位签署的保密承诺书和职务行为信息保密协议。

同日　国家新闻出版广电总局公布2014年度新闻出版改革发展项目库入库项目，323个项目最终入选，通过率为38.18%。

15日~16日　由中国新闻出版研究院主办的2014中国数字出版年会在北京召开。本次年会主题为"融合、发展：互联网与新闻出版业的对话"。国家新闻出版广电总局副局长孙寿山在年会上作了题为《加快融合发展步伐，推动数字出版产业迈上发展新台阶》的主旨报告。年会上发布了《2013~2014 中国数字出版产业研究报告》。

16 日　人民出版社等全国 60 多家出版社在北京举办座谈式论坛，共同发起和商讨成立中国数字出版联盟事宜。

同日　2014 中国数字出版年会"净化网络环境，打击侵权盗版"高端主题论坛在北京举行，190 家企业代表共同签署了"守正创新，拒绝盗版、净化网络环境"联合倡议书。

同日　凤凰出版传媒股份有限公司与美国出版国际公司在美国芝加哥举行资产交割仪式。同日，凤凰国际出版有限公司和菲尼科斯创艺国际贸易（香港）有限公司在芝加哥揭牌，凤凰传媒以 8 000 万美元收购美国出版国际公司童书业务及其位于德国、法国、英国、澳大利亚、墨西哥等海外子公司的全部股权和资产，分别注入上述公司。至此，历时 9 个月的中国出版业最大跨国并购案圆满收官，凤凰传媒实现了电子有声童书全球市场的崭新布局。

同日　内蒙古新华发行集团与山东金榜苑文化传媒公司合作成立内蒙古新华文化传媒有限公司揭牌仪式在呼和浩特举行。新组建公司为国有民营混合制企业，合作方式为双方共同出资在内蒙古注册成立新华文化传媒有限公司，内蒙古新华发行集团占 51% 股份（控股），山东金榜苑文化传媒公司占 49% 股份（参股）。新公司自主经营、独立核算、自负盈亏、赢利共享、风险共担。

16 日~22 日　第 25 届香港书展在香港会议展览中心举行。本届书展以"从香港阅读世界——越读越精彩"为主题，吸引了来自 31 个国家及地区，共 570 家参展商参与。

17 日　第十九届两岸四地华文出版年会在香港召开。本届年会以"网络年代的出版新形态"为主题，由中国出版协会，台湾图书出版事业协会、香港出版总会、澳门出版协会共同主办。

18 日　山东省内第一家 24 小时书店——"明阅岛"进入试营业阶段。

同日　共青团中央网络影视中心、中国质检出版社等单位在北京启动"中国梦青少年社会主义核心价值观复合出版工程"。该工程 5 年内将出版系列图书共计 60 种，每 12 种为一辑。

21 日　中国电信集团公司与北京中文在线数字出版股份有限公司、江苏凤凰出版传媒股份有限公司、新华网股份有限公司、天翼阅读文化传播有限公司在北京举行天翼阅读引入战略投资合作伙伴签约仪式。根据协议，中文在线、凤凰传媒、新华网各方将投入各自优势资源，联合中国电信在渠道推广、市场营销、版权运营和企业管理等方面为天翼阅读提供支持，并推动各方所属企业和已投资企业与天翼阅读协同发展。

22日 全国首个民族出版产品质检分中心——国家新闻出版广电总局质检中心藏语文分中心在西藏拉萨挂牌成立。国家新闻出版广电总局副局长阎晓宏、西藏自治区副主席孟德利出席并讲话，还为藏语文分中心揭牌。

同日 上海报业集团的新媒体项目"澎湃新闻"全面上线，覆盖网页版、客户端、WAP网页版。

28日 国家新闻出版广电总局下发通知，决定2014年继续实施"原动力"中国原创动漫出版扶持计划，继续从扶持作品创作入手，推动动漫作品转化为出版产品。

29日 由北京三联韬奋24小时书店、杭州"悦览树"24小时书店、深圳中心书城24小时书吧共同发起的"全国24小时书店创新发展研讨会"在北京召开。来自北京、杭州、深圳、广州、西安、青岛、郑州等地的11家24小时书店的代表，在会议上通过了《全国24小时书店北京研讨会共同宣言》，并决定建立"全国24小时书店联盟"。

30日 北京新华印刷有限公司重组签约仪式在北京举行。中国出版集团公司通过产权交易获得北京新华印刷51%控股权，原股东中国文化产业发展集团公司持股49%。国家新闻出版广电总局副局长阎晓宏出席签约仪式并讲话。

本月 国家新闻出版广电总局就2014年少儿类报刊专项质检情况向社会进行通报，对检查不合格的16种期刊提出通报批评，对8种编校质量存在严重问题的报刊予以行政处罚。

8月

1日 第17次东亚出版人会议在贵阳召开。本届会议以"出版环境变迁下编辑的挑战"为主题，由贵州出版集团公司和新华文轩出版传媒股份有限公司联合主办，来自中、日、韩等国家的30余名出版人参加。

同日 由凤凰出版传媒集团出品的大型中国原创音乐剧《锦绣过云楼》在

英国爱丁堡国际艺术节上精彩亮相。

1日~4日　由国家新闻出版广电总局、贵州省人民政府共同主办的第24届全国图书交易博览会在贵州贵阳举行，全国830家出版发行单位参加。

2日　孔学堂书局挂牌、《孔学堂》杂志创刊仪式在贵阳孔学堂举行。孔学堂书局是弘扬优秀传统文化的新型出版机构，《孔学堂》杂志是以中英双语的传播形式交流中华思想文化的学术期刊。

同日　国家新闻出版广电总局在贵阳举办2014年新闻出版项目金融推介会。总局副局长阎晓宏、贵州省副省长何力、中国工商银行副行长郑万春出席会议并讲话。

12日　国务院发布《关于取消和调整一批行政审批项目等事项的决定》，由国家新闻出版广电总局负责的电子出版物出版单位与境外机构合作出版电子出版物审批事项予以取消。

同日　国家新闻出版广电总局发布2013年全国新闻出版业基本情况。数据显示，2013年全国出版图书、期刊、报纸总印张为3 005.12亿印张，与上一年3 074.01亿印张相比略有下降。全国共有出版社582家（包括副牌社33家），出版图书444 427种（初级255 981种，重版、重印188 446种）；共出版期刊9 877种；共出版报纸1 915种。

13日~19日　由国家新闻出版广电总局、上海市人民政府主办的2014上海书展暨"书香中国"上海周在上海举办。本届书展参展出版单位500余家，参展图书超过15万种，书展期间举办了各类阅读文化活动687场，近千位中外作家、学者和各界名人汇聚上海。

13日　当当网公布2014年上半年图书的整体销售情况。数据显示，2014年上半年，当当网图书品类销售首次破亿，达到1.6亿册，销售额也同比增长超40%。

14日　以"大数据时代城市精神地标的价值"为主题的首届中国超级书店论坛在上海举办。本届论坛由上海书展组委会办公室、中国新华书店协会和中国出版传媒商报社共同主办。论坛上，北京图书大厦、成都购书中心、广州购书中心以及上海书城等10家书店联合发出《关于促进全民阅读推广、促进书业健康发展的倡议书》。

15日　国务院以653号令公布了《国务院关于修改部分行政法规的决定》，

对 21 部行政法规的部分条款予以修改，其中涉及《出版管理条例》的 3 个条款。

15 日~21 日　南国书香节暨羊城书展在广州举行。本届南国书香节以"文化的厚度、学术的高度、服务的温度"为重点，年度口号为"让阅读成为一种生活方式"，参展图书、文具等超过 35 万种，总销售收入 5 500 万元。书展期间，"首届粤台港澳出版论坛"于 16 日在琶洲国际会展中心举行。

18 日　读者出版传媒股份公司旗下的读者数码公司和中国联通共同打造的"沃·读者"可通话平板电脑在兰州举行首发式。该款产品内置了《读者》30 年的电子杂志内容，内嵌"读者云图书馆"客户端，支持移动、联通 SIM 卡，开卡、续费可直接在平板上操作，实现了"空中开卡、空中续费"。

19 日　由上海报业集团、元禾母基金和华映资本共同发起、设立规模为 12 亿元的 825 新媒体产业基金成立。

同日　文化部、工业和信息化部、财政部联合下发《关于支持小微文化企业发展的实施意见》，明确提出支持演艺业、娱乐业、动漫业、游戏业、文化旅游业、艺术品业、工艺美术业、文化会展业、创意设计业、网络文化业、数字文化服务业等行业及从事非物质文化遗产生产性保护的企业中符合《中小企业划型标准规定》的小型和微型企业。

20 日　中信出版社与亚马逊中国宣布战略合作。根据协议，消费者可以在 Kindle 书店购买和阅读大量来自于中信出版社的电子书内容，在多家中信出版社的实体书店体验和购买 Kindle 全线产品。

21 日~25 日　由国家新闻出版广电总局（国家版权局）、广东省政府主办的第六届中国国际影视动漫版权保护和贸易博览会在广东东莞举行。本届漫博会举行活动近 90 场，有 443 家企业参展。

26 日　中共中央政治局委员、中央书记处书记、中宣部部长刘奇葆出席学习贯彻习近平总书记关于媒体融合发展重要讲话精神座谈会，强调要深入学习贯彻习近平总书记在中央全面深化改革领导小组第四次会议上关于媒体融合发展的重要讲话精神，抓好中央决策部署贯彻落实，尽快在媒体融合发展上见到成效、取得突破。

同日　由国家新闻出版广电总局、国务院新闻办公室、中国民主促进会中央委员会联合主办的 2014 北京国际出版论坛在北京举行。本届论坛主题为

"出版业的新未来：方向、路径与动力"。国家新闻出版广电总局副局长吴尚之出席并发表题为《积极推进传统出版与新兴媒体融合发展，实现中国出版业繁荣发展的新未来》的主题演讲。

同日　第八届中华图书特殊贡献奖颁奖仪式在人民大会堂举行。以此为标志，第21届北京国际图书博览会正式揭开帷幕。国务院副总理刘延东出席颁奖仪式，代表中国政府向获得第八届中华图书特殊贡献奖的外国专家颁奖并表示祝贺。

27日　中国出版集团公司及下属中国图书进出口（集团）总公司在北京举办中国图书全球按需印刷启动仪式。中国图书全球按需印刷以中图公司开发的"易阅通"国际数字资源交易与服务平台为基础，该平台已与国内200多家出版集团、全球上百家大型数字出版商和集成商开展合作。

同日　时代出版传媒股份有限公司在北京举办"丝路书香"国际合作项目签约对接会暨"时光流影海外时光站"授牌仪式，首次与丝绸之路30多个沿线国家合作，创造走出去发展崭新格局。

27日~31日　由国家新闻出版广电总局、国务院新闻办公室、教育部、科技部、文化部、北京市人民政府、中国出版协会、中国作家协会等八个部委主办的第21届北京国际图书博览会在北京举行。来自78个国家和地区的2 162家中外参展商与会，达成版权贸易协议4 346项。

28日　中国教育图书按需出版印刷平台在北京启动。该项目由财政部提供专项重点资金扶持，中国教育出版传媒股份有限公司和中国教育图书进出口有限公司共同出资，以"一本起印，按需定制，全球配送"为理念，提高出版业效益，降低出版物库存，推进印刷业向数字环保转型。

同日　百余家媒体齐聚北京发起并召开"新媒体版权联盟成立仪式暨首届成员大会"。新媒体版权联盟是由中国版权协会指导，人民网、中国网、国际在线、央视网、中国青年网、中国经济网、中国台湾网、中国广播网、中国新闻网等9家中央级媒体联合发起的非营利性协调机构。

29日　由中国新闻出版研究院、中国版协国际合作出版工作委员会、出版参考杂志社主办的"第十三届输出版、引进版优秀图书推介活动"颁奖典礼在北京举行。期间揭晓了2013年度"引进版社科类优秀图书""引进版科技类优秀图书""输出版优秀图书""推动版权输出引进的典型人物名单""全国优秀版权经理人名单"等多个奖项。

同日　2014中国按需出版论坛在北京举办。本届论坛以"商业模式的重构与创新"为主题,由中国印刷及设备器材工业协会、北京印刷协会、中国出版传媒商报社、中国新闻出版研究院共同主办。

本月　第五届中华优秀出版物奖评奖活动启动。本届设3个子项奖：图书奖,音像、电子和游戏出版物奖,全国优秀出版科研论文奖。其中,图书奖100个,提名奖100个,音像、电子和游戏出版物奖30个,提名奖80个,全国优秀出版科研论文奖30个。

本月　国家新闻出版广电总局、全国古籍整理出版规划领导小组公布2014年度国家重点出版物中长期规划增补结果。在全国出版单位申报增补的1 912个出版项目中,有562项入选。

本月　国家新闻出版广电总局印发《新闻出版业"十三五"规划编制工作方案》的通知,就"十三五"规划编制指导思想、工作原则、工作任务等进行了详细安排。《方案》提出,争取将新闻出版作为国家社会经济发展的重要组成部分,列入国家发展目标。

本月　国家新闻出版广电总局下发《关于做好纪念邓小平诞辰110周年主题出版工作的通知》,确定人民出版社的《邓小平文集》等7种重点出版物,并在国家出版基金评审工作中对7种重点出版物给予专项支持。

9月

1日　北京、天津、河北三地新闻出版广电局共同签署了《京津冀新闻出版广播影视协同创新战略框架协议》。根据协议,三地将在优化区域产业布局,推动区域产业结构调整,开展区域共建共享的公共平台合作,推进人才交流,在加强管理、服务协同与信息共享等方面开展战略合作,推动三地文化交流合作向纵深发展。

同日　国内首家文化融资租赁公司——北京市文化科技融资租赁股份有限公司在北京成立。该公司由北京市文资办联合中国恒天集团、香港联合出版(集团)有限公司、中国文化产业发展集团、虚苑公司、中融鼎立公司等共同发起设立,是混合所有制的文化融资租赁公司,旨在解决文化企业融资难、融资贵问题,盘活首都丰富的文化资源。

1日~7日 以"美丽中国梦·精彩图书节"为主题的第12届北京国际图书节在北京中华世纪坛举行,百余家出版社参与,展出各类图书约15万种。

2日 国家版权局通报"剑网2014"专项行动第二批10起取得重大进展的网络侵权盗版案件查办情况,并公布了专项行动下一阶段将采取的5项治理措施。

同日 国家新闻出版广电总局、全国"扫黄打非"工作小组办公室向社会通报了安徽宿州"8·31"销售盗版教材教辅图书案等6起重点教材教辅违法违规案件的查处情况。

3日~9日 2014年莫斯科国际书展在莫斯科举行。中国外文局组织300余种图书参展,中国出版代表团共达成版权输出与引进合作意向45项。

4日 中国出版协会在北京召开出版工作者践行社会主义核心价值观座谈会,深入学习领会习近平总书记关于社会主义核心价值观的重要论述。会上宣读了中国出版协会《出版工作者践行社会主义核心价值观倡议书》。

5日~8日 第七届中国西部文化产业博览会在西安举行。本届西部文博会由文化部、国家新闻出版广电总局和陕西省政府共同主办,以"合作、共享、改革、创新"为主题,突出"丝绸之路、文化交流"的特点。

10日 国家新闻出版广电总局学术期刊审核认定会在北京召开。由国家新闻出版行政部门组织对国内学术期刊进行审核认定尚属首次,主要目的是严格资质、正本清源、规范出版、提高质量。

10日~17日 第16届斯里兰卡科伦坡国际书展在班厦展览馆举行,中国以主宾国身份参展。15日,中国主宾国正式开馆。16日,中国国家主席习近平与斯里兰卡总统马欣达·拉贾帕克萨共同为第16届科伦坡国际书展中国主宾国活动揭幕。国家新闻出版广电总局与斯里兰卡文化艺术部正式签署合作备忘录,以加强中斯两国在文化出版领域的交流与合作,增进两国和两国人民之间的传统友谊和相互了解。

11日 京东与美国哈珀·柯林斯出版集团签订电子书合作合同,京东成为哈珀·柯林斯出版集团在中国大陆地区的首家电子书合作商。此次合作,进一步丰富了京东图书在原版电子书领域的产品品类,为广大读者带来了更多选择。

13日 第十三届精神文明建设"五个一工程"表彰座谈会在北京召开,

揭晓本届"五个一工程"评选结果。27部电影、30部电视剧、33部戏剧、22部广播剧、31首歌曲、28部图书等脱颖而出，共186部作品获得"优秀作品奖"。28部获奖图书中，报告文学10部、长篇小说8部、通俗理论读物4部、少儿读物6部。

15日　国家新闻出版广电总局公布庆祝新中国成立65周年重点出版物名单。《梦想的力量——中国梦青少年读本》等49种图书和《我的名字叫建国》等10种音像电子出版物入选。

15日~17日　由世界知识产权组织和中国国家版权局联合主办的2014年国际版权论坛在成都举行。本届论坛以"版权、创新与发展"为主题，共同探讨版权保护新理念和新模式，寻求版权发展新超越和新突破。

16日　世界知识出版社在北京举行建社80周年庆祝大会。外交部党委书记、副部长张业遂出席大会并讲话。

16日~18日　第29届全国古籍出版社社长年会暨2013年度优秀古籍图书评奖会在江苏扬州举行。人民文学出版社的《侯方域全集校笺》等31种图书获一等奖。

17日~19日　由国家新闻出版广电总局、国家版权局和四川省人民政府共同主办的第五届中国国际版权博览会在成都举办。这是自2008年起，版博会首次在北京以外的城市举办。来自世界各个国家、地区和国际组织的超过170家知名机构、企业参展。本届版博会签订版权项目17个，交易金额超过20亿元人民币。

17日　国家版权局首次就版权社会服务工作在成都召开专题会议。福建省厦门市在会上被授予"全国版权示范城市"称号。有18家单位获得"全国版权示范单位"称号，4家园区（基地）获得"全国版权示范园区（基地）"称号。

18日　由中国期刊协会主办的2014中国期刊媒体国际创新发展论坛在武汉举行。世界杂志媒体创新趋势暨《2014世界杂志媒体创新报告》中文版、《2014中国杂志媒体创新报告》正式发布。其中，《2014中国杂志媒体创新报告》是首次以创新报告的形式，对全国期刊业的发展状况进行立体扫描。

同日　2014年"中国最美期刊"遴选活动结果公布，《阿阿熊》等100种绿色印刷、精美装帧的大众阅读类、学术类期刊荣获"最美期刊"殊荣。

18 日～19 日　由中国印刷技术协会、中国印刷科学技术研究院主办的"2014 全国印刷企业百强年会"在南京举行。年会上揭晓了 2013 年"中国印刷企业 100 强"。

18 日～21 日　2014 中国（武汉）期刊交易博览会在武汉举行。来自 40 多个国家和地区、国内 31 个省（区、市）及部分中直单位的 1.2 万多家报刊出版单位、400 多家图书音像出版机构参展，展出各类出版物和文化衍生品 40 多万种。

19 日～21 日　第二届全国出版物馆配馆建交易会暨全国馆配商联盟秋季图书订货会在安徽合肥举办。此次展会共设立国内出版物展位 800 个，参展图书品种达到 10 万种以上。

22 日，江苏省十二届人大常委会第十二次会议听取并审议了《江苏省人民代表大会常务委员会关于促进全民阅读的决定（草案）》，拟定每年 4 月 23 日为"江苏全民阅读日"。

23 日　国家版权局与国家发展和改革委员会联合公布了《使用文字作品支付报酬办法》，对使用文字作品支付报酬的标准和方式等问题进行了规范。《办法》中将原创作品的基本稿酬标准，由 1999 年《出版文字作品报酬规定》的每千字 30 元～100 元提高到 80 元～300 元，而原创作品的版税率并未提高，依然为 3%～10%。《办法》于 11 月 1 日起施行。

23 日　国家新闻出版广电总局通报了《中国贸易报》等七起新闻敲诈和假新闻典型案件。这是继 3 月 31 日、6 月 18 日之后，总局第三次公开通报违法违规案件。

24 日　由亚洲品牌协会联合亚洲卫视、《环球时报》《中国经济导报》主办的"第九届亚洲品牌 500 强排行榜"在香港揭晓。中国出版集团公司入选"亚洲品牌 500 强"，名列第 396 位，是国内唯一入选的出版企业。

27 日～29 日　国家新闻出版广电总局副局长、国家版权局副局长阎晓宏率中国新闻出版（版权）代表团应邀出访阿尔及利亚。28 日，阎晓宏副局长与阿尔及利亚国家版权局局长侯赛因分别代表中阿两国政府签署了《中阿版权交流合作谅解备忘录》。

28 日　由中国出版协会主办、韬奋基金会协办的第十二届韬奋出版奖在北京揭晓，黄书元等 20 位优秀出版人获奖。

9月28日~10月5日　由国家新闻出版广电总局和广东省人民政府共同主办的2014第七届中国国际漫画节在广州举行。中国漫画"最高奖"——第11届金龙奖颁奖典礼于28日晚举行。

29日　第65届美国印制大奖在芝加哥颁出。我国雅昌文化集团荣获6项金奖,并蝉联全场大奖,成为近5年来全球连续荣获金奖总数最多的企业。

同日　国家新闻出版广电总局下发《关于开展庆祝新中国成立65周年优秀图书百家书城联合展示展销活动的通知》,决定于2014年9月~11月,集中向全社会宣传推介一批庆祝新中国成立65周年优秀图书。

9月30日~10月4日　由国家新闻出版广电总局、重庆市人民政府联合主办的2014第六届中国西部动漫文化节在重庆举行。本届动漫节汇聚了动漫、漫画、玩具衍生品等10大类、近3万种动漫创意品展出销售,1 000余家国内外知名动漫企业参展。

本月　全国"扫黄打非"办公室通报了河南南阳吴选洲假冒记者诈骗和敲诈勒索案等九起假媒体、假记者站、假记者刑事案件。

本月　为进一步加强内部发行报刊保密管理工作,国家新闻出版广电总局下发《关于加强内部发行报刊保密管理工作的紧急通知》,明确要求任何单位和个人不得公开宣传、陈列、展示、销售内部发行的报刊,不得通过网络、手机微信公众账号等传播方式发行内部发行的报刊。

本月　国家新闻出版广电总局与全国老龄工作委员会办公室下发《关于公布首届向全国老年人推荐优秀出版物的通知》。《毛泽东传》等90种图书和《生命之约》等10种音像电子出版物入选推荐名单。

本月　国家新闻出版广电总局启动非公有制文化企业参与对外专项出版业务试点工作,并出台了《非公有制文化企业参与对外专项出版业务试点办法》。《试点办法》适用于试点阶段对非公有制文化企业参与对外专项出版业务的准入、监督与管理,自2014年10月1日开始执行。

10月

8日~12日　第66届德国法兰克福国际书展在德国法兰克福举行。本届书展适逢新中国成立65周年,国家新闻出版广电总局组织中国出版集团公司等百余家出版企业,160余位出版人、作家参展,参展图书数千种,成为继

2009年中国担任法兰克福书展主宾国后，中国出版代表团最大规模的一次参展。

10日　由江苏凤凰出版传媒集团独家冠名赞助、百道网发起的2014"中国好编辑"评选活动在北京启动。评选分为人文、社科、小说、文艺、新知、财经、少儿、生活八个类别。

10日~11日　国家新闻出版广电总局在北京召开出版传媒集团主要负责人座谈会。总局党组书记、副局长蒋建国出席会议并讲话，副局长阎晓宏、孙寿山、吴尚之出席座谈会。

10日~15日　"2014中蒙友好交流年中国图书在蒙巡展活动"在蒙古首都乌兰巴托市举行。此次巡展活动由国家新闻出版广电总局主办，中国教育图书进出口有限公司协办，主要展示了1 000余册中国出版的各类图书，内容涵盖了文学、教育、农业、科技和对外汉语教学等各个领域，包括蒙古语、中文、英文三个语种。

11日　人民音乐出版社成立60周年暨繁荣中华音乐座谈会在北京人民大会堂举行。全国人大教科文卫委员会主任委员、中国出版协会理事长柳斌杰出席座谈会。中共中央宣传部副部长黄坤明，国家新闻出版广电总局副局长吴尚之出席座谈会并作重要讲话。

11日~15日　"感知西藏——2014尼泊尔中国书展"在尼泊尔首都加德满都举行。本次书展是中国政府在尼泊尔举办的规格最高、规模最大的一次。17家中国出版社带来了2 000多种图书，其中相当一部分是反映中国西藏历史、文化等内容的代表性作品。开幕式上，西藏自治区报刊出版中心、西藏人民出版社等机构与尼方合作伙伴举行了签字仪式，尼泊尔中国出版文化基地等机构同时揭牌。

16日　由中国出版协会、中国出版集团公司、商务印书馆联合主办的陈翰伯诞辰100周年纪念座谈会在北京召开。全国人大教科文卫委员会主任委员、中国出版协会理事长柳斌杰等出席座谈会。

17日~23日　第十届海峡两岸图书交易会在台湾举办，200余家大陆出版社、图书馆和100余家台湾地区出版发行机构参展。两岸出版机构现场共签订15个出版合作项目，达成286项图书版权贸易意向，实现征订和零售总码洋2 653万元人民币。

19日　由国家新闻出版广电总局、人力资源和社会保障部共同组织的2014年全国出版专业技术人员职业资格考试在各地同时开考。2014年首次将互联网出版单位从业人员纳入考试报考范围，考试内容增加了数字出版、互联网出版有关内容的分值比例。

21日　中国编辑学会第五次会员代表大会在北京召开。大会回顾了中国编辑学会第四届理事会成立八年来取得的成绩，并选举产生了学会第五届领导机构。同日　国家互联网信息办公室和国家新闻出版广电总局联合下发《关于在新闻网站核发新闻记者证的通知》。《通知》要求，在全国新闻网站正式推行新闻记者证制度。全国范围内的新闻网站采编人员由此正式纳入统一管理。

23日　经国家版权局正式批准设立的西部地区唯一一家国家级版权贸易机构——西部国家版权交易中心在西安揭牌成立。根据规划，该中心将采用市场化运营模式，聚集全版权产业资源，构建涵盖文学艺术、广播影视、新闻出版、动漫游戏等领域的版权交易体系。

23日~25日　由北京市图书进出口有限公司主办的北京台湖国际教育图书展在北京台湖出版物会展贸易中心举行。近万种与国外教学同步的最新原版教材教辅集中亮相，英、美、法、德、意、日等国48家出版集团、380余家国外出版社的5万余种外文原版图书同场展销。

24日~26日　由湖北省新闻出版广电局指导，湖北省出版物发行业协会主办的第十三届华中图书交易会暨全国教育出版物展销会在湖北武汉举行。来自全国29个省（区、市）的400多家出版发行单位携5万余种出版物参展，2万多家订货单位参会，共实现订货码洋超过24亿元。

10月26日~11月2日　第59届贝尔格莱德国际书展在塞尔维亚首都贝尔格莱德展览中心举行。中国首次以主宾国身份亮相该书展。书展开幕式后，中国国家新闻出版广电总局副局长孙寿山、中国驻塞尔维亚大使李满长、贝尔格莱德市市长马里和塞尔维亚文化与传媒部副部长武切蒂奇共同按动主宾国台上的"中国印"，正式开启书展中国主宾国活动。中国将主题语定为"书香增友谊，合作创未来"，展台面积约1 000平方米。由71家出版社组成的中国主宾国展团实现版权输出141项。

30日　国家新闻出版广电总局在北京召开出版界学习宣传贯彻习近平总书记文艺工作座谈会重要讲话精神座谈会。总局党组书记、副局长蒋建国在会上强调，要用习近平总书记重要讲话精神统一思想和行动，充分认清出版在文艺繁荣发展中的地位，切实发挥出版记录历史、传承文明、宣传真理、普及科学、咨政育人的基础性作用，多出精品力作，努力开创文艺出版工作新局面，为繁荣发展社会主义文艺、建设社会主义文化强国贡献力量。

10月30日～11月2日　第27届全国大学社图书订货会在江苏南京举行。国家新闻出版广电总局原副局长、中国版协常务副理事长邬书林，中国出版协会副理事长、韬奋基金会理事长聂震宁以及大学版协相关负责人、大学社社长等出席了订货会相关会议和活动。

31日　第29届全国省会（计划单列）城市新华书店年会在深圳召开。本届年会的总主题是"全民阅读与书业发展"。全国省会（计划单列）城市新华书店年会始于1986年，每届年会由各会员单位轮流承办，成为我国书业界的高端交流平台。

同日　国家新闻出版广电总局在北京图书大厦举行党的十八届四中全会文件及学习辅导读物首发式。这些文件及学习辅导读物首印总数为515万册，全国各地新华书店都将设立专柜进行展示展销。

本月　国家新闻出版广电总局出台《深化新闻出版体制改革实施方案》。《方案》就完善新闻出版管理体制，增强新闻出版单位发展活力，建立健全多层次出版产品和要素市场，推进出版公共服务体系标准化、均等化，提高新闻出版开放水平等五个重点方面的改革任务提出政策措施，并制定了23项具体措施。

本月　国家新闻出版广电总局完成并通过了《新闻出版业"十二五"时期发展规划中期评估报告》。《报告》指出，《新闻出版业"十二五"时期发展规划》总体目标、主要任务、重大项目与政策措施的执行、落实情况有喜有忧，总体正常。为保证"十二五"规划的顺利完成，《报告》特别就"十二五"后期行业发展规划、"十三五"规划制定提出调整建议。

本月　国家新闻出版广电总局公布了我国第三批国家印刷复制示范企业名单，北京东港安全印刷有限公司、北京利丰雅高长城印刷有限公司等30家印刷企业光荣上榜。至此，自2012年以来我国印刷业已诞生3批、82家国家印刷示范企业。

11 月

1 日　由国家版权局与国家发展和改革委员会联合发布的《使用文字作品支付报酬办法》正式施行。《办法》着眼保护文字作品著作权人的著作权,规范使用文字作品的行为,促进文字作品的创作与传播。

2 日　安徽新华传媒股份有限公司和腾讯公司签署《微信支付&皖新传媒战略合作框架协议》。根据《协议》,双方将共同搭建以微信为载体、以新华书店及其他实体业态为基础的 O2O 体系,打造全国首家以文化传播、文化消费及全民阅读为理念的社交平台。

3 日　由国家新闻出版广电总局、环境保护部共同主办的 2014 年绿色印刷推进会在北京举办。会议宣读了《关于公布 2014 年认定的国家印刷示范企业的通知》,并为总局认定的 30 家国家印刷示范企业授牌。会上发布了《2014 年绿色印刷实施成果分析报告》《2014 年绿色印刷调查报告》,介绍了绿色印刷系列行业标准的制定情况。

同日　中国新华书店协会第三届理事会在北京召开的协会第三次全国会员代表大会上选举产生。哈九如担任理事长,茅院生担任常务副理事长,张雅山担任副理事长兼秘书长。

5 日　时值邹韬奋先生诞辰 119 周年纪念日,以"现代编辑领军人"为主题的第三届韬奋出版人才高端论坛在江西南昌举行。本届论坛由韬奋基金会主办,中国新闻出版研究院、中国新闻出版报社联办,江西省出版集团承办,百道网协办。本届论坛征文评选活动颁奖典礼同期举办,江苏凤凰科学技术出版社黄益等 60 名征文作者和江西省出版集团等 3 家组织单位受到表彰。

8 日~11 日　第 33 届伊斯坦布尔国际书展在土耳其伊斯坦布尔举行。该书展是土耳其乃至整个中东地区规模最大、国际影响力最强的专业书展之一,目前以兼容图书展销和版权贸易为特色。由中国国家新闻出版广电总局主办、中国教育图书进出口有限公司协办的伊斯坦布尔国际书展中国图书展同期举行。

11 日~12 日　以"今日趋势,明日现实"为主题的第四届亚太数字期刊大会在北京召开。本届大会由国家新闻出版广电总局指导,国际期刊联盟和中国期刊协会共同主办。来自亚太地区近 20 个国家和地区的 450 位嘉宾与会,围绕杂志媒体创新、学术期刊数字化传播、数字出版的零售与发行等议题进行了深入探讨。

12日　中国国际出版集团与意大利蒙达多利出版集团在北京举行《INTERNI 设计时代》版权合作签约仪式。据介绍，《INTERNI 设计时代》是国家新闻出版广电总局 2014 年批准的第一个国际期刊版权合作项目。该刊将于 2015 年 1 月与读者见面。

13日　国家版权贸易基地（上海）揭牌仪式在上海自贸区举行。这是长三角区域第一家国家级版权贸易基地，也是国家版权贸易基地首次开进海关特殊监管区域。

13日~14日　由中国科协、国家新闻出版广电总局联合主办的第十届中国科技期刊发展论坛在广州召开。本届论坛的主题为"全面深化改革中的科技期刊发展路径"。

15日　由中国版权协会主办的"第七届中国版权年会"在北京举行。年会包括以"跨界、融合、创新、共赢——大数据时代的文化与版权"为主题的年会论坛和 2014 年中国版权协会会员大会暨年度评选颁奖大会。会上颁发了"中国版权事业终生成就者""中国版权事业卓越成就者"和"中国版权最具影响力企业" 3 个奖项。

16日　中国经济发展论坛"2014 中国经济最具发展潜力企业"评选在北京揭晓。继 2014 年接连入选"全国文化企业 30 强""全球出版业 50 强""亚洲品牌 500 强排行榜"之后，中国出版集团公司再次入选，并位列入选的 22 家企业之首。

17日　2014 年度"中国最美的书"评选揭晓。来自全国各地 21 家出版社的 22 种图书荣膺本年度"中国最美的书"称号，并将代表中国参加 2014 年度的"世界最美的书"评选。

同日　"携手 4G，共阅未来——中国移动北京公司与北京发行集团战略合作发布会"在北京举行。双方确立在移动互联网产品与实体内容上进行创新式合作，旨在实现传统渠道与新兴阅读工具互补融合，探索通信行业与图书行业在未来阅读方式上的合作空间。

18日　北京出版集团旗下的京版北教文化传媒股份有限公司在北京举行正式挂牌仪式，成为全国首家登陆"新三板"的国有控股图书发行企业。北教传媒实现在"新三板"挂牌后,将借助资本的力量,加强研发力度,加快整合优质社会资源,加大传统出版发行向综合文化传媒公司的转型。

同日　西部国家版权交易中心与华中国家版权交易中心签订战略合作协议。双方将跨地域整合版权资源,共同打造国家级版权产业交易服务平台。

19日~20日　首届国际数字出版大会在北京召开。本届大会由中国新闻出版研究院指导,中国知网、中国新闻出版研究院希普思文化咨询公司承办,大会以"出版界的手持革命"为主题。

20日　皖新传媒发布公告,将出资1.57亿元,收购民营财经出版策划公司——蓝狮子文化创意有限公司45%的股权,成为后者第一大股东。

20日~21日　全国新闻出版统计工作会议在北京召开。会议通报了2014年新闻出版统计工作情况,表彰了2014年新闻出版统计工作先进单位和个人,并对2015年新闻出版统计工作进行部署。国家新闻出版广电总局副局长阎晓宏出席会议并讲话。

20日~22日　以"与世界和未来在一起"为主题的2014中国上海国际童书展在上海举办。本届书展由上海市新闻出版局、中国教育出版传媒集团有限公司、环球新闻出版发展有限公司共同主办,来自23个国家和地区的250余家知名童书出版与相关专业机构聚集上海,参展中外最新童书超过5万种,其中外版童书近2万种。

21日　国务院总理李克强在浙江杭州考察时做客晓风书屋,鼓励实体书店发展。

同日　2015年度国家出版基金项目评审会议第一次大会在北京召开。这标志着2015年度国家出版基金资助项目评审工作正式启动。国家新闻出版广电总局党组成员、副局长吴尚之出席会议并讲话,党组成员宋明昌主持会议。

同日　《绿色印刷 术语》《绿色印刷 产品抽样方法及测试部位确定原则》《绿色印刷产品合格判定准则 第1部分:阅读类印刷品》《绿色印刷通用技术要求与评价方法 第1部分:平版印刷》4项绿色印刷行业标准征求意见稿,通过全国印刷标委会网站公布。

21日~30日　北京出版集团携500种2 000余册优秀图书参加马来西亚第十六届书香世界中华书展。这是北京出版集团继2013年在新西兰举办北京出版集团精品图书展后,再次组团参加国外图书展示展销活动。

22日　国家新闻出版广电总局向社会通报了四起新闻报刊领域违法违规典型案件查办情况。其中，《商务时报》被吊销出版许可证，《电子世界》《网友世界》《中国连锁》被停业整顿。这是总局2014年以来第四次通报违法违规案件的查处情况。

23日　安徽出版集团与湖北长江出版传媒集团签署战略合作协议。根据协议，双方将共同打造社交互助自出版与阅读平台。

24日　国务院发布决定，取消和调整一批行政审批项目，将82项工商登记前置审批事项调整或明确为后置审批，其中包含从事出版物批发业务许可、从事出版物零售业务许可等九个与新闻出版业相关的项目。

同日　湖北省政府常务会审议通过了《湖北省全民阅读促进办法》，规定该省县级以上政府应在每年4月23日（世界阅读日）和9月28日（孔子诞辰日）开展全民阅读专项活动。

26日　国家新闻出版广电总局数字出版司在北京召开数字出版标识符研究座谈会，标志着数字出版标识符专题研究正式启动。来自总局数字出版司、中国新闻出版研究院、出版物标识符注册中心、行业协会、高校等的专家，就"数字出版标识符研究"课题提纲提出意见和建议。

27日　财政部、国家税务总局、中宣部等三部门联合发布的《关于继续实施文化体制改革中经营性文化事业单位转制为企业若干税收政策的通知》。《通知》指出，经营性文化事业单位转制为企业，在2014年1月1日～2018年12月31日期间，可继续享受相关税收优惠政策。

同日　江苏省人大十二届常委会第十三次会议审议通过了《江苏省人大常委会关于全民阅读的决定》，于2015年1月1日起正式实施。自此，我国有了首个全民阅读地方性法规。《决定》将每年的4月23日确定为"江苏全民阅读日"，将"江苏读书节""江苏书展"确定为全民阅读的法定活动。针对老年人、残疾人、特殊家庭以及外来务工人员子女、农村留守儿童等群体在阅读方面存在障碍和特殊困难，《决定》作了相关规定，以保障其基本阅读权利。

同日　光明日报社与北京师范大学签署共建新闻传播学院协议，北京师范大学新闻传播学院正式揭牌。光明日报社副总编辑刘伟受聘担任新闻传播学院院长。

29日　中国医学教育慕课平台的首批示范课程正式上线。这标志着由人民卫生出版社联合182家医学高等院校运作一年精心打造的在线医学教育平台正式运营。"人卫慕课"平台的建成,也标志着人卫社数字出版转型升级驶入高速路。

本月 《中国出版年鉴》2014卷出版发行。《年鉴》以提炼出版时代重点热点为宗旨,通过"十八届三中全会·中国梦专题出版""署局合并·出版改革"等专题展示改革盛况。《年鉴》创设的"数字出版""传统出版"和"新闻出版行业"栏目关注新生事物,体现行业最新分类观念。

本月 国家新闻出版广电总局公布了2014年"原动力"中国原创动漫出版扶持计划入选项目,共有31个项目入选,其中图书类项目21个、多媒体动画类项目10个。

本月 国家新闻出版广电总局下发《关于制定和报送2015年图书、音像制品、电子出版物出版计划的通知》。根据《通知》,2015年出版计划制订共有12个方面的重点。

本月 由中国新闻出版研究院组织编撰的《2013~2014中国出版业发展报告》(中国出版蓝皮书)由中国书籍出版社出版。《蓝皮书》显示,2013年全国出版业在改革中发展,保持了良好的势头。2013年全国出版、印刷和发行服务营业收入较2012年增长9.7%,增加值增长9.6%,利润总额增长9.3%。出版业改革平稳推进,已有3 000多家非时政类报刊出版单位完成转企。

本月 国家新闻出版广电总局出台《全国图书交易博览会申办办法》,对全国图书交易博览会申办工作进行了规范。《办法》自2015年1月1日起实施。

12月

1日 《环境标志产品技术要求 印刷 第三部分:凹版印刷》正式实施。凹版印刷国家环保标准是为保护环境、促进技术进步,减少凹版印刷对环境和人体健康的影响而制定,对凹版印刷原辅材料和印刷过程的环境保护要求作出了规定。

同日 二十一世纪出版社集团有限公司在江西南昌正式挂牌成立。这是经国家新闻出版广电总局批准组建的第一家少儿出版集团公司。中国出版协会常务副理事长、国家新闻出版广电总局原副局长邬书林,江西省副省长朱虹等出席了挂牌仪式。

同日　国家新闻出版广电总局在北京启动2014年度"大众喜爱的50种图书"推荐活动。本年度的活动将通过启用出版社自荐、手机投票平台、投放公益广告等创新措施，吸引广大读者参与。

同日　四川省成都市人民政府印发《成都市实体书店扶持奖励办法（试行）》。该《办法》分扶持奖励对象、扶持奖励种类及标准、扶持奖励申报程序、扶持奖励实施工作要求4部分，由成都市广播电视和新闻出版局负责解释，自公布之日起30日后施行，有效期2年。

2日　中央政策研究室与中国出版集团公司举行研究出版社重组签约仪式，研究出版社全面改制序幕拉开，中国出版集团公司再添新成员。

同日　国家版权局下发《关于"剑网2014"专项行动延期有关工作的通知》。《通知》指出，根据全国打击侵权假冒工作领导小组的统一部署，国家版权局与国家互联网信息办公室、工业和信息化部、公安部决定将"剑网2014"专项行动延长至2014年年底。

4日、5日　国家新闻出版广电总局召开MPR（多媒体印刷读物）和CNONIX（中国出版物信息交换）两项国家标准应用示范工作部署会，上述两项国家标准进入应用示范阶段。

9日　中国北京出版创意产业基地先导区在北京市朝阳区南磨房乡举行开园仪式。全国政协常委、教科文卫体委员会副主任胡振民，国家新闻出版广电总局副局长、国家版权局副局长阎晓宏，北京市副市长程红为先导区揭牌。

同日　第26届"香港印制大奖"颁奖典礼在香港举行。青岛出版社出版的《中国木版年画代表作》一举包揽"全场冠军""最佳印制书籍奖""豪华精装书刊冠军奖"和"最佳创意印刷大奖优异奖"四项大奖。这是内地图书在此项大奖设立以来获得的最好成绩。

10日　经国家新闻出版广电总局严格审定的第一批认定学术期刊名单正式向社会公布。首批公布名单共5 737种。

同日由解放军出版社主办的我国首个军事故事期刊《军事故事会》月刊创刊，2015年1月起公开发行。该刊分原创和文摘两大板块。

11日　由中国印刷及设备器材工业协会主办的第17届北京国际印刷信息交流大会在广东东莞举行。我国12家印刷设备、器材企业发布了新技术和新产品。

11日~14日 由文化部、国家新闻出版广电总局、北京市人民政府主办的第九届中国北京国际文化创意产业博览会在北京举办。来自32个国家和地区的近50个政府和专业代表团参展，1 800家文创企业亮相主展场。本届北京文博会以"推动文化创新，促进产业融合"为主题，首次在江苏扬州设立分会场。

12日~14日 第十五届大陆书展暨国家出版基金成果展在台北举办。这是国家出版基金成果首次赴台展览。此次书展展出5 300多种大陆图书，内容涵盖2011年~2014年出版的文史哲、法律、学术论著、经济、文学、儿童等方面的图书，尤其包括大陆国家出版基金资助的民族文化、民生系列和中外学术三大主题专业出版物。

15日 中宣部、国家新闻出版广电总局联合在北京召开全国少儿出版工作会议。会议认真贯彻落实党的十八大和十八届三中、四中全会精神，深入学习贯彻习近平总书记重要讲话精神，回顾总结一个时期以来的少儿出版工作，研究部署新形势下进一步加强和改进少儿出版、促进少儿出版繁荣发展的举措。总局党组书记、副局长蒋建国主持会议，中宣部副部长黄坤明讲话，总局副局长吴尚之通报全国少儿出版工作的有关情况。

16日 继7月9日、9月2日分别通报"剑网2014"专项行动第一批和第二批网络侵权盗版案件查办情况后，国家版权局向社会通报了第三批共12起网络侵权盗版案件查办情况。

17日 以"游戏·梦想的翅膀"为主题的第十一届中国游戏产业年会在海南省海口市召开。年会回顾了2014年中国游戏产业的发展潮流，展望了2015年新趋势新动向。国家新闻出版广电总局副局长、中国音像与数字出版协会理事长孙寿山出席会议并发表主题讲话。海南省副省长王路出席大会并致辞。

同日 人民教育出版社与新华文轩出版传媒股份有限公司在北京签署战略合作协议。根据协议，双方将在教材教辅、信息化及数字化、资本经营、拓展国际市场等方面，由业务合作关系转为战略合作关系。国家新闻出版广电总局副局长阎晓宏出席仪式并讲话。

20日 上海新闻出版职业教育集团正式成立。上海新闻出版职业教育集团由上海市新闻出版局、上海出版印刷高等专科学校等单位牵头组建，首批参加的单位有40家。职教集团成立后，将优化整合全市新闻出版职业教育资源，创新新闻出版职业教育发展模式，更好地为上海乃至全国培养高素质高技能型新闻出版人才。

22日~23日　国家新闻出版广电总局召开新闻出版工作务虚会。会议以深入学习贯彻党的十八大和十八届三中、四中全会精神，学习贯彻习近平总书记系列重要讲话精神为主线，总结2014年新闻出版工作成绩，谋划2015年新闻出版工作思路。总局党组书记、副局长蒋建国主持会议并作总结讲话。

24日　中国新闻出版研究院在北京发布了2012年中国版权产业经济贡献调研成果。成果以国家统计局等部门提供的权威数据为基础，利用定量的方式，通过行业增加值、就业人数、出口额三项指标，描述版权在国民经济中的贡献率。

25日　全国"扫黄打非"办公室公布2014年"扫黄打非"十大数据、十大案件。十大数据包含全国收缴、销毁各类非法出版物数量，查处各类"扫黄打非"案件数量，全国"扫黄打非"办公室单独或与其他部门联合督办的各类"扫黄打非"案件数量等数据。十大案件包含网上传播淫秽色情信息案件4起，"三假"案件2起，侵权盗版案件2起，非法宗教出版物案件1起，其他案件1起。

26日　2014年全国"扫黄打非"工作小组办公室副主任和小组联络员会议在北京召开。全国"扫黄打非"工作小组专职副组长李长江主持会议。全国"扫黄打非"工作小组副组长兼办公室主任，国家新闻出版广电总局党组书记、副局长蒋建国出席会议并讲话。

27日　中国数字出版联盟成立大会暨第一届全体理事大会在北京召开。联盟共有63家成员单位，其中包括人民出版社、商务印书馆等56家出版单位，技术服务公司、媒体等其他单位7家。大会通过了《中国数字出版联盟章程》《图书数据库产品评价指标》《数字版权资源交流使用规则》等规章。联盟成立后，将致力于在促进资源合作、组织合作营销、开展维权行动等方面开展工作，加快推进传统出版社转型升级，更好地实现传统出版与新兴出版融合发展。

本月　国家新闻出版广电总局下发《关于新闻出版改革发展项目库2015年度项目申报工作的通知》。《通知》明确了2015年新闻出版改革发展项目库项目的申报重点支持方向和内容，主要涉及内容创新、体制改革、与科技融合、数字化转型升级、公共服务体系建设、走出去、保障服务体系建设7个方向，涵盖28项具体申报内容。

（息慧娇　中国出版网）

第二节 2014年中国香港特别行政区出版业大事记

1月

1日 香港特区政府教育局公布第二期"电子教科书市场开拓计划",共审批来自8个机构的20份申请。该局于2012年斥资5 000万元推出"电子教科书市场开拓计划",首批86份申请批准了30项,第二期计划下跌了34%,表明出业界仍持观望态度。

4日 香港三联书店与内地中华书局合作出版的《广州府道教庙宇碑刻集释》在香港中文大学举行新书发布会。该书是一部有关区域性道教庙宇碑刻录文及其考释的大型著作,也是一部建立在从金石志、地方志等资料基础上,通过实地调查抄录和遴选的与广东道教历史有关的道教碑刻文献汇集。

7日 邵氏兄弟电影王国创办人及掌管电视广播有限公司(无线电视)多年的影视巨子邵逸夫先生病逝,香港媒体广泛报导。由天津人民出版社出版的《邵逸夫全传》(2009年出版)则于稍后的北京图书订货会上热销,成为天津展团订货量最大的图书之一。

9日 香港商务印书馆公布旗下连锁店的"2013年畅销书排行榜"。小说、散文创作类榜首是村上春树的新作《没有色彩的多崎作和他的巡礼之年》;人文类最畅销的是《读图识中国》,该书曾多次再版,共售出近万本。本年度香港商务印书馆将非小说类图书细分为"人文"同"乐活"(指以健康及自给自足的形态生活。)两类,希望更能反映香港本地读者的所思所想。人文类前20名的图书中,有6本香港本地题材图书上榜,如《世界中心的贫民窟:香港重庆大厦》排名第8。乐活类方面,香港中文大学校长沈祖尧的新作《灌溉心灵的半杯水》,以及描述Nick Vujicic成长故事的绘本《拥抱力克》均榜上有名。

10日　由香港特区政府康乐及文化事务署主办、香港艺穗会筹划、香港艺术推广办事处及香港公共图书馆协办，徐莉赞助的系列展览活动"回看也斯"在香港中央图书馆开幕。活动包括在中央图书馆举行的"游——也斯的旅程"，以及在艺穗会举行的"也斯吾友——跨媒介回应展"两部分，还包括以一系列诗作坊以及讲座等形式回顾也斯的活动。

11日　本年度香港特区首个大型书展"湾仔书展——阅读在铜锣湾"从即日起开始连续两天举行。活动中，62个售书摊位售出22万册特价图书，书展的参观人数也比上一年增加10%，达27万人次。

14日　全国政协文史和学习委员会主任王太华率团来港，召开"全国政协文史资料征集工作暨香港文史编辑委员会成立"会议，确定在2017年香港回归20周年、2014年澳门回归15周年之际，编辑出版回忆香港、澳门回归历程史料的专题图书。计划2015年6月完成香港回归史料征集工作，2016年5月完成香港回归历程史料征编出版工作。

20日　来自香港特别行政区的原全国人大代表吴康民在香港大会堂美心皇宫举行新书《吴康民人大亲历记》发布会。香港特区行政长官梁振英及夫人梁唐青仪、中央人民政府驻香港特别行政区联络办公室副主任王志民等出席道贺。

28日　香港商务印书馆北角分馆完成装修翻新工程，以全新形象对公众开放。该馆自1965年开业，已近半个世纪，见证了几代读者的成长。

2月

17日　钱钟书私人信件在遗孀杨绛不知情的情况下被拍卖一案宣判，北京市第二中级人民法院裁定北京圣佳拍卖行以及香港广角镜杂志社原总编辑李国强共同向杨绛赔偿人民币20万元，且向对方公开道歉。该批书信主要是钱钟书于80年代与李国强的私人书信往来，涉及对历史和学人的评判。李国强接受法院判决，愿意付出自己应承担的人民币5万元赔款。但强调有关钱、杨信札出售是在香港特区进行，他从没参与和委托过圣佳拍卖行拍卖。此外，盛传为拍品之一的杨绛著作《干校六记》手稿目前仍在他本人手上。

20日　香港特区政府土木工程拓展署特别将2013年出版的《山崩土淹话今昔》制作成电子书，并举行新书发布会。该书收录了1889年起香港本地发生的山泥倾泻百年历史，讲解各个重大山泥倾泻事故。其中加入了互动与地图定位等元素，向公众传授滑坡安全知识。

21日 由香港插画师协会主办的"第三届中华区插画奖"在九龙塘创新中心举行颁奖典礼。该奖深受内地、香港特区和台湾地区插画界欢迎，参赛作品超过2 000件。同场举行的"国际专家座谈会暨作品展"，让参与者分享插画心得以及展示画作，展出了30幅大师级作品。获奖的151件作品除在香港特区首展外，8月开始在广州、杭州、台湾地区和澳门特区等巡回展出。

25日 由香港小童群益会与太古地产爱心大使联合举办的第四届"书出爱心十元义卖"活动启动。这是一个集环保、慈善及推广大众阅读文化于一身的活动。活动从即日起至4月13日回收图书，交由太古地产爱心大使与香港小童群益会义工整理和分类，4月下旬在太古坊以每本10元港币义卖，全部善款将捐赠给香港小童群益会，为有需要的学童提供更多受教育的机会。

26日 香港商务印书馆下属的香港教育图书公司在香港酒店百年厅举行盛大的35周年庆祝酒会。主礼嘉宾、教育界友好、作者、顾问团队以及出版界好友等欢聚一堂，共同庆祝。该公司成立于1979年，迄今已为香港特区重要的教科书出版社之一。

3月

10日 于2013年成立的"香港授予公共图书馆图书借阅权联盟"与记者会面，报告该组织已获超过80%香港本地出版社，以及445位作家联合署名，敦促香港特区政府制定"授借权"机制，由特区政府按照图书借出量向版权持有人付费。

11日 香港印刷业商会与香港职业训练局在香港专业教育学院柴湾分校签订印刷业"职"学创前路先导计划合作备忘录。特区政府财政司司长曾俊华应邀出席签署仪式。该计划目标是提供专业培训课程及在职训练，吸引年青的"新鲜血液"投身印刷业，培育接班人，使行业获得持续发展。

12日 有感于米其林的西方口味以及评价标准与本地食客有南辕北辙的分歧，未能反映"香港味"，香港五大饮食商会联手组成顾问团队，并由立法局议员兼香港饮食业联合总会主席张宇人牵头，新城财经台主办，万里机构协办，创办了一个属于香港人的饮食年奖"香港味之年赏"。即日，"香港味之年赏 2014 发布会"举行，宣布本年度比赛开始。

13 日　"第三届香港国际青少年读者节"宣布启动，于 3 月 13 日～3 月 21 日举行。本年度的焦点为"奇幻小说"。"国际青少年读者节"是为 4～14 岁的儿童及青少年设立的英语文学节，旨在推广英文阅读。

24 日　由香港公共图书馆主办的"与作家会面"系列讲座宣布正式开始。本年度的活动以"认识大地，享受自然"和"活得轻松，简约生活"为主题，由 3 月起至 11 月止，19 位香港本地作家将分别在全港多家公共图书馆举行讲座，与大家分享持续发展的生活话题。

30 日　香港浸会大学青年研究实践中心举办《走出毒品阴霾的叙事》新书发布会暨叙事实践经验分享会，希望通过书中 5 名主角使用一种近来较受重视的"叙事治疗"成功戒毒的经过，为读者带来生命的思考，让青少年能充分掌握其生命主导权，避免受毒品侵害。

4 月

1 日　香港商务印书馆为庆祝成立 100 周年，宣布从 4 月开始推出一系列活动，包括"旧照片、旧物征集行动""环保购书袋设计比赛""旧书义卖活动"，出版《香港文学大系 1919～1949》共 12 卷，以及举办一系列文化讲座等。

4 日　由香港儿童文化协会主办、香港艺术发展局赞助的第一届"香港图画书创作奖"在铜锣湾诚品书店举行颁奖礼。获奖作品由即日起在店内展出一个月，期间还举行了两次获奖作品分享会。

7 日　香港海关侦破一起幼儿机构盗印牛津大学出版社英文教材的案件。海关表示，之前在接到有关版权所有人的举报后，对涉案机构的 4 家分店进行了突击搜查，共查获 500 本影印版图书，总价值近 12 万港元。

10 日　为庆祝《老鼠记者》在港出版十周年，出版商新雅文化事业公司在铜锣湾商务儿童天地举行"老鼠记者 10 周年亲子填色比赛颁奖典礼暨生日派对"活动，邀请"鼠迷"参加。90 多位家长和小朋友出席，场面十分热闹。

12 日　由香港教育城网站主办的第 11 届"十本好读"举行颁奖典礼。本届投票比往年更加热烈。全港 378 所学校的中、小学生以一人一票方式选出 2013 年度的心爱佳作，投票人数高达 15 458 名，比上一年增加了 35%。该评选活动分为"我最喜爱的儿童好读""十本好读""我最喜爱的作家"以及"积极参与学校"四个奖项。

15日　台湾地区的网络书店博客来宣布，从4月起接受香港特区顾客订书，港人可在全港超过百家7-11便利店取书，并承诺"今天上网订，明日门市取"。这是继台湾金石堂之后的第二家通过便利商店进军香港特区市场的网络书店。

24日　香港三联书店与新鸿基地产发展公司举办的第五届"年轻作家创作比赛"举行启动仪式。本届比赛将延伸至台湾地区及澳门特区，并邀请了十位来自两岸四地的重量级人物担任评审。其中包括内地著名女作家王安忆、台湾著名演员张艾嘉，以及香港电影金像奖最佳新晋导演黄修平等。

25日　由香港城市大学与香港艺术发展局、澳门基金会合办的"城市文学节"在香港城市大学正式揭幕。该活动的目的是通过征文比赛、文学座谈会以及交流会等活动，促进青年与著名作家的亲密互动，提高港澳青年对文学阅读及写作的关注度，促进文学交流。本届以"生活在城市"为题，邀请多位知名作家及文化评论人，包括北岛、郑愁予、叶辉、李锐、阎连科、陈子善、廖伟棠、林沛理等举行座谈会以及交流会。

26日　为迎接中医药学家李时珍诞辰500周年，香港浸会大学中医药学院与万里出版机构、深圳健康卫视携手，策划并推动开展中外学界前所未有的"《本草纲目》文化工程"。即日举行了启动仪式。该工程内容包括浸大中医药学院与深圳健康卫视共同制作一部50集的大型文献纪录片《本草纲目》，同时推出一套两册的《本草的世界》丛书。启动仪式后还举办了两岸四地中医药论坛。13位资深专家学者共同分享了建设中医药文化工程、中药品质与国际化产品研发，以及数种慢性疾病的中医药防治方法。

27日~30日　香港国际印刷与包装展在香港亚洲国际博览馆举行。展会全面展示了最新的印刷技术，包括智能包装设计概念、结合增强现实（AR）、智能标签（RFID）、专业防伪、UV油墨印刷等新技术，并开展了更优质的品牌推广及保护，产品追踪等增值服务。

5月

1日　由香港教育专业人员协会及香港公共图书馆联合主办的"第11届书

丛榜及第 25 届中学生好书龙虎榜"揭晓。作家君比荣获小学生最喜爱作家；西西荣获中学生最喜欢作家；小学生十本好书得票最多的是《榕树下有鬼》；林美枝、马家辉夫妇合著的《小妹》最获中学生青睐。

2 日　香港特区政府教育局公布"电子教科书适用书目表"，列出首批在第一期"电子教科书市场开拓计划"中通过评审的电子教科书书目供学校于 2014—2015 学年使用。书目表涵盖小学中国语文科、英国语文科、普通话科、常识科及体育科；初中英国语文科、地理科及生活与社会科。与一般阅读版（PDF）电子书不同，列入"电子教科书适用书目表"的电子课本，除了要符合印刷课本的质量要求外，还必须利用电子功能的优势，如多媒体和互动性的资源，来增加科目学与教的效能。

2 日　2014 年是法国名著《小王子》作者安东尼·圣修伯里（1900~1944）逝世 70 周年。法国驻香港及澳门特区总领事馆，联合安东尼·圣修伯里基金会举办大型展览。香港特区是亚洲巡回展的首站，展期由即日起至 6 月 2 日。展览首次展出了从安东尼·圣修伯里基金会特别借出的《小王子》法文原著的文字手稿复本及多幅水彩文本复本。展览还特设专区介绍安东尼·圣修伯里的生平、历史照片及其作品。

3 日　香港版权影印授权协会举行大型"尊重版权"比赛开幕仪式。比赛将分"中学组""高小组"以及"初小组"三个组别进行，每个组别均有独立的比赛题目，目的是使尊重版权的讯息更有效地传达给学生。

15 日　"第十届中国（深圳）国际文化产业博览交易会"开幕。当天，《饶宗颐书画大系》正式发行全球限量版。该大系是由香港饶宗颐学术馆艺术部主任邓伟雄博士主编，其主要内容为近百岁高龄的饶宗颐教授 2013 年以前的书法与绘画精品 4 000 幅，全套 24 卷，由饶宗颐教授亲自题写总序、总书名和各册书名，分别用三个红木盒盛装，全球限量发行珍藏版 2 000 套。

16 日　"太古城中心图书嘉年华"开展，展期至 6 月 2 日。本年度嘉年华主题为"万卷智慧城中寻"。活动有超过 20 家出版商参加，展览摊位达 50 个。市民可在舒适环境中挑选心爱的图书。

19 日　由澳门基金会、香港《明报月刊》、香港城市大学中国文化中心、香港作家联会主办，澳门大学、中西创新学院、澳门中华文化艺术协会、世界华文文学联会、香港电台电视部联合举办的"第二届两岸四地世界华文文学讲座——华文文学在世界的传播"从即日起连续两天在港澳两地举行。讲座围绕华文文学如何更广泛地传播；当华文文学走出世界的同时，会为华文作家带来什么冲击；华文文学在未来的走向；在传播的过程中，两岸四地作家所担当的角色等四个议题进行了深入讨论。

26日　由香港文汇出版社和香港中华总商会联合出版的《十年一剑·飞天圆梦》大型画册在香港《文汇报》举行首发式。该画册以200页篇幅集结了400多幅珍贵图片，图文并茂地概述了中国数十年来航天事业的飞速发展。从航天起步到神五飞天零的突破，再到神十升空实现太空建站，画册全景记录了中华儿女追求飞天圆梦的不懈探索与传奇历程。中央人民政府驻香港特别行政区联络办公室教育科技部部长李鲁，民政事务局副局长许晓晖，中国人民解放军驻香港部队政治部副主任孙文举大校，中华总商会会长杨钊、副会长袁武，香港《文汇报》董事、副社长冯瑛冰等出席仪式，共同为画册首发揭幕。

29日　香港浸会大学宣布获孔庆荧及梁巧玲慈善基金捐赠300万港元，将以此设立"孔梁巧玲大学文学奖永久基金"，以资助在文学院举办"大学文学奖"，鼓励年轻人多写作及提升文学创作风气。"大学文学奖"评选隔年举行，奖项附设"少年作家奖"，目的是将文学创作精神推广至全港中学，鼓励中学生创作，发挥创意。

31日　2013年停刊的《足球周刊》香港繁体版宣布复刊。该刊于2013年1月因种种原因被迫停刊，但母公司内地版《足球周刊》继续出版。世界杯的展开，令沉寂的足球杂志市场再燃生机，香港版遂乘势复刊，以多字少图的专题作主打，同时加入新元素如球衣时尚及facebook专页等。

6月

16日　饶宗颐文化馆正式启用，同日举行了"'香江情怀'饶宗颐香港诗画书展"以及"'文海微澜'饶宗颐教授与香港文化人士展"开幕仪式。这标志着该馆成为香港特区推广中华文化的重要平台。出席仪式的主礼嘉宾包括行政长官梁振英，国学大师饶宗颐，署理发展局局长马绍祥，活化历史建筑咨询委员会主席陈智思，饶宗颐文化馆馆长陈万雄，饶宗颐文化馆管理委员会主席李焯芬、副主席黄景强等。

饶宗颐文化馆的前身是荔枝角医院，是发展局"活化历史建筑伙伴计划"

的首批活化项目，由香港中华文化促进中心以"香港文化传承"为主题，展开保育、重新规划及活化的工作。文化馆是园林式大型建筑群，32 000平方米的山岭分上、中、下三区，活化工程分两期进行。

18日　重新装修的香港三联书店中环店举行开幕典礼。该店于1974年在中环域多利皇后街9号开业，在原址经营了40个年头，见证着中环以至整个香港的发展历程。重新装修后，将尝试突破书店的原有格局，扩大书店的内涵，让读者享受阅读的新体验。香港特区政府民政事务局许晓晖副局长、立法会马逢国议员、香港公开大学校长黄玉山教授等社会贤士担任主礼嘉宾。

22日　为纪念香港上世纪五、六十年代著名作家舒巷城逝世15周年，由香港商务印书馆主办、花千树出版社合办的"我们之间有路相通——舒巷城逝世十五周年手稿展"在商务印书馆尖沙咀图书中心开展。舒巷城的《太阳下山了》等十余部珍贵手稿与大家见面，回忆了这位香港本土作家的业绩。

本月　由香港《大公报》自2011年起与香港联合出版（集团）有限公司、天地图书、香港教育工作者联合会联合举办的"读书乐"学生随笔比赛结果揭晓。活动吸引了不少学校投稿参赛。本届收到了约300件中小学生随笔，6月底由评委从高小组、初中组和高中组中各选出"一等奖""二等奖""三等奖"得主。投稿量最多的三所学校获得"积极鼓励奖"。

7月

2日　香港课本出版的两大商会——香港教育出版商会及中英文教出版事业协会，经过多年酝酿正式合并，定名为"香港教育出版专业协会"。协会成立的目的是更有代表性地与各利益相关者进行沟通，维护业界的合理权益，推动及支持对教育出版业有正面影响的政策及措施出台等。

4日　香港教育图书公司利用最新的"扩增实境"（Augmented Reality，即AR）技术，出版"新视野版"《十万个为什么》。该书可将平面图像立体地呈现于平板电脑，读者可通过二维码（QR Code）获得更多补充知识。出版者表示，参考书电子化是出版界未来发展的方向。

7日　新鸿基地产公布"新地喜'阅'指数"。这是该公司连续第三年以电话随机形式进行阅读习惯调查。调查结果显示，港人阅书数量与时间均比上一年下跌，上半年平均阅读过1.7本书，比2013年平均少看2本；每周阅读时间也由 2 小时下跌至 1.3 小时。有阅读习惯的受访者中，过去半年平均看过 6.1 本书，每周平均看书 5 小时，两者都比上一年上升。

13 日　香港中小企书刊业商会发布香港中学生阅读调查报告。该会于 2014 年 6 月~7 月邀请 18 所中学向学生派发问卷，了解学生的阅读习惯，收回 1 682 份有效问卷。调查发现，半数受访学生每月到书局一至两次，25% 受访学生每年买一至三本课外书。阅读图书类别方面，中学生阅读最多的是小说（35%），其次是漫画（22%），最少的是政治书（3%）。该会认为现时社会娱乐活动多，学生无法专注阅读课外书，建议特区政府向学生发放 100 元书券以鼓励阅读。

22 日　连续 7 天的"第 25 届香港书展"落下帷幕。据主办方香港贸易发展局介绍，本届书展破纪录有超过 101 万人次入场，人均消费近千元，比上一年大幅上升 25%。本届书展除图书展销及各项文化活动外，还组织"书香人情香港书业世纪回眸"重点展览，通过一系列展区和珍贵照片，细说香港书业过去 100 年的发展历史。参观者可以在展场内参观仿古旧书店，并试玩旧式雕版印刷，制作商务百年纪念收藏书票，重拾昔日书香情怀。

24 日　香港海关发现有书局以鱼目混珠手法，在向 35 所小学提供正版教科书的同时，涉嫌以七三比例夹杂疑似盗版书，赚取超过 2 倍的暴利。海关版权及商标调查科经版权持有人确认有关图书为盗版后，于即日采取行动，搜查涉嫌书局，查获 7 400 多本疑似盗版小学教科书，品种超过 90 个，约值港币 53 万元，是历来破获最大的盗版书案。

29 日　连续五日的"香港动漫电玩节"闭幕。活动吸引了 75.2 万人次入场，比上一年上升 3.1%，刷新历届纪录。虽然人气旺盛，但有的漫画出版社坦言对销售作用不大，人流大增反而让入场者抱走马看花心态，购物欲望下降，销售额比上一年下降了 20%。

8 月

1 日　香港世界宣明会在好莱坞广场举行"旧书回收义卖大行动"开幕仪式。该会之前已收集了 35 万多本图书，包括儿童图书、简体书以及教科书等，以最低价每本 5 元港币起义卖，筹款目标为 180 万元港币，旨在为广东省连南山区一所学校改善校舍设施，为当地学童提供良好的学习环境。

3日 "第24四届全国图书交易博览会"在贵阳开幕。值此之际,香港出版印刷唱片界高层到贵州进行访问交流。

4日 香港商务印书馆与香港历史博物馆合作,在博物馆内开设新主题图书礼品店"Passage",以推介香港及华南史地著作,并引入多款具香港特色的创意礼品,彰显香港优秀历史文化。

7日 特区政府"创意香港"办公室同意拨款近300万元港币,协助30多家出版社到北京、广州、台北等地的大型书展设立"香港馆",推广香港特区的出版及印刷业。

16日 青年广场已连续四年举办"漂书节"。其宗旨是以环保方式推动青年人互相交换书本阅读以及培养良好的阅读习惯。"漂书节"已收集到1万多本好书。活动从即日起率先在尖沙咀香港文化中心露天广场举行首日大型漂书活动,月底移师柴湾青年广场。期间多名作家到场,与青年人分享创作及阅读智慧。

18日~24日 APM创纪之城夜书市举行。这是东九龙区每年一度的阅读盛事。本届除展览范围扩大之外,还根据近年来的韩风热朝,特设"韩迷专区",呈现韩国的语言、文化精品。

27日 由新鸿基地产旗下的"新阅会"举办的第二届"浓情·家书"活动在新鸿基中心举行颁奖礼。本次比赛分为初级、中级、公开三个组别,设冠、亚、季军。参赛作品多达8 000件,获奖作品中的主要收信对象都是母亲,其次为父亲及祖辈。此外也不乏父母写给儿女的家书。

29日 由天上游云及香港迷你书协会联合主办,香港知专学院及小草堂协办的"香港书本艺术节"从即日起连续三天举行。活动邀请来自不同界别的艺术家,以各自的方法去分析书本、语言及阅读。

9月

17日 位于跑马地的香港首家摄影博物馆F11全面开放,并以美国传奇摄影师Elliott Erwitt的摄影展"Best in Show"作为开幕展览。跑马地毓秀街11号,楼高三层,其闻名的装饰艺术建筑特色,被古物咨询委员会评为第三级历史建筑物,如今经过修复及改造,仍然保留了昔日的典雅气派。地下及一楼作为举办展览之用,而二楼则为莱卡相机私人博物馆,展出大量不同型号的莱卡相机，还收藏有 1 000 多本著名国际摄影通讯社 Magnum 的摄影集，包括许多亲笔签名的摄影集和初稿，以供研究之用。

18 日　由香港书刊业商会主办的"社区书展"开幕。该书展创办已 10 年，本届首次移师到室内——荃湾愉景新城举办，更新增限量 1 元图书吸引人员参加。书展中，38 家出版社展销各类图书约 30 万册。

25 日　香港中华书局出版第一部英文小说《In Search of Words》。这是中华书局自 1912 年创立以来出版的首部英文小说。这本小说的收益将全部捐献给两家慈善机构——收留病童及家人的麦当劳叔叔之家，以及致力于儿童精神健康的"儿童伙伴关系"（Partnership for Children）。

28 日　由香港流行图书出版协会主办的第一届"香港金阅奖"在荷里活广场举行颁奖仪式。该奖针对香港本地图书，设文学、生活健康、政治经济社会及图文书四大类别，先由专家名人和业界拟出候选名单，再由读者"一人一票"评选，各占评分一半，以此选出 46 本"最佳书籍"。活动还向陶杰、曹仁超及李惠珍等有贡献的作家颁发了"荣誉大奖"。鉴于网络小说盛行的状况，"最佳书籍"得奖名单中也包括网络小说。

30 日　来自新加坡大型连锁书店壹叶堂（PageOne）新店举行开幕仪式。这是由其海港城店年中搬迁扩充，占地两层、面积达 3.5 万平方呎的概念店。该店号称全球首家概念店，不仅卖书，还经营西餐厅及烘焙店。

10 月

8 日　由香港出版总会与香港印刷业商会合办、香港特区政府"创意香港"办公室赞助的 2014 法兰克福书展"香港馆"举行揭幕礼。主办机构邀请国家新闻出版广电总局纪检组监管局局长陈毓江、国家新闻出版广电总局出版产品质量监督检测中心副主任孙宝林、香港特区政府驻柏林经济贸易办事处处长何小萍、2014 法兰克福书展副主席 Mr. Holger Volland 等人担任主礼嘉宾，与主办机构代表"腾飞创意"项目筹委会副主席赵国柱先生，以及 2014 法兰克福书展"香港馆"主席任德聪一同主持揭幕仪式。本届是"香港馆"第四次参加法兰克福书展，并且继续得到香港特区出版及印刷业界的踊跃支持。24 家出版社、17 家印刷商和 3 家电子出版社，40 多家参展商在"香港馆"内展出了各自的优秀图书及印刷品。

11 日 "小书包读书计划启动礼"在尖沙咀街坊福利会举办。"小书包读书计划"是香港金银业贸易场慈善基金以"共筑香港梦"为题举办的一个扶贫活动。活动从 8 月开始,通过香港联合出版(集团)有限公司下属的 17 家书店进行旧书回收,然后将图书分成初小中文、初小英文、高小中文、高小英文四个类别装进千余个小书包内。活动由教育局常任秘书长谢凌洁贞担任主礼嘉宾,现场把 800 个装有图书及文具的小书包赠送给来自葵青、深水埗、沙田以及湾仔区弱势家庭的初小和高小年级学生。

11 日 由新鸿基地产发展公司"新阅会"主办、香港艺术发展局协办的首届"拉阔生活——赏创营"活动从即日起连续两天在马湾挪亚方舟举行。近 60 名高中生在营中,从文字、戏剧、舞蹈及音乐等多媒体媒介出发,结合日常生活的经验,丰富"阅读"的含义,拓展"阅读"的体验。

21 日 由香港特区政府康乐及文化事务署香港公共图书馆主办,香港图书馆协会及香港特别行政区大学图书馆长联席会协办的"第十次中文文献资源共建共享合作会议"从即日起连续两天在香港中央图书馆地下演讲厅举行。本届会议以"数码薪传——中文文献共建共享项目的回顾与展望"为主题,讨论数码策略、数码馆藏建设工作和共享计划等专题。此外,曾德成、中国国家图书馆馆长韩永进和康乐及文化事务署署长李美嫦同时主持了"国家图书馆古籍数码资源"网站启动仪式。这项由康乐及文化事务署与中国国家图书馆合作的计划于 2013 年签订,由国家图书馆提供数码馆藏资料,例如善本古籍、地方志、金石拓片、年画等,通过香港公共图书馆的"多媒体资讯系统"平台陆续推出,供香港特区市民免费浏览。

22 日 香港商务印书馆在港岛海逸君绰酒店举行"香港商务印书馆 100 周年志庆酒会"。活动邀请全国政协副主席董建华、香港特别行政区行政长官梁振英、香港科技大学校长陈繁昌、香港大学专业进修学院院长李焯芬以及中央人民政府驻香港特别行政区联络办公室副主任杨健出席并担任主礼嘉宾,与数百位香港及境外各界学者专家、文化和教育界的朋友、同业先进、传媒朋友共同见证特别时刻。活动还同场展出了友好团体及作家致送的祝贺字画,表达了对香港商务伴随香港人走过一个世纪的祝愿及敬意。

11 月

10 日　香港关注学童发展权利联盟与关注综援低收入联盟合作出版儿童画册《童画岁月》。其中收录了 10 多个来自基层儿童的画作。这群"小画家"年龄在 3～15 岁之间，部分居住在狭小的房间，所以不少画作都是围绕着狭小空间的生活。出版方表示，希望通过出版画册加强各界对基层儿童的关心。本次画册的收入（每本 150 元港币）扣除成本后，会用于资助小朋友到画室学画。

26 日　香港最资深的出版家之一蓝真因病与世长辞。他于 1924 年出生于广东澄海，上世纪四十年代就投身邹韬奋创办的生活书店，自 1948 年起历任香港三联书店副经理、总经理、董事长。1981 年，香港三联书店、香港中华书局与香港商务印书馆联合成立总管理处，他出任总经理，至 1985 年退休。1988 年 9 月，他出任香港联合出版（集团）有限公司名誉董事长，并兼任香港三联书店董事长及中华商务联合印刷公司名誉董事。他是近现代中国许多文化事件的见证人，在港澳特区、台湾地区及内地都拥有很高的威望。

27 日　由香港特区政府康乐及文化事务署和敦煌研究院合办的"敦煌——说不完的故事"展览在香港文化博物馆展出，为期四个月。同日，香港商务印书馆出版《立体看敦煌》一书，并在尖沙咀商务印书馆图书中心举行新书发布会。康乐及文化事务署助理署长吴志华应邀到场。他指出，展览以影像介绍敦煌，新书则以文字记载敦煌，希望香港市民认识这块文化瑰宝。

27 日　第六届"阅读在屯门"社区书展开展。活动从即日起连续四天在屯门文娱广场举行，20 多万本特价书供市民选购，类别包括资讯、通识、教育、文学、历史、文化艺术、小说等。活动中还有"与作家会面"座谈会、资助低收入家庭学童的"购书计划""学生阅读奖励计划"以及各类文化表演等，目的是为社区增添文化氛围。

29 日　由香港兆基创意书院和青年智库组织 Roundtable Community 共同举办的第六届"九龙城书节"开幕。本届继续有书展、讲座、地摊和展览等活动，还以"行游"为主题，新设游历九龙城的导赏团，让参与的学生、家长和公众人士，从旅游、文学、城市与社会的议题中，获得新的启发，有新的思考。

12月

2日 香港公开大学举办"幻觉现实主义与中国当代文学"讲座，邀请莫言等名家演讲。此次是莫言获得诺贝尔文学奖后首度来港。他现身说法其创作的心路历程，以及其极具个人特色的文学风格。香港公开大学曾于2005年授予莫言荣誉文学博士。

2日 由香港出版学会主办的每年一度的培训课程开课。本年度的主题为"出版实务——从选题策划到行销"。几位来自普及读物、学术书、教科书、儿童及青少年图书出版社的资深出版人现身向学员传授心得与经验，畅谈选题、成本控制、销售策略、发行网络、版权引进、阅读口味等内容。课程从根本上提升了学员对香港图书业经营状况的认识。

7日 "第四届全球华文文学星云奖"在台北举行颁奖典礼。香港作家西西荣获贡献奖。西西本名张彦，从1950年代开始写作，之后持续不懈，作品题材广泛，包括长篇以及短篇小说、散文、诗歌、电影剧本等。其作品创意丰富且极富深度，被视为最具香港意识的小说家。为了向西西致意，早在3月，香港的出版人便制作了一部关于西西的纪录片，名为《我们总是读西西》，邀请11位作者、艺术家以及学者朗读西西的作品，配以多位艺术家的图像设计以及声音影像，增进读者对西西作品的认识和思考。

8日 "第26届香港印制大奖"颁奖典礼在九龙香格里拉酒店举行。工业贸易署署理署长刘震担任主礼嘉宾。活动中，印刷、出版、设计界嘉宾云集，气氛热烈。本届赛事以"印出创意·缔造良机"为主题，参赛作品达100多件，不少作品具有专业水平，大胆尝试使用多种印刷方式和技术。"杰出成就大奖（设计界）"由香港著名设计师、艺术家及设计艺术教育家林席贤获得。

8日 座落于香港理工大学邵逸夫大楼的"商务香港理工大学书店"正式开业。近年来，香港商务印书馆积极拓展大学书店，进一步密切与香港学术界的关系，参与校园空间的建设。该店是商务继香港城市大学、香港科技大学和香港中文大学之后开设的第四家大学书店，面积达2 200呎，店内有丰富的境内外优秀学术出版物、各类大专用书及最新中英文图书，成为师生的聚集地。

11日 新鸿基地产发展公司为"新阅会"举行一周年庆祝活动，并公布2015年五项为不同群体设计的阅读项目："阅读·分享""阅读世界""循环·

阅读""穿阅·香港""老有所阅"。活动还邀请了香港特区、台湾地区和韩国的嘉宾畅谈阅读文化。

15日　由新城财经台与香港五大饮食商会主办，万里出版有限公司协办的"香港味之年赏"举行颁奖典礼及新书发布会。该活动于3月公开招募50名神秘食客，6~7月派他们到各大餐馆试餐。试餐报告全部交给注册会计师统计、审核，从中选出68家"一试番寻味"的餐馆、41家"至爱共享之味"的餐馆以及7家获得最高荣誉"不试遗憾之味"的餐馆。除了评奖外，万里机构还将有关餐馆的资料编辑成一本真正反映香港人口味的美食指南《香港味之年赏》。

18日　香港三联书店与台北故宫博物院原院长周功鑫合作的《图说中华文化故事》丛书举行新书发布会。该丛书以青少年熟悉与感兴趣的图像学习方式，引导他们认识成语故事中的文化与艺术。丛书分为五部分，分别是"语言与文化""思想与文化""政治与文化""艺术与文化"和"科学与文化"。第一批推出的是战国时期赵国的成语故事，共十册。

[谢力清　香港联合出版（集团）有限公司]

第三节 2014年中国台湾地区出版业大事记

1月

6日 "教育部"在该部大礼堂举行"未来想象教育丛书"新书发表记者会,包括《未来想象教育在台湾》《未来教育:2030年的教师备忘录》《想象力教育:跟你想象的教育不一样!》及《跳脱框架的教与学》等。

7日 "文化部"、台北书展基金会公布"2014台北国际书展大奖"年度获奖图书,包括小说类:林宜澐的《海啸》(二鱼)、王定国的《那么热,那么冷》(印刻)、曹冠龙的《红杜鹃》(印刻);非小说类:陈列的《躊躇之歌》(印刻)、刘绍华的《我的凉山兄弟:毒品、爱滋与流动青年》(群学)、陈翠莲、吴乃德、胡慧玲合著的《百年追求:台湾民主运动的故事(三卷)》(卫城)。

23日 联经出版社推出《联经台湾史》APP,以3D模型重现台湾三大古城,内容始自台湾岛诞生,终于日据时代,收录4万余字、300多幅图片。

1月25日~2月10日 "台中市文化局"与台中市出版商业同业公会在台中世界贸易中心举行"书香满台中,阅读Let's GO"活动,共有数百家出版社参展,展出近2万种图书。

27日 由"台北市立图书馆""新北市立图书馆"、国语日报社主办,幼狮少年、台湾儿童文学学会公布第65梯次"好书大家读"优良少年儿童读物评选结果,共评选出单册图书226种,套书4套8册。

28日 "国家图书馆"公布2013年出版趋势最新报告,指出纸本(纸质,下同)图书的出版量略微下滑、少子化并不影响书市、翻译图书主要来自日本、个人出版风气盛行等出版现象。

28日 "国立台湾文学馆"举办黄美娥《魏清德全集》新书发表会。全集计有诗卷、文卷、小说卷、文献卷及目录卷，共5卷8册。

1月30日~2月2日 2014年法国安古兰国际漫画节在法国安古兰举行。台湾馆活动由"文化部"主办，大块文化&大辣出版承办。参访团由7位漫画家、1位专业版权人员以及超过17家出版社的出版品（出版物，下同）与独立漫画家作品参展。台湾馆主题为"与漫画一起旅行"（Travel with Comic），共展出近300余册台湾漫画创作品。

2月

3日 亚太出版协会在台北市举办"第21届亚太出版年会"，台北书展基金会正式成为亚太出版协会会员。

5日~10日 由"文化部"主办，台北书展基金会承办，"台北市政府"、台湾外贸协会协办的"第23届台北国际书展"在台北市世贸中心举办。共有68个国家及地区的648家出版社参展。书展定位为"亚洲出版知识及信息交流平台"，主题国（主宾国）为"日本、韩国、新加坡、泰国"。书展期间举办了630场座谈、新书发表会。台北书展基金会与德国法兰克福书展首度合作，于2月4日~5日在台北国际会议中心举办了"法兰克福学院出版人才培训课程"。

15日 远流出版事业股份有限公司在新北市诚品书店新板店举办贝卡·克胡拉《大家一起来学禅绕画》新书手工教学。

20日 皇冠文化集团成立60周年。刊有百位作家作品的《圆满》特刊出版。集团还将6万本图书捐赠给偏远学校和图书馆。

3月

1日~31日 诚品书店庆祝成立25周年。活动以"传承·创新"为主题，规划了一系列主题庆祝活动。其中包括举办"阅读，开启启蒙时刻"主题书展，以"感怀书写、群我思考、当代演绎、生活拾味"四类中外文图书，同时推出"经典，陪伴成长"儿童推荐书单，以及"在图文的国度，寻找生命青鸟"外文推荐书单。

3日 大地出版社创办人姚宜瑛辞世，享寿87岁。大地出版社是台湾地区出版界"五小"之一。姚宜瑛为台湾地区独立经营文学出版社的女作家,并开创了台湾饮食文学的潮流。

3日 九歌出版社于台北市纪州庵文学森林举行2013年度文选新书发表会暨赠奖典礼。吴明益的《美丽世（负片）》获散文奖,李桐豪的《养狗指南》获小说奖,子鱼的《黑熊爷爷忘记了》获童话奖。

7日 "国立台湾文学馆"公布"'国立台湾文学馆'台湾文学翻译出版补助"名单。《黄昏时刻》《台湾新文学史》等25件翻译出版计划获补助。

7日 "国家图书馆"在"教育部"举办"台湾人阅读品味"记者会,并将"教育部"与"国家图书馆"邀请学者专家选编的《青少年书目》（8 298种）、《知识性书目》（8 965种）、《文化创意书目》（8 761种）及《多元文化书目》（5 449种）送各公共图书馆,作为采购图书的依据,引导民众借阅各种优良好书。

7日~30日 "台南市立图书馆"儿童阅览室展出四也出版公司的"庆典童话图书原画展暨书展",展出庆典童话42册,原画作品,包括《妈祖的眼泪》《胎记龙飞上天》《菜刀小子的阵头梦》等童书中的原画共18幅。此外,台南政大书城也同步展出四也出版公司的本土好书。

12日 "国立台湾文学馆"在台南市新化杨逵文学纪念馆举办"杨逵手稿复制品捐赠发表会"。复制手稿包括杨逵的《新闻配达夫（后篇）》《鹅妈妈要出嫁》《三个臭皮匠》《谚语四则》等重要作品。

15日 由"文化部影视及流行音乐产业局"主办、财团法人"国家电影资料馆"承办的2013年度征选优良电影剧本颁奖典礼在台北市西门红楼举行。货获优等剧本奖的是赖东泽的《潜脑侦查科》,黄彦樵的《批着人皮的大象》,陈文彬的《中途》,卢谨明、叶宜文的《接线员》,王明台、温郁芳的《顺云》。

17日 台湾数字出版联盟理事长改选,由中华电信总经理石木标担任。副理事长为城邦文化执行长何飞鹏。

21日~23日 "苗栗县政府"于苗栗县巨蛋体育馆举办"阅读进行式"书展。书展展出12 000种约12万册图书,设有推荐好书区,含2014年最新金鼎奖、金书奖、金蝶奖及金石堂、诚品书店、博客来书店Top50的精选好书。

24日~27日 由"文化部"主办,台北书展基金会承办,台湾地区参加

"意大利波隆那国际儿童书展"。台湾馆以"美好生活（The Sweet Life）"为主题，规划设置了7大专区，有38家出版社参加，展出402个种类。24日，格林文化出版社获"亚洲区最佳童书出版社奖"，26日与芬兰出版社及版权公司合作进行"国际童书版权交流：遇见芬兰"活动，展现亚洲与欧洲童漫经验的美好相会，促进版权推广；童书绘者汤姆牛及新锐插画家洪意晴入围"波隆那插画展"；插画家黄郁轩与作家幸佳慧的绘本《哇比与莎比》（小天下出版）入选"第一届童书与文化活动周"。

26日　《幼狮文艺》在台北市台北国际艺术村举办创刊60周年茶会，并与"文化部"合作，开展推动青年作家"类型文学"发展平台活动。

3月31日~4月5日　"台中市政府"在该市台湾大道市政大楼举办"国际创新教育高峰论坛"，并举行"国际童书展览"。美英八大书商提供了近4 000本图书及教材参展。

4月

1日~30日　"新北市立图书馆"举办"名家推荐百大好书"主题书展，展出由"教育部长"蒋伟宁、远见天下文化董事长高希均等50位名人推荐的《时间简史：从大爆炸到黑洞》《OFF学：愈会玩，工作愈成功》等各领域好书。

4月4日~5月25日　永乐座、小小书房、时光二手书店、瓦当人文书屋、南崁1 567小书店、三余书店、草祭二手书店、水牛书店、旧书柜、新手书店、TAAZE读册生活与READMOO电子书等12家书店在台北市纪州庵文学森林举办"就救这本书：特色书店联展"活动。

7日　由侯季然导演的《书店里的影像诗》在NOWnews、Yahoo影音和Fanily分享你网站同步播出。该片记录了全台湾40家独立书店的样貌，并于8月出版了《书店本事》。

4月7日~5月20日　博客来网络书店举办"华文轻小说展"，并与三日月、大翼、明日、威向、耕林、缪思、有间、铭显、麦田、十田十、普天、城邦原创等12家出版社合作，开展未来新书上市60天内购买可享折扣优惠的活动。

8日~27日　由"国立公共信息图书馆"主办、"宜兰县文化局"及格林出版社合作举办的"公共立体书巡回展"在基隆市文化中心图书馆儿童室展出近 160 册立体书。

8 日~27 日 "屏东县政府文化处"举办以"台湾庆典嘉年华"为主题的童话原画展，展出台湾庆典童话原画暨图书。其内容包括平溪天灯、炮炸寒单爷的元宵习俗、屏东东港迎王平安祭典、妈祖文化庆典、内门宋江阵等。展出的 50 幅插画作品，运用童话与绘画创作形式，介绍了台湾的民俗文化。

9 日 "国立台湾文学馆"公布 2013 年度台湾文学学位论文出版征选名单"。王梅香的《不自由的自由书写：一九五○年代台港"美援文艺体制"的形成》、黄启峰的《战争·存在·精神史：台湾现代主义世代小说家的境遇书写研究》等 7 篇入选。

12 日 信谊基金会举办"第 26 届信谊幼儿文学奖"颁奖典礼。获奖的佳作为巫宇婷的《我的数字朋友》、陈润芃的《神秘的勇气》以及许智伟和何季朋共同创作的《我来陪你念故事书》。

15 日 博客来网络书店宣布启动"博客来订购、香港 7-11 门市取货"新服务，首次把"到店取货服务"延伸至境外市场。

15 日~17 日 "宜兰县文化局"、联经出版事业公司合办"兰阳绘本创作营"活动。活动中，日本绘本名家伊势英子以作品《大提琴与树》分享其创作历程；陈盈帆主讲"创作手法与波隆那见闻"；画家李如青主讲"台湾原创绘本的生命力"；曹俊彦则从孩子的观点分享创作题材。

23 日 "新北市教育局"在该市芦洲区鹭江"国小"举办"好书分享阅，分享图书分享爱"活动。其中包括"与作家有约""主题书展""好书交换""捐赠书籍""参观图书馆或书店"等。活动期间共计有 645 场活动在各校展开。

23 日 "交通部"和漂书协会于"该部"大厅举办"漂书计划"记者会。全台车站、机场等处已设有设 56 个漂书站，未来将纳入邮局、"'国家'风景区"、中华电信等，预计 6 月底将有 108 个漂书站供图书漂放。

25 日 《藏书之爱》季刊在台南市东区台南府城旧书店举行创刊发表会及"旧书博览会"，展览绝版古书。

26 日 中华电子佛典协会（CBETA）在高雄市元亨寺大雄宝殿发表"CBETA 电子佛典集成 Version2014"，新增 64 部《"国家图书馆"善本佛典》、

70册《汉译南传大藏经——元亨寺版》，并加入435部、1789卷新式标点经文及23843笔用字修订，完成1亿9000万字内容的新版汉文电子佛典集成。

30日　"文化部"于台北市"文化部南海工作坊"举办"'文化部'出版产业系列座谈（第一场）"，主题为图书单一定价制度的取或舍。

5月

1日　作家周梦蝶病逝于新店慈济医院，享寿94岁。

5月1日～6月30日　联经出版社在台北市诚品敦南店举办"呼唤文艺复兴：联经出版四十周年"特展。活动展出300种图书，包括"焦点作家""作家亲笔签名书""联经经典四十""编辑选书""书店选书""得奖好书"等主题。同时举办特展，以每十年作为断代，展出40年来联经的珍贵绝版图书、线装书、作家手稿等。

4日　白象文化公司举行10周年庆祝活动。举办了"第4届公益教育出书奖"颁奖典礼。《地球发烧了》环境教育绘本作者汪菁获奖；还举办了林子尧《医院也疯狂2》新书发表签书特卖会。

21日　中钢焊材公司与南台科技大学创新产品设计系共同开发设计的《金属与电弧焊接浅说》互动电子书正式发布。

26日　Readmoo电子书店发布《X相乘》系列电子书。包括马来西亚作者黄婉秋记录国际志工之旅的《婉如一道彩虹》《卫星人生》《一页生命·莫桑比克》《311人的一步》《闪亮的柬埔寨》和台湾地区作者阿诚记录一边环岛、一边打工经验的《浪肺时间的日子》6本电子书。

28日　"文化部"在台北市"文化部南海工作坊"举办"'文化部'出版产业系列座谈"（第三场）。主题为"独立书店的理想与实践"。会上发布了《独立书店的状态分析报告》及运营优劣势分析。

29日　宏碁集团与远流集团宣布将宏碁自建云体验中心与远流旗下的台湾云端书库合作。

29日　"东立电子书城"宣布开业，为消费者提供全新数字漫画平台。

6月

4日　梦田文创公司推出"书店文化体验之旅"，并与老爷酒店台北、新竹、台东、宜兰4家饭店共同推广"书店文化体验之旅"活动。其中包括开设饭店里的24小时图书馆，摆放戏剧里出现的45本书以及由全台40家独立书店推荐的图书等。

5日　台南小区大学与台南市葫芦巷读册协会在"台南市立图书馆"总馆儿童阅览室举办"海洋童心乐"主题书展。

5月5日~6月24日　"南投县水里乡立图书馆"举办"从图书馆看世界——英美法绘本巡回展"活动，展出获得美国凯迪克大奖、英国凯特格林威大奖及法国女巫奖等国际奖项的知名绘本。

10日~16日　"2014年新加坡书展"举行。联经出版社筹划台湾主题馆，以"温暖台湾，热情阅读"为主题，展出10大主题、2 000多种台湾地区图书，并以"爱阅读·悦读爱"为主题举办"台湾文学节"系列活动，邀请郝誉翔、陈育虹、罗智成、杨照等参加。

16日　"台南市政府文化局"公布"2014年台南作家作品集（第四辑）"入选名单。共有李鑫益、丘荣襄、陈丁林、蓝淑贞等四位作家，以及何瑞雄的《何瑞雄诗选》、廖淑芳的《台南作家评论选集》入选。

19日　"交通部观光局"北海岸及观音山"国家风景区"管理处与"国立公共信息图书馆"合作，将出版的《观音观鹰：观音山猛禽辨识手册》以及《潮汐的呼唤：探索北海岸潮间带》制成电子书，正式在电子书平台上架，供民众在网络上借阅浏览。

6月21日~7月31日　"国立信息公共图书馆""国立传统艺术中心"与"高雄市立图书馆"在"国立传统艺术中心"共同主办"解密图书DNA互动特展"。活动结合最新体感互动、数字投影及3D打印技术，让民众了解图书演进的故事。

6月26日~7月27日　诚品书店在台大店举办"旧书拍卖会"，以"外文汇聚，阅读成瘾"为主题，推出约4 000册英、日文书籍。

7月

1日　台北市出版商业同业公会办理理事长交接。第13届理事长为艺殿国际图书有限公司的卢钦政。

2日　"国立台湾文学馆"公布2014年度第1期"文学好书推广项目"

决选名单。入选的有胡长松的《金色岛屿之歌》（台文战线社）、李志铭的《单声道：城市的声音与记忆》（联经）、王盛弘的《大风吹：台湾童年》（联经）、吴佩珍的《真杉静枝与殖民地台湾》（联经）、向阳的《写字年代：台湾作家手稿故事》（九歌）、黄锦树的《南洋人民共和国备忘录》（联经）等。

3日　丰子恺儿童图画书奖组委会在"台中市文化局"颁发"2014丰子恺儿童图画书奖"华文原创图画书首奖——《我看见一只鸟》，同时于7月4日~8月10日，与"台中市文化局"合作举办"丰子恺儿童图画书奖得奖书展"、绘本插画展、走读导赏、讲座、说故事等一系列阅读华文原创图画书相关活动。

5日　翁晓蕾的《世界葡萄酒明日之星：中国丝路葡萄酒文化之旅》（麦浩斯）荣获GourmandAwards"新世界葡萄酒"项目世界第二名。

16日~22日　香港贸易发展局在香港会议展览中心举办"第25届香港书展"。来自30个国家及地区的570家书商参展。书展以"从香港阅读世界——越读越精彩"为主题，邀请白先勇、李敖、严歌苓、金宇澄、蒋方舟、陈坤等两岸三地以及境外超过300位名家参加，旨在共同推动大中华阅读文化风气。在"台湾出版人"专区，8所"国立"大学联合参展，以学门（学科）分类展现台湾地区的学术出版成果。书展还设立"台湾独立书店文化协会"专区，分享独立书店在网络时代的生存发展特色。

19日　"文化部"公布金鼎奖得奖名单。其中新增图书类个人奖。获"图书编辑奖"的是胡文青的《图解台湾制造：日治时期商品包装设计》（晨星）；获"图书设计奖"的是杨启巽的《公东的教堂：海岸山脉的一页教育传奇》（本事文化）；获"图书插画奖"的是淦克萍的《台湾好野菜：二十四节气田边食》（晨星）；特别贡献奖由郝明义获得。

24日　诚品书店敦南店获美国有线电视新闻网（CNN）旅游版评选的全球最酷书店之一荣誉。诚品书店以24小时营业著称，销售多种语言图书和杂志，能适合多国读者需求。

7月26日~8月3日　由马来西亚大众集团主办、星洲媒体集团协办的"第9届马来西亚海外华文书市"在吉隆坡城中城会议中心举办。大陆、香港特区、台湾地区以及马来西亚、英国、美国、加拿大的出版社参展，展售中英文图书。"台湾馆"由"文化部"主办、联经出版社承办，300多家出版社参展，展出2 000多本图书，并结合电影、音乐、出版，把文学出版立体化呈现，举行"台湾文学节""台湾文学电影节""台湾文学之夜演唱会"等活动。刘克襄、吴若权、孙大川、郑愁予等10多位作家和歌手出席活动。7月30日，马来西亚台北经济文化办事处举办版权推荐说明会。马来西亚大众书局等多家出版社及台湾地区出版社代表进行交流，增进出版品的流通。

8月

6日 九歌文教基金会在台北市纪州庵文学森林举办"第22届九歌现代少儿文学奖"颁奖典礼。首奖由邱靖巧的《我和阿布的狗日记》获得；评审奖由郑丞钧的《妹妹的新丁粄》获得；推荐奖由刘碧玲的《就是要这么麻吉》获得。

6日 博客来网络书店成立19周年之际，公布了近年来的业绩与未来品牌的发展战略。

7日~12日 "中华动漫出版同业协进会"与木棉花、台湾东贩、台湾角川、尖端出版集团、东立、长鸿、青文、群英社等共同在台北市世贸一馆举办"2014漫画博览会"。展览会以"有爱15·精彩共舞"为主题，共有530个摊位、68家厂商参与，总参观人次60.1万。

8日 "台中市政府文化局"举办《2 013台中市作家作品集》新书发表会，包括4本新诗：苏绍连的《时间的影像》、王宗雄的《有时》、张至廷的《西藏的女儿》、莫云（宋淑芬）的《夜之蛊》；3本小说：梁金群的《流浪老输》、谢承廷的《不惧翻译的城市》、纪小样的《城市之光导游》；1本报导文学：黄丰隆的《乡土之歌》，共计8本。

8月12日~9月22日 "高雄市立图书馆"与"国立公共信息图书馆"共同主办"解密图书DNA互动展"。展览包括"汉字的起源""最早的中文""造纸术"等主题。其宗旨是通过科技应用让民众经历一次文字与图书演变的时空旅行。

13日 "文化部"在台北市松山文创园区多功能展演厅举办"第38届金鼎奖"颁奖典礼。活动除颁发各类得奖作品外，还揭晓了"年度杂志奖"与"年度图书奖"两项年度大奖，分别由《亲子天下》与工作伤害受害人协会，原台湾美国无线公司员工关怀协会的《拒绝被遗忘的声音：RCA工殇口述史》

获得。

13日~19日 "2014上海书展暨'书香中国'上海周"在上海展览中心举行。活动以"我爱读书，我爱生活"为主题。上海外文图书公司与华品文创出版公司推出"乐读台湾"展区，分为文学台湾、生活台湾、旅游台湾、亲子台湾等类别，将台湾地区各领域的图书推广到大陆。

15日 "文化部"公布2014年度辅导数字出版产业发展补助案获补助计划案名单。联合在线股份有限公司申请的"数位风华——台湾文学经典作家系列"APP等14项计划获补助。

15日~21日 "2014年南国书香节暨羊城书展"在广州琶洲国际会展中心举行。书展以"让读书成为一种生活方式"为口号。台湾馆展出了台湾地区的出版品以及文化产品。台北故宫博物院和星云大师也首次参加。活动中，16日举办了"粤台港澳出版论坛"，17日举办了"海峡两岸出版文化交流会"。

8月23日~9月9日 由德国非营利慈善机构"好书共享协会"营运的海上书店"望道号"驶抵基隆港，展出了世界五大洲主要语言的图书，种类超过5 000种。

9月

2日 电子书城"udn读书吧"（http：//reading.udn.com）与台湾三星电子合作，推出"享读"APP，每月提供100本畅销电子书免费阅读。

5日~21日 "澎湖县政府文化局"在该县图书馆办理"出发到世界——美法经典绘本、旅游书巡回展"活动，展出了获美国凯迪克大奖（The Caldecott Medal）、英国凯特格林威大奖（The Kate Greenaway Medal）、法国女巫奖（Prix Sorcière）等国际奖项的知名绘本，以及介绍各国旅游的中文图书320册。

13日~29日 由德国非营利慈善机构"好书共享协会"营运的"望道号"在13日~24日停泊高雄港渔人码头——香蕉码头，24日~29日停泊台南市安平商港。书展部展售超过5 000种平价图书，包括基督教、科学、体育、烹饪、艺术、词典、语言、哲学及家庭生活等，还设立了儿童图书展区，如童话故事、教科书、字典及地图等。

19日 台北故宫博物院终止授权台湾商务印书馆印制《文渊阁四库全书（仿古版）》，同时，台湾商务印书馆与北京苏音公司签订的授权契约一并终止，并要求契约授权的标的物应予销毁，不得销售。29日，台湾方面再次行文函请"法务部调查局"，希望通过"两岸共同打击犯罪及司法互助协议"查处，依法同步诉追北京苏音公司侵权责任并要求赔偿损失。

19日~28日　由联经出版公司、上海市新闻出版局、上海市出版协会主办，以"海上人文"为主题的"第三届台北上海书展"暨"朵云轩珍本书·上海十大书籍设计家作品展"在台北市华山1914文创园区中三馆远流别境libLAB举办。上海人民出版社、上海教育出版社、上海译文出版社、上海书店出版社等展出了2 340多种图书，介绍了上海出版社的优良出版品。

20日　韩良诚及韩良俊将庄永明的《韩石泉传》手稿捐赠给"国立台湾文学馆"。《韩石泉传》后来改名为《韩石泉医师的生命故事》，内容记载韩石泉的生命风格及精湛专业水平。

25日　读册生活网络书店（TAAZE）与"台北市政府文化局"共同举办"二手书的园游会"。读册生活网络书店捐出13 000余册寄售期满的二手书，免费提供给民众，并向诚品文化艺术基金会捐赠近3 000册少儿图书。

26日　"文化部"首次举办"中小学生优良课外读物推介评选活动"。有7类48本图书在其官网（http：//book.moc.gov.tw/book/ebook/35th/index.html）进行入选图书精华内容在线书展，免费提供给读者下载试阅。

27日　台湾电子书协会在台北市文化大学大厦馆举办"2014年度第二届第一次会员大会"及高峰论坛会。其主题为"电子书产业的商业模式创新"。

27日~28日　台北市重南书街促进会在台北市沅陵街行人徒步区举办第四届"2014重南书街——发现书店的美好价值"活动。内容包括"雕版印刷重现""阅读纸本书的美好——按赞赠书活动""捐旧书献爱心换抵用券之义卖""图书创意造型展""持书街地图游台博馆"等。

30日　"文化部"公布"第五届金漫奖"入围名单。"漫画新人奖""原型设计奖""漫画编辑奖""单元漫画奖""儿童漫画奖""少年漫画奖""少女漫画奖""青年漫画奖"等8类24件作品入围。"特别贡献奖"由资深漫画家敖幼祥获得。

10月

3日~5日　"苗栗县政府"在苗栗县巨蛋体育馆举办由联经出版公司承

办的"苗栗·阅读越快乐"书展。活动有500家出版社参加，展出了12 000种优秀图书及影音出版品，总数多达12万册。

8日　"国史馆台湾文献馆"在该馆举办第五届杰出台湾文献奖暨2014年度奖励出版文献书刊颁奖典礼。杰出台湾文献奖获得者为陈仕贤、廖振富、张德南。

8日　远雄企业团与凌网科技、udn联合在线共同合作打造"远雄图书云"服务。

8日　LINE、Media Do、讲谈社和小学馆合作共同出资设立"LINE Book Distribution"公司，计划推出日本漫画繁体中文版及英文版。LINE于14日推出可在计算机网页浏览器上使用LINE漫画服务的"LINE漫画PC网页浏览器版"，提供第一手的繁体中文版漫画。

8日~12日　由"文化部"主办，台北书展基金会承办，台湾地区参加"2014德国法兰克福书展"。本届书展主题国为"芬兰"，以"Finnland. Cool"作为形象标语。台湾馆以"美的台湾"（Made in Taiwan）为主题，共80家出版社，722本平面及数字出版品参展，设有"台湾特色主题书区""台湾推荐图像小说家区""得奖好书区"等十个专区。其中"台湾推荐图像小说家区"推出阮光民及AKRU（沈颖杰）的作品，举办联合签名会，展现台湾地区图像小说的原创魅力。"出版社专区"有远见天下文化出版股份有限公司、大块文化出版股份有限公司等15家出版社参展。10日，台北书展基金会与法兰克福书展公司共同举行"成功进击亚洲市场！"《Entering Asian Markets Successfully!》座谈会，展示了由"台湾原创出版品试阅本翻译补助"的《泡沫战争》《爱贪小便宜的安娜》《四川花椒》《小樟树》《奥德曼》等16本推选图书，并在会上通过平面手册及光盘同步推广，积极拓展版权交易机会。

17日~23日　由台湾图书出版事业协会、图书发行协进会、台北市出版商业同业公会、厦门市人民政府、福建省新闻出版广电局、中国出版协会主办的"第10届海峡两岸图书交易会"举行。交易会以"书香两岸、情系中华"为主题，主宾省为浙江省。大陆202家出版社、22家图书馆，以及台湾地区100多家出社共同参与。交易会于17日~19日在台北市台北世贸中心展览大楼举行，分会场分别在14日~19日设在高雄市高雄梦时代会馆、16日~23日设在台中市五南文化广场、屏东市五南文化广场、台南市中华日报总部。活动期间，海峡两岸图书交易会组委会大陆参访团捐赠给"国家图书馆汉学研究中心"及"国立台湾大学图书馆"各一批图书。17日，"两岸出版高峰论坛"在台北市台北世贸中心举办。

20日 "文化部"修正制定"辅导数字出版产业发展补助作业要点"，以促进出版产业转型升级，引进数字化流程，培育数字出版人才。

24日 "文化部"推出《阅读时光》计划，将十篇文学作品改编成十部戏剧影片。刘大任的《晚风细雨》、廖玉蕙的《后来》、张惠菁的《蛾》、骆以军的《降生十二星座》以及柯裕棻的《冰箱》等五部作品已杀青。骆以军的《降生十二星座》以及柯裕棻的《冰箱》还进行了试映。

11月

3日 "经济部中小企业处"在台北市集思台大会议中心举办2014年度金书奖颁奖典礼。叶伟平作，罗耀宗译的《经济成长，为什么我的荷包都没涨？：15个影响生活与工作的财经观念》（天下杂志）等13本图书获奖。获奖作品于11月15日~12月31日在各"县市政府文化局"、图书馆以及中小企业服务中心、中华企业研究院学术教育基金会、五南书局等多家连锁及网络书店进行了联展。

4日 为鼓励台湾地区的漫画创作，"文化部"在台北市华山文创园区举办"第五届金漫奖颁奖典礼"。该奖本年度新增原型设计、单元漫画等奖项，年度漫画大奖由小庄的《80年代事件簿·1》夺得；特别贡献奖获得者为敖幼祥。

5日 "文化部"公布"编辑力出版企划补助"获资助名单。《台湾妖怪名册》《日治台湾摩登广告大全》《南记行的干货传奇》《摄影的追寻：台湾摄影家写实风貌》等16件作品获资助。

7日~15日 澳门出版协会、台湾图书出版事业协会在澳门塔石体育馆主办"2014书香文化节"。活动以"自我增值、海阔天空"为题，两岸四地约60家参展商参加，展出了总册数超过20万册的各类图书。

7日~16日 由人间佛教读书会总部、国际佛光会中华总会、财团法人佛光净土文教基金会、南华大学主办，财团法人人间文教基金会、佛光山佛陀纪念馆、佛光山各别分院协办的"2014国际书展暨全民阅读·蔬食博览会"在高雄市佛光山佛陀纪念馆举办。共有 300 家出版社、蔬食商参展。

9 日~16 日　瑞典斯德哥尔摩市国际图书馆邀请几米参加国际图书馆儿童图书周活动。11 日，几米在东方博物馆（ÖSTASIATISKA））与瑞典读者面对面交流，以朗读、动画及影片方式，呈现《森林的秘密》《微笑的鱼》以及《星空》等 3 部作品。他还在国际图书馆获颁国际儿童图书评议会（IBBY）银星奖。

12 日　"高雄市立图书馆"新总馆开幕。该馆实施"百万募书计划"，以"财团法人高雄市文化基金会"民间单位的名义募款买书，以定价 7 折向出版社购书，获出版界大力支持。

13 日　台湾乐天市场的乐天书城开业，为读者提供了更便利的购书环境。

13 日~15 日　由"文化部"主办，光磊国际版权经纪有限公司承办的"出版经纪及版权人才研习营"在台北市富驿时尚酒店开营。活动首度结合"国际版权专业人士参访团"，邀请欧美重要出版及版权人士来台深入参访，并担任研习营讲师，以此来促进国际版权专业人士与台湾地区在文化价值以及版权方面的交流。

24 日　美国有线电视新闻网（CNN）以"文学夜店？为何台湾的书籍销售蓬勃发展"为专题，报导 24 小时营业的诚品书店结合文学与设计，成为台湾地区独特的文化现象。

24 日　"文化部"公布，"第 34 届'行政院文化奖'"得主为汉宝德、齐邦媛、余光中。

11 月 29 日~12 月 7 日，由"文化部"主办、台北书展基金会承办，台湾地区参加"墨西哥瓜达拉哈拉书展（Guadalajara International Book Fair）"。台湾馆以"DESCUBRA TAIWÁN"（西语：发现台湾）为主题，共有 49 家出版社，449 部原创作品参展。展览以图像图书为主，内容还包括数字发展电子阅读新趋势、质量出众的童书与漫画精选作品，还邀请了插画家邹骏升出席，持续推广台湾地区的国际文化形象及出版业的跨领域合作。活动期间，邹骏升接受瓜达拉哈拉大学电台的艺术与文化节目（Radio Universidad de Guadalajara Arte y Cultura Ocotlán）采访，畅谈对墨西哥艺术的认识以及对墨西哥书展的看法，并以"Working in Progress"为题，在瓜达拉哈拉展览馆演讲厅发表演说。

12 月

2 日 台北市杂志商业同业公会举办"台北杂志年会暨第七届第一次会员大会"。商周集团执行长王文静获选台北市杂志商业同业公会第七届理事长。

3 日 元太科技与 Kobo 发布合作计划,可让 Kobo 电子书城的合作伙伴不需耗费巨资,仅需通过 Kobo 的阅读应用程序,就能够提供给客户大量的电子书籍。

6 日 "国立台湾文学馆"在该馆举办"2014 台湾文学金典奖赠奖典礼"。获得图书类长篇小说金典奖的是颜忠贤的《宝岛大旅社》,散文类金典奖的是陈列的《踌躇之歌》,创作类剧本金典奖的是魏于嘉的《现世寓言》,台语新诗类金典奖的是李长青的《亲像,有光》。

7 日 "国家图书馆"举行2014年度台湾阅读节嘉年华会暨图书馆杰出人士贡献奖颁奖典礼,并在"国家图书馆"广场举办阅读嘉年华会。各级学校、各地图书馆、出版社与作家等设置了50多个阅读摊位。

7 日 由"台北市政府文化局"主办、正声广播电台承办的"第18届台北文化奖颁奖典礼"在"台北市市长官邸"艺文沙龙举办。唐山出版社社长陈隆昊、邱再兴文教基金会获奖。

8 日~11 日 由"金门县政府"、台湾图书出版事业协会、福建新华发行集团、福建省出版工作者协会、闽台经济合作促进委员会主办的"第九届金门书展"在金门县金城"国中"体育馆举行。活动展出了万余册图书。

12 日~14 日 台湾出版商业同业公会"全国"联合会与中国出版协会共同主办,时报文化出版企业股份有限公司承办的"第15届大陆书展暨出版基金成果展"在台北市华山1914文创园区西一、二馆举行。由国家出版基金资助出版的中外学术、民族文化、国民生计等三类重要的出版品共100种参展。活动后,"第15届大陆书展暨出版基金成果展组委会"将47种图书捐赠给"国家图书馆"典藏。12日,台北市华山文化创意产业园区W2馆还举办了"两岸全民阅读论坛"。

12 日~14 日 "澎湖县政府文化局"、台湾图书出版事业协会、福建新华发行集团及福建闽台图书有限公司在该县"文化局"举办"第六届澎湖书展",展出5 000余册简体字图书。

23日 由捷克汉学研究及翻译界翻译的白先勇的《台北人》、黄春明的《儿子的大玩偶》以及刘克襄的《小鼯鼠的看法》出版，显示出该国对台湾地区文坛的兴趣。

28日 "新北市政府文化局"在该"市府"中15动画故事馆举行"2014新北市动漫画征件竞赛"颁奖典礼。获得"原创动画分镜脚本"首奖的是杨心怡，"原创漫画"首奖的是简辰家的《希望之桥》，"原创角色暨图文设计"首奖的是刘心妤的《心爱新北OH！麦DEER！》。

28日 "文化部"在台北市齐东诗舍举行"诗，集合——独立出版社、诗社书市雅集"活动，邀请近20家独立出版社及诗社共同展售诗集、诗刊。

（黄昱凯　台湾南华大学）